21世纪经济管理新形态教材·工商管理系列

企业社会责任与伦理

冯 梅　李晓辉 ◎ 主　编
魏 钧　王晓岭 ◎ 副主编

清華大学出版社
北京

内 容 简 介

本书内容全面涵盖企业社会责任与伦理的知识结构、理论基础与实践方法。本书结合经济学、管理学的基本理论、思想与方法，在查阅与研究中外大量文献资料的基础上，聚焦国内外社会经济生活中典型的社会责任相关问题，对其进行系统全面的介绍与解析，具体内容包括企业社会责任的起源及历史沿革、企业社会责任的相关理论基础、企业社会责任的利益相关者、企业社会责任报告、责任投资与消费以及责任管理。此外，本书专门就中国企业履行社会责任的实践行动进行了全面深入的介绍与分析，通过对现实管理现象的观察、思考与总结，更好地帮助读者理解相关的理论知识。

本书可作为普通高等院校管理类专业、经济类专业、法律类专业、MBA 专业学位及 MPAcc 等各专业学位的企业社会责任课程教材，也可供管理、经济与法律界从业人士进行学习和参考。

本书封面贴有清华大学出版社防伪标签，无标签者不得销售。
版权所有，侵权必究。举报: 010-62782989, beiqinquan@tup.tsinghua.edu.cn

图书在版编目（CIP）数据

企业社会责任与伦理/冯梅，李晓辉主编. —北京: 清华大学出版社，2023.7
21 世纪经济管理新形态教材. 工商管理系列
ISBN 978-7-302-63937-4

Ⅰ. ①企… Ⅱ. ①冯… ②李… Ⅲ. ①企业责任－社会责任－中国－高等学校－教材　②企业伦理－中国－高等学校－教材　Ⅳ. ①F279.23　②F272-05

中国国家版本馆 CIP 数据核字(2023)第 115795 号

责任编辑: 付潭娇
封面设计: 汉风唐韵
责任校对: 宋玉莲
责任印制: 丛怀宇

出版发行: 清华大学出版社
网　　址: http://www.tup.com.cn, http://www.wqbook.com
地　　址: 北京清华大学学研大厦 A 座　　邮　编: 100084
社 总 机: 010-83470000　　邮　购: 010-62786544
投稿与读者服务: 010-62776969, c-service@tup.tsinghua.edu.cn
质 量 反 馈: 010-62772015, zhiliang@tup.tsinghua.edu.cn
课 件 下 载: http://www.tup.com.cn, 010-83470332

印 装 者: 三河市春园印刷有限公司
经　　销: 全国新华书店
开　　本: 185mm×260mm　　印　张: 13.75　　字　数: 315 千字
版　　次: 2023 年 9 月第 1 版　　印　次: 2023 年 9 月第 1 次印刷
定　　价: 49.00 元

产品编号: 102270-01

序　言

　　长期以来，企业在社会发展中究竟应当承担怎样的角色，是摆在学界和业界面前的重要课题。古典经济学对企业的基本假设是"理性"与"逐利"，在这一假设下，企业通过资源配置，达到自身利益的最大化。然而，随着社会发展，人们经常看到，企业的"理性"和"逐利"并不总能给社会带来总体利益的增加，有时，基于这种效率的行为反而给社会带来了破坏。同时，在实践中支配行动的"利益"动因往往很难解释企业的行为。企业作为财富创造和积累的重要组织，对于推动经济和社会发展起着举足轻重的作用。在科技高速发展的今天，企业的生产经营活动所产生的影响已经远远超出其自身的范围，它的发展理念、经营决策行为不仅决定了对社会各类资源的开发、整合、利用和分配，还对更广范围的利益相关者产生了影响，企业的能力越强，产生的这种影响也就越大。社会进步将"社会属性"逐步强化到企业身上，并时刻提醒着企业，除去经济功能，社会功能的实现是新时代对企业提出的要求，社会的可持续和协调发展，要求企业重新审视自身应承担的社会责任与义务。

　　现代企业社会责任起源于19世纪六七十年代，经过半个世纪的发展，逐渐形成了相对独立的学说体系。2000年以来，中国企业社会责任管理发展迅速。企业社会责任由概念辨识阶段已经发展为责任管理阶段，与全球企业社会责任管理实现了快速同步。2006年，新修订的《公司法》明确提出公司要承担社会责任，国家电网公司首份社会责任报告得到了时任国家总理温家宝的批示和肯定。2012年，国务院国有资产管理委员会将社会责任管理列为中央企业管理水平提升的13项重点措施之一，企业社会责任管理成为提升中央企业管理水平的重要内容。自此，中国企业社会责任管理进入新的发展阶段，众多企业开始了丰富多彩的企业社会责任管理探索和实践。

　　本书是目前中国比较全面、系统地介绍企业社会责任的高等院校教材。教材结合"企业"与"责任"的国内外历史沿革，清晰地梳理出现代企业社会责任发展的主要脉络，总结了企业社会责任的概念内涵、主要观点、框架体系和重要理论。在此基础上，就企业如何实施社会责任管理，进行了实践性的归纳。尤其值得关注的是，本书以中国国有企业典型的企业社会责任履责实践作为案例，围绕企业社会责任管理的内容框架，就中国特色的企业社会责任进行了系统的描述。中央企业是中国国民经济的重要支柱，履行社会责任是中央企业与生俱来的使命，全社会对中央企业履行社会责任有着更高的要求与期待。通过丰富的案例我们可以看到，大量中央企业积极践行社会责任、推进社会责任工作，在实践中积累了形式多样、成效显著的企业社会责任管理经验与推进路径，在丰富全球企业管理理论方面作出了自己的独特贡献，这些宝贵的经验已经具备了形成社会责任管理模式的基础和条件。同时，能够为学生和更广范围的读者提供丰富的实践知识和独特的学习视角，让更多人了解到具有中国特色的企业社会责任履责模式。

承担社会责任是企业的分内工作，这种责任意识和管理共识的形成，不仅需要企业主体在实践经营活动中身体力行，而且需要从年轻人的认知培养做起，从学校教育开始。本书内容全面、框架清晰，尤其是中国特色的企业社会责任案例部分的内容，生动具象地展示了实践中的企业社会责任管理活动，是一本既有理论深度，又有实践广度的优秀教材。我相信，本书的正式出版一定会在企业社会责任的理论与实践最佳结合方面作出突出贡献。

"纸上得来终觉浅，绝知此事要躬行"，希望所有读到本书的读者，都能够以"社会责任"为己任，敬业尽责，为社会的可持续发展贡献自己的力量！

武清友

大连理工大学原管理学院（现为经济管理学院）院长

前　言

21世纪以来，企业社会责任管理已经进入全球共识阶段，成为新一轮经济全球化的重要特征。随着企业社会责任管理理念在业界得到广泛的认同，相关内容也成为经济管理类学科中一门重要的基础课程。作为一门跨学科、具有较强实践性的重要课程，企业社会责任管理的相关知识涉及经济学、伦理学、管理学等多个门类，一本内容丰富，知识框架清晰的教材，无疑能够帮助学生更加系统、全面的掌握相关知识。

本教材编写者多年来从事相关课程的学术研究和一线教学，对于课程涉及的理论知识、内容框架以及实践中企业的行为都有非常深入的理解。结合授课对象的特点，编者编写了《企业社会责任与伦理》这本教材。此次教材编写在考虑企业社会责任管理内容体系的完整性、基础性和实践性的前提下，以当代企业社会责任管理的理论研究成果和实践经验为基础，依托国际上相关学科领域的发展前沿，立足中国特色的企业发展实际，力求体现以下几个方面的特点。

（1）强调基本理论的同时，重视企业社会责任管理实践。教材的逻辑结构按照相关理论、重要议题、管理实施以及案例实践四方面的内容展开，有利于初学者系统完整地理解相关知识；同时，教材中的案例章节便于读者对相关理论知识有更为直观的认识，也便于教师在授课中就相关内容进行进一步的讨论。

（2）注重课程思政内容的设计，突出中国企业的管理特色。教材非常重视本土优秀企业案例的运用，通过企业社会责任中的典型案例和事件，帮助读者理解相关知识的同时，传递积极向上的价值观，在学习社会责任相关知识的同时，注重学生责任意识的培养。

（3）充分利用网络资源，采用多种介质的学习资料。教材中设有"推荐阅读""企业实践"等内容板块，并辅以二维码。读者可以通过二维码获得更多的文献以及视频资料，有效地延伸课堂学习空间，丰富学习形式和内容。

（4）兼顾教材的经典性和实用性。本书在充分考虑企业社会责任管理理论成果的系统性和完整性的同时，强调实践中的相关责任议题和责任管理的落地措施，同时，以最新的责任案例作为理论辅助，通过"经典理论+实用案例"的编写方式，便于更多层次的读者学习和阅读。此外，教材的每个章节后都有课后习题，为教学和学生学习带来更好的效果。

本教材可以作为经济管理类本科生的专业课教材，也可作为管理专业研究生以及企业培训用教材。

本书的编写工作由北京科技大学经济管理学院冯梅教授、李晓辉副教授、魏钧教授、王晓岭副教授、王凯副教授、刘明珠副教授、刘学娟副教授合作完成。在编写过程中，中央企业社会责任管理之道丛书为教材的编写提供了大量宝贵的企业案例资料，其他学者的教材和专著也给我们的写作提供了颇多值得借鉴的思路，此外，陈楚、赵佳琦、李冉、童敏、赵文慧、刘诗语等在教材的编校过程中付出了辛勤的劳动，在此，一并致以诚挚的感谢！

本书的出版也得到了清华大学出版社编辑的大力支持，感谢他们为此所做的工作和所付出的努力，他们的编辑加工使本书增色许多。

最后，欢迎读者对本书中的错误和不当之处批评指正。

编　者

2023 年 3 月

目　录

第1章　导论 ··· 1
 1.1　企业社会责任的意义 ·· 2
 1.2　基本概念与研究对象 ·· 3
 1.3　企业社会责任的历史沿革 ··· 6
 1.4　学习企业社会责任的重要性 ·· 10
 【本章小结】 ·· 12
 【关键术语】 ·· 13
 【复习思考题】 ··· 13
 【推荐阅读】 ·· 13

第2章　企业社会责任理论基础 ·· 14
 2.1　利益相关者理论 ·· 15
 2.2　企业社会响应理论 ·· 19
 2.3　企业公民理论 ··· 24
 2.4　企业社会责任金字塔模型 ··· 28
 2.5　企业社会责任"三重底线"理论 ································· 31
 【本章小结】 ·· 32
 【关键术语】 ·· 33
 【复习思考题】 ··· 33
 【推荐阅读】 ·· 33

第3章　利益相关者 ·· 34
 3.1　企业对股东的社会责任及其实践 ·································· 35

3.2 企业对消费者的社会责任及实践 ·· 43
3.3 企业对员工的社会责任及实践 ·· 50
3.4 企业对环境的社会责任及其实践 ·· 55
【本章小结】 ··· 62
【关键术语】 ··· 63
【复习思考题】 ·· 63
【推荐阅读】 ··· 63

第 4 章 企业社会责任报告 ·· 65

4.1 企业社会责任报告概述 ·· 66
4.2 企业社会责任报告编写 ·· 74
4.3 企业社会责任报告评价 ·· 79
【本章小结】 ··· 84
【关键术语】 ··· 85
【复习思考题】 ·· 85
【推荐阅读】 ··· 85

第 5 章 责任投资与责任消费 ·· 86

5.1 责任投资的内涵 ·· 87
5.2 责任投资策略 ··· 95
5.3 责任消费的内涵 ·· 102
5.4 责任消费行为的测量 ··· 105
5.5 责任投资和责任消费对企业社会责任行为的影响 ·························· 111
【本章小结】 ··· 118
【关键术语】 ··· 118
【复习思考题】 ·· 119
【推荐阅读】 ··· 119

第 6 章 责任管理 ·· 120

6.1 责任战略 ··· 121
6.2 组织及人员保障 ·· 133

6.3 责任落地 ·········· 145
6.4 企业社会责任营销 ·········· 150
【本章小结】·········· 169
【关键术语】·········· 170
【复习思考题】·········· 170
【推荐阅读】·········· 170

第7章 中国企业社会责任实践 ·········· 172

7.1 打造可持续发展能力——中国宝武 ·········· 173
7.2 关注利益相关方——中国核电 ·········· 175
7.3 强化战略引领——华润集团 ·········· 182
7.4 品牌为引领的责任营销系统——中国建筑 ·········· 188
7.5 赋能型社会责任管控模式——中国铜业 ·········· 193
7.6 "1+3+3"碳达峰碳中和战略部署——中国节能 ·········· 197
【本章小结】·········· 200
【复习思考题】·········· 200

参考文献 ·········· 201

后记 ·········· 207

第 1 章 导 论

学习目标

◇ 掌握企业社会责任基本概念与研究对象
◇ 了解企业社会责任的起源与发展
◇ 认识学习企业社会责任的重要意义

开篇案例　　中国中化控股有限责任公司：以可持续发展视角开展企业管理工作

习近平总书记在党的十九大报告中提出，"深化国有企业改革，发展混合所有制经济，培育具有全球竞争力的世界一流企业"，中国中化控股有限责任公司在"科学至上"理念的引领下，积极探索可持续发展视角下的企业价值管理路径，建立了集社会、客户、股东、员工于一体的"企业价值管理四要素"模型，不再单纯追求经济利润最大化的单一目标，而是更为重视利益相关者综合价值的最优化。

中国中化所构建的"企业价值管理四要素"模型将"党的领导、使命、价值观"作为核心和前提。将"以人为本"作为模型原则，充分认可、尊重人在企业中的主体地位，推崇人在价值创造中的主动性、积极性和创新创造精神，广泛关注同行业领军企业的群像以及卓越做法，在立体的大坐标系中找到自身位置，动态开展对标管理。企业在追求创造经济价值的同时还关注社会价值，将企业自身内部、企业内部与外部之间的工作统一到一个目标上，实现眼前与长远、局部与全局、个人与众人的统一协调。

股东和所有制的要求决定了企业的行为，"保障股东利益"是优秀企业的必然行动。中国中化始终以做优做强做大国有企业为己任，服务国家发展战略，推动建设开放型世界经济，为中国经济发展提供动力；以改革激发企业活力，多措并举提高国有资本运行和配置效率，实现国有资产保值增值。企业将"为客户创造价值"作为经营的最终目标，把"以客户为中心"的理念贯穿于战略、研发、运营、服务各个环节，发挥科技创新的驱动作用，持续为客户提供有竞争力的产品和服务。企业立志做一个有社会责任的企业公民，把人民对美好生活的向往作为根本奋斗目标。自成立至今，中国中化始终坚定履行企业公民责任，将可持续发展视为驱动企业成长进步的基因，坚决践行资源节约和环境友好理念，努力创建与社区和谐共生的关系。企业把员工当作珍贵财富，认为企业的价值由员工和企业共同创造。在经营过程中始终保障员工各项权益，满足员工合理需求，赋能员工成长，关爱员工生活，营造"公平、进取、和谐"的企业氛围，推动员工与企业共同成长。

案例来源：中央企业社会责任蓝皮书（2021）[R]．北京：中国社会责任百人论坛，2021．

1.1 企业社会责任的意义

2017 年，党的十九大报告强调指出："我国经济已由高速增长阶段转向高质量发展阶段，正处在转变发展方式、优化经济结构、转换增长动力的攻关期，建设现代化经济体系是跨越关口的迫切要求和我国发展的战略目标。"随着中国特色社会主义进入新时代，中国经济发展也呈现出新的特征，人民群众的物质文化需求也相应发生深刻变化。为适应这种变化，高质量发展将成为"十四五"乃至更长一段时期内经济社会发展的主题。

作为市场竞争中的微观主体，企业在发展自身的过程中应自觉服务于国家发展战略，在实际行动中深度参与国家发展战略。自改革开放以来，企业成为自我经营、自负盈亏、自我发展的独立市场主体，以追求利润的最大化为主要目的。随着全球化进程的加快，中国企业外部经营环境快速变化，产品和服务在质量、技术、品牌和文化等全球化竞争领域的参与程度也不断加深，这对中国企业社会责任与伦理在新时代、新征程的实践提出了新的、更高的要求。企业必须转变传统股东至上或者"利润为王"的经营理念，自觉建立"责任创造价值"和"责任引领创新"的新经营理念，自觉树立并实现企业与社会价值共创共享的新理念，在积极为社会提供优质产品和服务的同时，主动维护企业员工权益，持续在环境保护、社会公平分配等领域作出贡献，为成为新时代的"企业公民"而努力奋斗。

依托企业社会责任理论的发展和传播，企业社会责任已在中国有多年的实践，对企业社会责任的管理也同步进入规范化的阶段，但受外部经营环境快速变化和内部经营条件动态调整等多重因素影响，仍有以下问题亟须解决。

（1）仍有不少企业在社会责任理论上的认知存在偏差，部分中小型企业仍把履行社会责任看作自身经营盈余之外的自愿活动，在有关企业员工权益、生态保护等方面的社会责任履行状况稍显滞后。

（2）企业社会责任覆盖面不广、实践机制简单，尤其是中小型企业在社会责任管理和创新方面的经营管理举措较为单一，社会责任引领企业创新发展的先导作用难以充分发挥，仍有相当数量的企业依然停留在社会责任履行的"起步"甚至是"旁观"阶段，现实中质量低劣、虚假宣传、环境污染、就业歧视等社会责任缺失现象依旧存在。而面对新时代人民日益增长的美好生活需要，企业对于社会责任议题的认知与践行都亟待深化。企业不仅应在关注社会问题与满足社会期望中实现创新发展和永续经营，也应在改良商业化手段和精细化管理中提升社会福利水平，真正成为有责任、有担当的新时代企业。

因此，回顾与总结国内外有关企业伦理与社会责任的理论研究与实践探索，科学把握企业社会责任与伦理在中国企业高质量发展中的定位，在剖析中国企业社会责任实践状况的基础上，明确新时代中国企业社会责任的新特征、新要求，探究新时代中国企业履行社会责任的新方法、新路径，对于深化企业体制改革，提升企业创新活力，以及强化企业核心竞争力有着重要而又深远的理论意义和实践价值。

时政链接

企业既有经济责任、法律责任，也有社会责任、道德责任。任何企业存在于社会之中，都是社会的企业。社会是企业家施展才华的舞台。只有真诚回报社会、切实履行社会责任的企业家，才能真正得到社会认可，才是符合时代要求的企业家。这些年来，越来越多企业家投身各类公益事业。在防控新冠肺炎疫情斗争中，广大企业家积极捐款捐物，提供志愿服务，作出了重要贡献，值得充分肯定。当前，就业压力加大，部分劳动者面临失业风险。关爱员工是企业家履行社会责任的一个重要方面，要努力稳定就业岗位，关心员工健康，同员工携手渡过难关。

——2020年7月21日习近平在企业家座谈会上的讲话

1.2 基本概念与研究对象

1.2.1 基本概念

1. 企业

《现代汉语词典》中的企业是指从事生产、运输、贸易等经济活动的部门，如工厂、矿山、铁路、公司等。

从经济学角度理解，企业作为社会资源的配置机制，能够帮助实现社会经济资源的优化配置以及有效降低市场交易成本。企业是指能够满足社会需要，依法设立的从事生产、流通、服务等经济活动的盈利性经济组织。因此，凡是追求经济目的的经济组织，都属于企业的范畴。同时，应注意的是，企业本质上应是"经济人"与"道德人"的统一，是经济性与社会性的统一，是经济实体与伦理实体的统一。

2. 责任

责任是指行为主体对行为及其后果的担当，是一种对行为及其后果的问责。责任包括两个层次的含义：①分内应该做的事情，即应尽的责任；②分内的事情没有做到应该得到的责罚。责任与人类社会相依相存，有社会就会有责任。责任在社会关系的相互承诺中应运而生。在社会的集合里，每种角色的存在都蕴含着一种责任。

3. 企业社会责任

不同组织对于企业社会责任（Corporate Social Responsibility，CSR）的理解与定义有所差异。欧盟委员会将企业社会责任定义为：在自愿的基础上，企业将对社会与环境的关怀与其日常经营运作等一系列企业活动密切联系在一起。世界银行将企业社会责任定义为：为帮助改善利益相关者的生活质量，企业对社会可持续发展所作出的承诺。英国政府将企业社会责任定义为：企业在生产经营过程中对经济发展和环境保护进行综合考虑，在原基础上采用高于最低法律规定的标准贡献于国家可持续发展目标的行为。世界商业可持续发展委员会（World Business Council for Sustainable Development，WBCSD）将企业社会责任定义为：企业对经济可持续发展、员工及其家庭、当地社区与社会作出贡献，从而提高人们的生活质量。ISO 26000 社会责任标准将企业社会责任定义为：组织要在决策活动中承担起对社会和环境的责任，通过透明和合乎道德的行为促进可持续发展，包括健康和社会福利，考虑利益相关者的期望，遵守适用的法律，并与国际行为规范一致，全面融入组织，并在其关系中得到实践。

综合以上多种定义，可以看出企业社会责任就是在生产经营过程中企业综合考虑经济、社会及环境目标，在对股东负责、获取经济利益的同时，积极主动地担负起对其他利益相关者的责任，主要涉及员工权益保护、环境保护、商业道德、社区关系和社会公益等问题。

4. 企业伦理

"伦理"（Ethics）一词源于古希腊语 Ethos，用来专指一个民族特有的生活惯例，相当于汉语中的"风尚""习俗"等概念，几经演变又具有了"品质""德行"等含义。从亚里士多德开始，"伦理"一词专门用来表示研究人类德行的科学。"伦"是指辈分、顺序、秩序等意思，如人伦；"理"原指"治玉"之义，引申为有条理、道理等义；"伦""理"连用则表示道德关系。综合来看，"伦"就是人与人、人与相关事物的关系，"理"就是这些关系之理，"伦理"就是处理人、群体、社会、自然之间利益关系的行为规范。

企业伦理（Business Ethics）也称商业伦理、经营伦理或管理伦理等，是企业在经营管理活动中处理内外关系所应遵循的道德规范的总和，也是关于企业及其成员行为规范的总和，重在体现关于企业经营管理活动的善与恶、应该与不应该的规范。企业伦理表现为内部和外部两个方面。其中，内部表现为企业管理道德，主要用于调整管理者与员工、员工与员工之间的关系；外部则表现为企业经营伦理，主要用于调整企业与各利益相关者的关系。

1.2.2 研究对象

企业作为独立法人，不仅直接参与社会经济活动，与企业内外发生各种经济关系，同时也参与社会精神、文化、道德等活动，与消费者、政府等外部主体发生千丝万缕的联系。

企业生存与发展的物质基础不仅是股东的投入资本，也包括债权人的债务资本、企业员工的人力资本、客户与供应商的市场资本、政府与社区的公共环境资本甚至还有自然界的自然环境资本等。众多资本的投入就要求企业在生产经营活动过程中，需要协调、处理更多的企业内外部关系，而不能只考虑股东的利益。也就是说，在企业经营与发展中充分考虑利益相关者的利益，在某种程度上可以被理解为企业履行社会责任的过程。因此，企业社会责任与伦理的研究对象就是利益相关者，具体主要包括股东、员工、消费者、政府/社会、环境/资源、合作伙伴/供应商、社区等。

1. 股东

股东是指有限责任公司或股份有限公司中持有股份的人，有权出席股东大会并有表决权，也指其他合资经营的工商企业的投资者。在法律上，股东与企业的关系是股东作为出资者按其出资数额（另有约定的除外）分享收益，并享有任命管理者和重大决策等权利。在当今市场经济的框架下，企业与股东之间的关系是企业内部关系的主要内容。对一个企业而言，良好股东关系的建立，自觉承担好对股东经济、社会、法律等各个方面的责任，对吸引投资以及扩大企业规模等都具有重大的现实意义。企业承担股东责任是实现其他利益相关者利益目的的前提条件，股东利益能直接影响其他利益相关者利益的实现。

2. 员工

员工是企业的生产力，是企业赖以生存和发展的基础，企业的每一个发展目标都要通过员工的身体力行去实现。企业保护员工的合法权益是其承担社会责任的基础和根本。企业通过组织员工的生产经营活动，实现员工的需要发展、能力发展、社会关系发展以及个性发展。目前，从员工双方的关系来看，实现从"斗争"向"合作"的转变，保护员工利益的终极目的是构建与发展和谐稳定的劳动关系。而和谐稳定的劳动关系对企业发展来说是有利的，员工处于相对稳定的状态，自觉自愿地为本企业尽职出力时，企业自然而然就减少了许多管理成本，各项绩效指标必然有所提升。

3. 消费者

消费者是指购买、使用和消费各种产品或服务的个人或家庭。社会中的每一个人都是消费者，每天都直接或间接地同许多企业打交道，享受着企业提供的各种各样产品或服务。企业的产出必须出售给消费者并以资金的形式回流到企业中，企业借此进行生产或扩大再生产维持企业的正常运作或发展。消费者购买和使用企业生产销售的产品，会将其产品的影响延伸至家庭乃至社会的各个角落。所以企业在履行社会责任的过程中，应充分尊重消费者的权益和需求，提供丰富、优质的产品和服务，以满足广大消费者的不同需求，提升社会的福利。同时，企业作为一个社会实体，应尊重消费者主权，维护消费者利益。尤其在买方市场状态下，由于市场竞争的日益加剧，企业应当尽量减少用户在商品交换中的损失和不满，使买卖双方权利相等。

4. 政府/社会

企业不仅是社会的一员，也是国家的重要组成部分。政府作为管理者，与企业之间相互影响、相互作用，在具体的实践上要对企业进行宏观上的管理、控制和组织协调，进而保证社会秩序的良性循环。在社会制度架构中，企业与政府是重要的组织层次，基于差异化的制度体制下，企业和政府二者的关系也具有差异化的特点，履行责任的方式和内容也有所不同。企业履行对公众的责任更易获得政府青睐，为其创造有利的外部环境，形成特有的竞争优势，提升企业价值。

5. 环境/资源

良好的生态环境是社会生产力持续发展和人们生活质量不断提高的重要基础。自工业革命以来，以工业生产为代表的一系列人类活动对自然环境产生了巨大影响，造成了一些难以逆转的破坏，如环境污染、土壤的沙化、稀有物种减少等，这些问题引发了世界各国科学家及研究学者的关注和担忧，环保问题已经成为人类面临的亟待解决的难题。企业作为社会经济的基本组成单元，在降低环境污染、保护生命家园的任务中肩负着不可推卸的责任。企业必须将自身可持续成长与经济、环境和社会的可持续发展联系起来，充分合理地利用资源，保护好环境，促进经济与自然、经济与社会的持续、健康、协调发展。企业的这种环境责任实质上是可持续发展责任，而承担可持续发展责任的企业也是在为未来人类和未来社会负责。

6. 合作伙伴/供应商

供应商作为企业生产的上游环节，其供货质量、时间、数量等方面都对企业的生产有着决定性影响。因此，企业与供应商以及其他商业伙伴在利益上休戚相关，尤其是在经济全球化的影响下，企业与商业伙伴能否形成良好的合作关系就显得非常重要。企业对商业伙伴诚实、讲信用、遵守合同要求，是企业实现社会责任的一个方面。只有与供应商建立良好的战略伙伴关系，保证供应商基本利益的实现，企业的原材料供给和生产运营才能得以保障，从而为保证企业价值创造的连续性和实现企业价值最大化奠定基础。

7. 社区

企业与社区二者是一种交叉关联的关系，它们之间相互影响、相互融合，不可分割。建立融洽安定的二者关系对于企业的生存延续和社区的繁荣发展都具有重要现实意义。企业作为社区的公民，要对社区承担相应的责任。企业要积极支持社区的建设、扶持社区文化教育事业、美化社区环境、维护社区安全，为社区居民提供劳动就业机会，及时和社区居民保持良好的沟通，当发生地震、风灾、水灾等自然灾害时要迅速开展救援及恢复行动。

1.3 企业社会责任的历史沿革

企业社会责任与伦理有着逐步演进的过程，只有系统分析这个演进的过程，才能真正领会企业社会责任与企业伦理的深刻内涵。

1.3.1 朴素的社会责任观

传统的商人社会责任观是古代社会对企业社会责任与伦理最早的诠释，也是现代企社会责任观的思想来源。

在古代社会，商人因其趋利的本性，社会地位一直较低。在古希腊和古罗马时期，以公民为核心建立的等级制是城邦的基本特点，该制度将社会成员分为公民、自由民和奴隶三个等级。在以自然经济为主导地位的封闭型经济下，等级制应运而生，其目的就是防止贫富分化、保证公民阶层权益。依据当时城邦的价值观念，主流商业伦理强调的是社区精神。随着时代的变迁，到中世纪后期，教会在社会中掌控着决定性的话语权，其价值论断使得商人依然处于社会的边缘。商业的存在价值是为了社会公共利益；商人需做到诚实守信，遵守道德伦理，关心社会福祉。为提高自身的社会地位，商人开始将收益投资于修建教堂、医院、救济所等社会公益事业。可见，中世纪教会为商人设定的社会责任是非常广泛的。

在工业革命开始之前，现代意义上的企业还不存在或仍未占据社会经济的主导地位，承担社会责任的主体更多是个人，这意味着社会普遍缺乏对企业社会责任问题的思考。商人需将社会公益放在首位，不能为了一己私利而损害社会公共利益，这一思想为古典企业社会责任观的产生奠定了坚实的思想基础。

▶ 1.3.2 古典企业社会责任观

从18世纪工业革命开始，随着生产力的提高，企业组织形式逐渐演化成型，企业开始成为社会经济的主导力量，社会地位也日益提高。以亚当·斯密（Adam Smith）为代表的古典经济理论将企业追逐利润的目标在法律允许的范围内合理化。现实生活中，企业尽到其社会责任体现在：企业高效率地使用资源产出来满足人们需要的产品和服务，并以消费者愿意支付的价格进行销售。通过回顾和总结可以看出，18世纪后叶，企业逐利的目的逐渐显露，但传统的商人社会责任观和道德观依然在约束着各个企业。

进入19世纪，人们履行企业社会责任的意识开始萌芽。部分中小型企业以管理者个人的名义而非企业名义对社会弱势群体进行捐助，并且随着企业的发展壮大其捐款数额也持续增长。虽然企业管理者开始自觉承担起社会责任，但此时也存在两大不利因素：①法律明确规定了企业管理者没有权利使用企业资金去做其业务范围之外的事，若企业使用资金做了超出业务范围的事，股东有权起诉该企业。这一法律规定严重打击了人们在19世纪对企业社会责任履行的积极性。②盛行一时的"社会达尔文主义"思想的影响。该思想主张弱肉强食、适者生存，这意味着企业为社会弱势群体捐款的行为违背了主流"优胜劣汰"的自然法则。基于上述两大原因，在法律与主流思想的双重影响下，部分企业为追求早日成为社会中的强者不被淘汰，不仅不主动承担社会责任，反而出现了压榨上下游企业及其员工的情况。

近代的企业社会责任观呈现出消极的一面，企业与利益相关者之间的联系被认为只是简单的市场竞争关系，诸多利益相关者社会责任的履行也被认为是无足轻重的，即使履行，也是出于企业负责人的怜悯之心而非道德约束。

1.3.3 现代企业社会责任观

19世纪末,人们开始对"社会达尔文主义"进行质疑和批判,认为企业必须对其利益相关者负起责任。1931年,《作为信托权力的公司权力》一文问世,其作者阿道夫·伯利(Adlof Berle)认为作为企业股东的受托人,企业管理者的权力应本着股东是企业的唯一受益人原则而创设和拥有,股东的利益始终优于企业其他潜在利害关系人的利益。但梅里克·多德(Merrick Dodd)认为阿道夫·伯利提出的"商业企业的唯一目的在于为股东赚取利润,企业管理者只是股东的受托人"的观点是不合时宜的,也是不可取的。原因有以下两点:①企业是既有社会服务功能又有盈利功能的经济机构,企业财产的运用是深受公共利益影响的,企业在保障股东利益不受损的同时,在法律和道德上也需要承认和尊重其他人的利益;②企业的权力来自企业所有利益相关者的委托,并以兼顾实现股东利益和社会利益为目的,因此要建立相应的法律问责机制促进企业自觉承担社会责任。1953年,霍华德·鲍恩(Howard Bowen)出版的专著《企业家的社会责任》较为规范和明确地提出了"企业社会责任"的概念,霍华德·鲍恩因此被誉为"企业社会责任之父"。他将企业社会责任认为是商人在企业制定战略、提出决策及付诸行动时有义务将社会发展的目标和价值考虑进去,从而使得企业商业行为带来更多的社会和经济利益。

利益相关者理论产生于20世纪60年代,发展于80年代,彻底颠覆了"股东至上论",推动了企业社会责任理论与实践向纵深方向发展。1984年,爱德华·弗里曼在《战略管理:利益相关者管理的分析方法》一书中提出了利益相关者管理理论,认为每个企业的发展始终与其利益相关者的投入或参与密不可分。在本质上,企业是一种受市场和社会多种因素影响的组织,不应该是股东主导的组织制度,应该考虑到其他利益相关者的利益要求。企业作为一种智力和管理专业化投资的制度安排,其生存和发展不仅取决于股东,更依赖于给利益相关者回报的效果,原因有如下两点:①企业的经营决策要受到股东、雇员、代理商、客户、当地社区以及处于代理人角色的管理者等利益相关者的约束;②企业应目光长远追求整体利益,而非仅追求个人利益或是部分主体的利益。至此,几十年的争论得以平息,企业社会责任理论最终得以确立。

20世纪50年代末60年代初,与利益相关者理论同时进入大众视野的还有企业伦理。欧美企业经营过程中各种背离伦理道德的行为,促使西方一些具有良知的人对企业发展开始系统地反思。美国政府于1962年发布了《对企业伦理及相应行动的声明》,托马斯·加瑞特(Thomas Garrett)于1963年编写了《企业伦理案例》。这一阶段,研究者们开始关注企业行为的外部性问题,他们认为必须将企业伦理的观念和意识渗透到企业决策、人才的教育和培养中去。

自20世纪80年代开始,企业伦理理论进入全面发展阶段,如对企业道德,企业社会责任的构成、关系、作用、地位等进行深入讨论和研究。纵观西方企业社会责任与伦理的发展历史可以发现,从古代商人社会责任观经由近代的利润最大化到现代的社会责任观,其演变脉络经历了一个由"肯定"到"否定"再到"否定之否定"的辩证发展过程。

进入 20 世纪 90 年代之后，企业社会责任开始与企业战略管理结合，哈佛大学著名的战略管理学家波特认为，企业能够通过承担社会责任而获得竞争优势。同时，各界也更加关注企业社会责任的应用问题，著名的"三重底线"理论就诞生于 90 年代，卡罗尔的企业社会责任"金字塔"模型也在此时期得到改进，伍德提出的修正版 CSP 模型，成为评定企业社会责任的一种有效工具。同时，源于美国的"企业生产守则运动"，极大地推动了企业履行社会责任，此事件也成为企业社会责任发展史上的标志性事件之一。

21 世纪，有关企业社会责任的理论和模型得到了进一步的修补和改善。比较典型的有"IC"模型，此模型得到企业界的广泛认同，使企业能够根据组织的实际情况去履行自己认为最有价值的社会责任（详见推荐阅读）。"3+2"模型则将企业社会责任分为强制性社会责任和自愿性社会责任（详见推荐阅读）。与此同时，随着全球性的企业公民运动得到广泛传播，企业履行社会责任的水平也得到大幅度提高。

▶ 1.3.4 社会责任在中国的发展

中华人民共和国成立后，中国共产党带领全国人民经过艰苦奋斗，基本建成了一个独立且门类比较齐全完整的社会主义现代工业体系。在这一时期，企业不断扩大生产，为社会创造更多的产品，并开始在政府的主导下切实履行社会责任。1978 年，党的十一届三中全会一致拥护中央政治局"把全党工作重点转移到社会主义现代化建设上来，并实行对内改革、对外开放"的战略决策，中国企业社会责任实践进入了新的发展时期。企业不仅通过学习先进技术提高产品的质量，还通过改进自身的管理体系提高整体的服务水平，进一步加强自主创新能力，提高企业的市场竞争力与盈利能力，在企业社会责任的履行方面主要有以下两点：①法律责任的履行。企业积极开展安全生产活动，加强劳动者保障力度，时刻关注环保问题；②道德责任和慈善责任的履行。企业坚持诚信经营，积极参加慈善捐赠活动。1992 年，党的十四大报告正式提出建立社会主义市场经济体制的目标，统一开放、有序竞争的市场竞争环境逐步形成。1997 年，党的十五大报告进一步阐述了社会主义初级阶段理论，确定了我国跨世纪发展的战略部署，展望了 21 世纪的发展。随着市场在资源配置中的基础性作用逐渐增强，企业履行社会责任的实践表现与实现方式出现转折性变化。2002 年，党的十六大后提出了贯彻落实科学发展观和构建社会主义和谐社会的重大战略任务，这使得企业社会责任的内涵变得更为丰富，也对企业履行社会责任提出新的更高要求。2012 年党的十八大以后，中国特色社会主义进入新的发展阶段，企业的社会责任发展也进入新阶段。党的十八届四中全会首次提出"加强企业社会责任立法"。党的十九大报告中多处提及社会组织、慈善事业、志愿服务等工作，这也为鼓励企业承担社会责任、全面提升核心竞争力指明了方向。

1994 年《中华人民共和国公司法》的颁布，从根本上确立了企业的法人地位，企业作为具有独立法人地位的商品生产者和经营者，逐渐真正成为承担社会责任的主体。此后，《环境保护法》《工会法》《劳动法》《消费者权益保护法》《捐赠法》陆续出台，规定了企业的基本法律责任，形成了企业履行社会责任的法律基础和底线。2006 年，修正后的《中华人民共和国公司法》正式实施,在第一章第五条提出"公司从事经营活动,必须遵守法律、行政法规,遵守社会公德、商业道德,诚实守信,接受政府和社会公众的监督,承担社会责任"。2008 年,国务院国资委发布了《关于中央企业履行社会责任的指导意见》,该意见要求中央企业作为新时代企业的领跑者应自觉依法经营、诚实守信、节约资源、保护环境、以人为本、营造良好的竞争氛围。2012 年,国务院国资委成立中央企业社会责任指导委员会,中国工业经济联合会出台《中国工业企业社会责任指南实施细则》。2016 年,由原国家质量监督检验检疫总局和国家标准化管理委员会批准的《社会责任指南(GB/T 36000—2015)》《社会责任报告编写指南(GB/T 36001—2015)》和《社会责任绩效分类指引(GB/T 36002—2015)》三项社会责任国家标准正式实施,标志着中国社会责任领域第一份国家层面的标准正式进入应用阶段,这对于推动企业的社会责任管理和实践,指导企业的社会责任报告编写和发布,指引企业开展社会责任绩效评价具有重要意义。同年 7 月,国务院国资委印发《关于国有企业更好履行社会责任的指导意见》,对国有企业深化社会责任理念、明确社会责任议题、将社会责任融入企业运营、加强社会责任沟通、加强社会责任工作保障等方面提出规范性要求。在此时期,行业性的企业社会责任指南也不断涌现,如《中国信息通信行业企业社会责任管理体系》标准、《中国负责任矿产供应链尽责管理指南》,这也为相关企业履行社会责任提供了参考。

2017 年,国务院颁布《关于营造企业家健康成长环境弘扬优秀企业家精神更好发挥企业家作用的意见》,其中提出要引导企业家主动履行社会责任,增强企业家履行社会责任的荣誉感和使命感,引导和支持企业家奉献爱心。2018 年,证监会正式发布修订后的《上市公司治理准则》,强化了社会责任和信息披露要求。2019 年,国务院颁布《关于营造更好发展环境支持民营企业改革发展的意见》,该意见提出要推动民营企业积极履行社会责任。2020 年《中华人民共和国民法典》审议通过,其中第八十六条明确指出,"营利法人从事经营活动,应当遵守商业道德,维护交易安全,接受政府和社会的监督,承担社会责任"。同年 7 月,习近平总书记在主持召开民营企业家座谈会时也提出希望民营企业家能够承担社会责任。2021 年,第十三届全国人大常委会第三十二次会议审议了《中华人民共和国公司法(修订草案)》,并正式向社会公开征求意见。其中增加了"公司从事经营活动,应当在遵守法律法规规定义务的基础上,充分考虑公司职工、消费者等利益相关者的利益以及生态环境保护等社会公共利益,承担社会责任"的规定。同年,中共中央宣传部等印发《关于文化企业坚持正确导向履行社会责任的指导意见》,旨在"完善文化企业坚持正确导向、履行社会责任制度,引导文化企业守正创新,实现高质量发展"。2022 年,国务院国有资产监督管理委员会成立了社会责任局,旨在抓好中央企业社会责任体系构建工作,指导推动企业积极践行 ESG 理念,主动适应、引领国际规则标准制定,更好推动可持续发展。

1.4 学习企业社会责任的重要性

企业的生存和发展,不仅受到来自复杂多变的社会环境的外部影响,还受到来自企业经营管理思想的指引。在不同经营管理思想的指导下，企业行为和其产生的结果大为不同，它决定着企业的生死存亡。因此，学习企业伦理与社会责任、树立良好的企业伦理与责任观念、培养经营管理者良好的道德素养，具有十分重大的理论意义和实践意义。

1.4.1 履行企业社会责任是企业生存与发展的基石

任何企业的管理都是刚性管理与柔性管理的统一。刚性管理是通过企业明确的目标、详细的计划、合理的分工、严谨而清晰的结构、恰当的人力资源配备、严格的管理制度等来协调，体现企业管理的强制性和纪律性。只有这样，企业才能技术进步、规模扩大，硬实力才能得到提升，核心竞争力才能提高；企业柔性管理更多的是通过企业文化等软实力来进行，特别是通过企业价值观来协调，体现企业管理中员工对自己行为的自觉性。企业文化的核心是价值观，而企业价值观的核心又是企业伦理观，这种伦理观渗透在企业的各种利益关系之中，成为协调企业经营管理一切的根本准则。

讲究伦理道德、积极承担社会责任的企业价值观有助于企业树立良好的信誉，有利于提高长远经济效益。企业信誉的高低与企业获利能力的强弱存在正相关关系。企业的信誉越高，企业的形象就越好，企业及其产品与服务的吸引力就越大，企业的盈利能力就越强；反之，企业的盈利能力就越弱。一家讲究企业伦理、勇于承担社会责任的企业，能够为员工提供平等、团结、友爱和互助的工作环境，创造一个和睦、融洽、向上的生活与工作氛围。只有这样，才能吸引和留住人才，并充分发挥人才的积极性。同时，企业伦理与责任要求员工爱企业、爱产品、爱客户、爱创新，企业通过长期不懈的伦理道德与责任建设，造就出一支有知识、有能力和有责任心的工作团队，从而为实现企业的长久发展奠基。

1.4.2 学习企业社会责任是推动经济学与管理学学科发展的需要

在很长一段时间里，"经济人""利润最大化"是西方主流经济学的主导观点。但随着企业社会责任与伦理研究的深入，越来越多的经济学家认识到经济学本身具有伦理特性，而经济学发展不能没有道德的干预。诺贝尔经济学奖获得者阿马蒂亚·森（Amartya Sen）认为，经济活动内在具有无法分割的伦理属性，这就意味着经济越是向前发展进步，就越需要道德的约束，完全抛开道德伦理的经济活动不存在。同时，理论界开始关注人的非经济性需求，发展经济学、新制度经济学、福利经济学、公共选择学派等新兴经济学派也都不同程度地吸收了应遵守企业伦理并承担企业社会责任的主张。

自弗雷德里克·泰勒（Frederick Taylor）的科学管理理论和亨利·法约尔（Henri Fayol）一般管理理论诞生以来，管理学科的发展取得了巨大的进步。特别是当前，管理理论与伦理道德理论的相互结合、相互渗透，使人们对企业经营管理活动的认识不断加深，为解决企业实际问题提供了新的思维和方法。随着人们对企业经营管理活动认识的不断加深，人们普遍认识到：①把盈利当作企业的唯一目标是不可行的，企业还必须履行社会责任，追求经济效益与社会效益的适当平衡；②单纯追求硬实力，依靠硬性管理是不行的，企业发展还必须依托软实力,注重软性管理,尤其是企业文化建设;③企业不仅是股东的企业,还是其他利益相关者的企业。因此,企业应该注重对利益相关者的管理;④人是企业所有利益关系的重心,而所有关于人之间利益关系的调整都与企业伦理有关。

由此可见,学习企业伦理、理解企业社会责任,对于推动经济学与管理学学科发展具有重大意义。

1.4.3 培养具有社会责任感的企业家是商科教育的内在要求

中国的商科教育肩负着为中国特色社会主义建设培养专业过硬、职业素养全面、德才兼备的企业家与职业经理人的重任。基于此,在商科专业培养计划中引入企业社会责任与伦理专业化知识培养,不仅能达到培养商科人才的国际化、专业化要求,同时也与新时代教育创新适应国家经济和社会发展的要求相匹配。如果在人才培养过程中,单纯以知识灌输、技能培养的教育方式为主,片面强调企业管理工具性和科学性,而忽视人才培养过程中责任意识和价值观的重要性,就会将学生培养成只知道管理技术、不懂得企业经营之道的管理工具。部分企业及其管理人员只关心自身的经济利益而忽视社会责任从而唯利是图、见利忘义,不但严重制约着企业的健康发展,而且会对中国经济高质量发展形成阻碍。

在瞬息万变的全球经济竞争中,跨国公司早已将企业社会责任推至标准化高度,把极具人文色彩的道德行为变成市场竞争中强有力的工具。因此,将企业社会责任系列教育课程与活动融入课堂,能够帮助学生树立企业社会责任观,使学生在学习和实践中深刻体会企业社会责任的内涵并将其内化于心外化于行,能够识别企业经营管理活动中的善与恶,自觉抵制腐败,成为具有强烈企业社会责任的企业家与职业经理人。只有这样,才能在未来工作中更加注重员工、消费者等众多利益相关者的权益,注重保护环境,使企业得以长远发展。

------------------------------ 【本章小结】------------------------------

(1)企业社会责任的含义。不同组织对企业社会责任的概念界定有所差异,学术界一般认为企业社会责任就是在生产经营过程中企业综合考虑经济、社会及环境目标,在对股东负责、获取经济利益的同时,积极主动地担起对其他利益相关者的责任,主要涉及员工权益保护、环境保护、商业道德、社区关系和社会公益等问题。

(2)企业社会责任的历史沿革。企业社会责任与伦理经历了漫长的演化过程。传统的商人社会责任观认为商人需将社会公益放在首位,不能为了一己私利而损害社会公共利益。近代企业以"利润最大化"为首要目的,企业社会责任的履行大多出于企业负责人的怜悯之心。20世纪后,近代企业社会责任观蓬勃发展,利益相关者理论的产生是企业社会责任与伦理史上发展的里程碑。随着中国社会经济发展进入新时代,企业内外部经营环境日新月异,中国企业社会责任与伦理理论和实践都需要新的要求来约束。

（3）学习企业社会责任的重要性。学习企业伦理与社会责任、树立良好的企业伦理与责任观念、培养经营管理者良好的道德素养，对企业和个人都具有十分重大的理论意义和实践意义：履行企业社会责任是企业生存与发展的基石；学习企业社会责任是推动经济学与管理学学科发展的需要；培养具有社会责任感的企业家与职业经理人是商科教育的内在要求。

-------------------------【关键术语】-------------------------

企业责任　企业伦理　利益相关者

-------------------------【复习思考题】-------------------------

1. 什么是企业社会责任？
2. 如何认识企业的本质？
3. 企业社会责任经过了怎样的发展历程？
4. 为什么要学习企业社会责任？

-------------------------【推荐阅读】-------------------------

[1] Dahlsrud A. How corporate social responsibility is defined: an analysis of 37 definitions[J]. *Eco-Management and Auditing*, 2010, 15(1): 1-13.
[2] 李国平，韦晓茜. 企业社会责任内涵、度量与经济后果——基于国外企业社会责任理论的研究综述[J]. 会计研究，2014(8): 33-40.
[3] 郑琴琴，李志强. 中国企业伦理管理与社会责任研究[M]. 上海：复旦大学出版社，2018.
[4] 田虹. 企业社会责任教程[M]. 北京：机械工业出版社，2012.
[5] 赵斌. 企业伦理与社会责任[M]. 北京：机械工业出版社，2011.
[6] Geoffrey P. Lantos. The ethicality of altruistic corporate social responsibility[J]. *Journal of Consumer Marketing*, 2002, 19(3): 205-232.
[7] Jamali D. The Case for Strategic Corporate Social Responsibility in Developing Countries[J]. *Business and Society Review*, 2007, 112(1): 1-27.
[8] 程鹏瑶，张勇. 关于企业社会责任的研究综述[J]. 西南科技大学学报（哲学社会科学版），2009，26(1): 33-37.

第 2 章
企业社会责任理论基础

学习目标

- ◇ 了解和掌握企业社会责任领域内关键理论
- ◇ 了解和掌握不同理论提出的背景、要点及适用范畴
- ◇ 能够运用相关理论分析社会经济现象
- ◇ 能够运用相关理论针对现实问题提出解决方案

开篇案例　　中国航空工业集团有限公司：以"爱飞客"为名筑梦航空

　　加强科学技术普及教育、提高全民族尤其是青少年的科学素质，是增强国家创新能力和国际竞争力的基础性工程。面向中小学校建立科普教育基地是促进青少年学识结合、全面提高科学素养的创新举措，是实现创新型人才培养的有效途径。

　　2014 年，航空工业通飞发起成立广东省爱飞客公益基金会，当时是中国唯一一家致力于航空文化传播的公益基金会。基金会自成立以来，筹建运营中国首家航空科普教育基地，实现年接待量超过 3 万人次；编辑出版中国首套中小学生航空科普教材，教材通过广东省教育厅审定，进入省级教材目录，以珠海为试点，实现五年级、八年级全覆盖；基金会与中航信托合作成立中国首批慈善信托机构，设计制作拥有自主知识产权的航空教学用具，具备完备的航空科普教学体系，组建成立中国规模最大的兼职航空讲师团及专业航模队。此外，教学体系采取阶梯化方式，针对低幼年龄的无差别科普，针对中、小学生的航空知识培训，针对高中、大学学生的航空职业规划，针对社会大众的文化传播，大量开展小小飞侠、航空文化进校园、为了孩子的飞行梦想、飞常陪伴等航空科普活动，广泛活跃于中国各大飞行大会、通航展会。同时，基金会兼顾教育扶贫工作，在广西、贵州等贫困地区开展多次支教活动。

　　随着爱飞客旗下各大航空科普教育基地的运营越来越成熟，商业化运营水平越来越高，爱飞客航空科普教育基地将在更多的城市复制铺开，辐射更为广阔的地区和人群尤

其是青少年，为建设新时代航空强国持续稳定地培养更多的创新型人才。

通过基金会结合科普教育基地这一模式，航空工业集团所属单位创新了航空科普教育模式，形成了一批专业科普教育人才队伍。通过航空科普研学和航空进校园等活动，让青少年在寓教于乐中了解航空文化的发展历程、飞行器设计的基本原理，培养他们对于航空和飞行的热爱，促使更多的青少年树立航空报国的志向。

案例来源：钟宏武，张蒽，马燕. 中央企业社会责任蓝皮书（2021）[M]. 北京：中国社会责任百人论坛，2021.

2.1 利益相关者理论

2.1.1 利益相关者的概念

"利益相关者"概念于 1963 年由斯坦福研究所（Stanford Research Institute International，SRI）提出，后基于爱德华·弗里曼（Edward Freeman）1984 年的研究成果《战略管理：利益相关者管理的分析方法》发展成为独立理论分支。有关利益相关者的研究重在探讨以下问题：①企业有哪些利益相关者？他们与企业间有着哪些利益关系？②企业关注利益相关者的原因是什么？③企业在实践中应该通过何种机制实现对利益相关者利益的考量？④利益相关者利益的实现机制是否有利于企业价值的提升？是否有利于企业可持续发展？⑤改进和完善这一实现机制的路径是什么？

利益相关者理论的研究可以基于对上述问题的回答划分为三大阶段：利益相关者的企业依存观点、战略管理观点和动态演化观点。

1. 利益相关者的企业依存观点

1963—1984 年，研究者对"利益相关者"概念的理解处于企业依存阶段。利益相关者的企业依存观点强调利益相关者是企业生存的必要条件，重在研究有哪些利益相关者和为什么要关注利益相关者的两大问题。对于前者的回答是早期利益相关者领域的研究均会涉及的重要问题。这一时期，利益相关者是指所有与企业存在利益关系的个人或团体，包括股东、管理者、员工、供应商、客户、消费者、竞争对手、社区、政府、媒体等。

2. 利益相关者的战略管理观点

"利益相关者"理论与战略管理研究的结合同样始于爱德华·弗里曼 1984 年的著作《战略管理：利益相关者管理的分析方法》。利益相关者的战略管理观点重在关注利益相关者在企业战略分析、规划和实施过程中发挥的作用，对利益相关者概念的解析多从其对企业的影响出发，强调利益相关者在企业战略管理中的参与度。

爱德华·弗里曼认为，利益相关者是指任何能够影响组织目标的实现或受组织目标实现影响的团体或个人。这一定义虽然在一定程度上展现了利益相关者和企业战略的交互关系，但对于这种关系的界定过于宽泛。经过修改，爱德华·弗里曼将利益相关者进一步界定为因企业活动受益或受损，其权利也因企业活动而受到尊重或侵犯的人。同时，对二者的关系明确界定为利益相关者参与企业战略活动提供了理论依据。此后，爱德华·弗里曼又提出了企业应为其利益相关者利益而开展生产经营活动的"利益相关者授权法则"。为了更好地推行这一法则，他相继创建了"董事责任法则""利益相关者求偿法则"。前者强调企业董事应基于谨慎进行商业判断和分析的责任，引导和维持企业生产经营活动与"利益相关者授权法则"始终保持一致；后者则强调利益相关者享有对不履行其谨慎责任的董事提起诉讼的权利。

爱德华·弗里曼开创性地将对利益相关者的研究应用于对企业的战略管理中，提出了实现利益相关者参与企业战略活动的指导性原则。但也有学者认为爱德华·弗里曼对利益相关者及其原则的界定太具"刚性"。企业内外部环境的变化可能会使得董事无须依据"利益相关者授权法则"履行相关责任，利益相关者也可能无法行使其求偿的权利。因此，这一系列指导性原则在现实中的可操作性和施行效果仍有待验证。

3. 利益相关者的动态演化观点

虽然爱德华·弗里曼关于利益相关者内涵的研究具代表性，但对其分类过于笼统。因此，相关学者以此为基础对利益相关者的类型进行了进一步的细分。

20 世纪 80 年代初，多维细分法被应用于利益相关者的分类中。该方法强调，由于不同类型的利益相关者与企业间相互影响的程度不同，利益相关者的类型应该依据其影响程度从多个角度进行细分。

20 世纪 90 年代，米切尔评分法在利益相关者的分类中得到了应用。罗纳德·米切尔（Ronald Mitchell）创新性地从利益相关者的必要属性出发，对企业可能存在的利益相关者进行评分，并根据分值的高低来判定个人或团体是否属于企业的利益相关者以及何种类型的利益相关者。罗纳德·米切尔认为，利益相关者的必要属性包括合法性、权力性以及紧急性，根据属性评分后可将利益相关者分为潜在型利益相关者、预期型利益相关者以及确定型利益相关者这三种类型。这一精细化的评分法极大地提升了利益相关者分类方法的可操作性，有效地将利益相关者的类型进行了量化，推进了利益相关者理论在企业管理中的广泛应用，为企业管理层的生产经营决策提供了有效参考。米切尔评分法也因此逐步成为利益相关者分类的主流方法。这一时期，利益相关者在理论发展、实践应用以及二者间的转化方面均得到了快速提升，企业只对股东负责、只考虑股东利益的"股东至上"观点受到了挑战，被逐步取而代之。

2.1.2 企业对利益相关者的责任

1. 股东

股东是企业的投资者，拥有剩余索取权和对经营者的监督控制权。他们可以通过与经营者共享利润、对企业的日常业务进行监督来直接控制或影响企业管理者的行为。企业最根本的社会责任就是对股东的责任，应为股东提供并保障其在企业中的利益，实现企业资产的保值和增值。具体包括以下几个方面。

（1）企业应积极通过生产经营创造企业利润，以提升股东的红利收入和满意度，创造更多的投融资渠道，以提供充足的资金，保障企业正常运营。

（2）企业应定期向股东充分披露企业生产经营状况，努力提升股东对企业的信任度和资金支持，通过保障资金流动和扩大市场规模，提升企业竞争力。

（3）企业应保证中小股东的知情权、席位、话语权以及自由转让股份权、异议中小股东的退股权。

2. 员工

员工是企业内部重要的利益相关者，他们在企业生产经营过程中的积极性和主动性直接决定了企业对竞争力的塑造和可持续发展的前景，处理好与员工之间的关系是企业的工作重点。企业对员工的责任主要体现在以下五个方面。

（1）尊重人权。企业应严格管理并杜绝在员工招聘和工作过程中出现性别、种族、宗教、国籍、年龄、身心残疾等方面的歧视，严禁使用童工和强迫员工进行劳动。

（2）保障薪酬。企业应严格遵守劳动法和行业标准等对于劳动时间的规定，并对超时工作的员工支付额外的报酬。

（3）提供安全健康的工作环境。企业应专门任命管理人员对员工的健康和安全负责，定期为员工开展健康和安全方面的培训、检查事项，并针对不利于员工身心健康的工作为员工提供相应的劳动保护。

（4）对员工工作能力和业绩的合理评价。企业应本着科学、细致的原则制定员工绩效考核标准，遵循公平、公正的原则对员工工作能力和业绩进行分析并形成职位说明书和评价。

（5）给予员工恰当的物质和精神激励。物质激励通常包括给予员工合理的薪酬和福利待遇，从而激发员工的工作热情。精神激励一般通过赋予工作意义、设置工作目标、颁发荣誉奖项以及提升员工在各项生产经营决策中的参与度来实现。在企业管理实践中，员工的精神需要通常会随着对物质需要的满足而逐渐提升，合理地利用精神激励可以在更高的层次上调动并长久维持员工的积极性，激励效果相对于物质激励会更加突出。

3. 消费者

消费者是企业最直接的外部利益相关者，消费者行为对企业价值的提升和可持续发展起着决定性作用。随着消费水平的提升，消费者的消费观念不断升级，除了关心产品和服务的基本性能和质量以外，消费者还逐渐关注企业对社会的贡献程度。企业履行社会责任的过程往往是引导消费者更好地了解企业、提升企业形象的渠道。企业对消费者的责任主要包括以下三个方面。

（1）企业应提供优质的产品和服务，不断强化消费者的消费满意度和忠诚度。

（2）企业应建立并完善消费者信息反馈机制，设立消费者管理部门，不断改进产品和服务管理。

（3）企业应通过产品和服务向消费者传递正确的价值观，引导消费者进行责任消费，建立对企业的长期认同感。

4. 社会与环境

由于企业的生产经营活动不可避免地需要消耗资源，对周围环境甚至周边居民的生活产生负面影响，即存在负外部性，因此，企业对社会与环境也负有相应的责任，主要包括：制定节约资源和环境保护战略，积极引进绿色生产技术；关心社会发展，积极开展或参与社会公益活动等。处理好生产经营、企业管理与社会环境的关系，可以有效改善企业形象、提升企业声誉并吸引优质投资，更好地获得利益相关者的支持，实现长期可持续发展。

学科交叉　　　　　　　经济学理论——外部性

与企业社会责任的联系：企业的行为具有外部性，会对外界（利益相关者）产生影响。企业生产经营活动既可能产生正外部性，也可能产生负外部性。企业在生产经营的全过程都应严格遵循商业伦理，自觉履行社会责任，尽可能减少甚至消除具有负外部性的行为。

随着规模的扩张，企业在与社会的博弈中逐渐处于强势地位，甚至一度与主流经济学家强调的企业逐利时应遵守社会、经济、法律、秩序要求的观点产生了冲突，企业常把原本应由自身承担的生产经营成本向外部转嫁，导致收益归企业、成本归社会的负外部性问题。

解决负外部性的一般方法和依据包括以下几个方面。

（1）政府管制。政府可以出台政策法规，通过许可或禁止的手段对企业生产经营活动加以影响。例如，政府会对工业企业排放污染的最高水平进行限定，或明确要求企业在生产经营的过程中应用某种可实现降污减排效果的技术。

（2）庇古理论。庇古指出政府可以出台征税和补贴的政策来促进外部性的内部化，即向产生负外部性的企业征税，给予产生正外部性的企业补贴。这一理论广泛应用于实际经济活动，如环境保护中的"谁污染、谁治理"和基础设施建设中的"谁受益、谁投资"等相关政策。

（3）排污权交易制度。排污权交易是指政府制定总排污量上限并发放可转让的排污许可证。许可证对企业可排放或在市场上交易的排污量进行了明确规定，企业必须在有许可证的情况下才可以排放污染物，若排放未经许可的污染则会受到相应处罚。

---

5. 社区

作为社会的基本构成单位，企业必然会与所在的社区及其环境产生关联，二者相辅相成。企业必须处理好与社区的关系，肩负起促进社区发展的责任。企业对社区的主要责任包括：全力支持社区的文化事业、教育事业以及福利事业；积极赞助社区开展公益慈善事业；主动参与和社区相关的社会活动，与当地政府、居民及其他社会团体建立良好的合作关系；基于自身的良好经营为社区提供充分的就业机会，推动社区和当地经济的发展。

6. 供应商

随着企业生产和经营链条的不断延长，供应商也成为企业重要的外部利益相关者。越来越多的企业开始完善和优化对供应链的管理模式，注重与供应商达成长期合作关系，以建立稳定的供应渠道并获得供应商的支持。基于这种长期战略伙伴关系，企业可以通过缩短产品供应周期、降低产品采购价等方式实现企业生产经营成本的降低，进一步提升企业竞争力。企业对供应商的责任主要包括：第一，企业可以与供应商之间形成利益联盟，邀请供应商深度参与产品或服务的研发，达成共同发展、互利共赢的合作模式；第二，强化双方信息交流、降低交易成本，让供应商享有充分的生产经营知情权和监督权。

2.2 企业社会响应理论

2.2.1 企业社会响应的概念

企业社会响应（又称为企业社会回应）概念出现于企业社会责任的概念之后，是对企业社会责任理念的进一步深化与拓展，是一种企业行为适应社会需求的模式，重在强调企业对内部的管理过程和外部的环境管理技术。不同学者理解企业社会响应的角度尚存在差异。

威廉·弗雷德里克（William Frederick）认为，企业社会响应能力是指企业对社会压力的响应能力，即企业综合集成相关机制、程序、计划或行为模式来应对社会压力。他进一步指出，对企业社会响应的关注可以更为有效地引导企业注重实践，对外部环境压力作出有效的反应。

罗伯特·阿克曼（Robert Ackerman）和雷蒙德·鲍尔（Raymond Bauer）认为责任重在强调承担义务，重在关注主体的行为动机而不是该行为所获得的结果。对企业管理者来说，对社会需求作出响应的难度远高于仅考虑企业自身而直接做决策的难度。从这一角度看，企业社会响应的概念能够更加清楚地揭示企业社会责任的关键问题。

普拉卡什·塞西（Prakash Sethi）针对企业行为对社会需求的响应模式进行了分类，分别为社会义务、社会责任、社会响应。他将社会义务视为企业对市场和法律的响应行为，将社会责任视为企业行为可以达到的社会规范和价值观所普遍期望的水平。对于社会响应内涵的界定，他指出不应重点关注企业如何应对社会压力，而是要思考企业在动态社会系统中所扮演的长期角色。此时的企业行为应该具有预期性和预防性，即企业在制定生产经营决策前应尽可能地将社会需求纳入考量，尤其需要加强对外部利益相关者需求的预测。

埃德温·爱泼斯坦（Edwin Epstein）则主要关注了企业社会响应的过程。他指出企业的生产经营之所以会面临诸多问题，主要是因为内部利益相关者和外部利益相关者存在不同的需求，应聚焦企业对这些问题进行预测、响应和管理的能力，重点关注企业塑造、运用以及评估这种能力的过程。此外，他认为对企业社会响应的理解应包括五个方面（图2-1）：①企业社会响应是一种战略行为；②企业社会响应是一种管理过程；③企业社会响应是一种衡量企业绩效的新方法；④企业社会响应是一种应对动态变化的社会需求的新技术；⑤企业社会响应是一种制度化的决策方式。

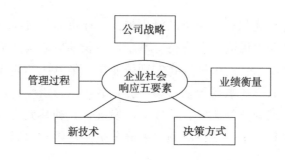

图 2-1　企业社会响应的五要素

尽管目前各位学者对社会响应的概念内涵界定有所差异，但总体而言，都强调了社会响应是指企业综合考量外部社会责任影响要素的变化，并据此对自身责任行为进行调整，以便更好地进行履责的一种方式。企业社会响应的提出，标志着企业社会责任领域的研究开始从对企业社会责任概念的界定向研究企业如何满足社会需求、应对社会压力以及进行社会问题管理的方向转移。这在一定程度上体现了众多学者开始从企业管理的视角出发，对企业社会责任理论的拓展进行深入思考。

▶ 2.2.2　企业社会响应的对象

通常而言，企业应该对其利益相关者的需要和具有较大影响力的社会事项作出积极响应。由于社会事项是由利益相关者发起的，因此企业社会响应最终需要通过对利益相关者进行管理来实现。但也有学者认为，由于不同类型的利益相关者具有差异化的需求，这可能导致其发起或关注的社会事项不尽相同，企业不仅需要积极响应利益相关者，还必须特别针对重要的社会事项作出响应。

1. 企业对社会事项的响应

从影响力和紧迫性程度来看，企业面临的社会事项可以被划分为四大类型，按照考虑的先后次序分别为：影响大且紧迫的事项、影响大但不紧迫的事项、影响小但紧迫的事项以及影响小且不紧迫的事项（图 2-2）。企业应该关注的优先顺序依次是：影响大而紧迫的事项（标号 1）、影响大但不紧迫的事项（标号 2）、影响小但紧迫的事项（标号 3）和影响小且不紧迫的事项（标号 4）。

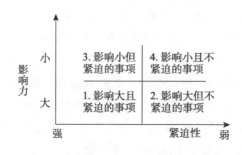

图 2-2　企业所面临的社会事项分类

此外，企业在进行社会响应时还需对社会风险进行管理，其对社会事项的响应程度会随着对社会事项生命周期的管理阶段发生变化。罗伯特·阿克曼和雷蒙德·鲍尔将社会事项的生命周期划分为三个阶段：政策阶段、学习阶段以及组织承诺阶段（图2-3）。

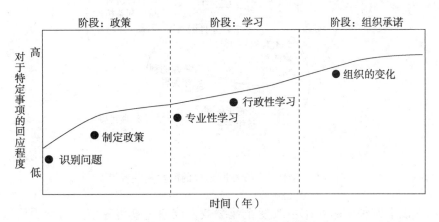

图2-3　企业社会响应的三阶段模型

社会事项生命周期的第一阶段为政策阶段。此时，企业开始察觉其所需作出的响应内容和响应行为所面临的外部环境，企业管理者必须就"如何作出响应"的问题制定相应的政策，即基于对外部环境的分析制定响应行动的框架。

社会事项生命周期的第二阶段为学习阶段。此时，开展专业性学习和行政性学习是企业社会响应的重要工作。专业性学习是指企业针对特定领域的社会事项聘请专家对企业活动进行指导。但对社会事务的响应不能仅靠专家去解决，企业内部人员仍需在指导下作出决策并有效执行，这就要求企业管理人员对响应社会事项的管理程序足够熟悉和了解，行政性学习的需求就相应产生，企业全体管理者和员工都需要学习并具备一定的知识来相互协作。

社会事项生命周期的第三阶段为组织承诺阶段。此时，在前两个阶段所制定的政策和所学习的知识应被企业彻底接受，与企业行为深度融合，作为企业标准程序或机制存在，如企业需针对社会事项出具补充性报告和审计报告，应将对社会事项的考量纳入企业绩效评价体系中。这一过程也被称为新社会政策的制度化。

2. 企业对利益相关者的响应

就企业对利益相关者的响应而言，可以针对权力性、紧急性以及合法性这三个特性进行分类，并得到相应的利益相关者模型（图2-4）。

罗纳德·米切尔等人认为按照优先等级，企业通常应首先考虑位于模型中心的决定性的利益相关者（7号），其次再依次考虑主要的利益相关者（4号）、引起危险的利益相关者（5号）、依靠的利益相关者（6号）、潜在的利益相关者（1号）、苛求的利益相关者（3号）以及可自由对待的利益相关者（2号）。

由于利益相关者往往对企业生产经营目标或绩效的实现具有期待，为了尽可能地使利益相关者感知到的企业绩效更接近他们对企业的期望，企业必须对利益相关者积极作出响

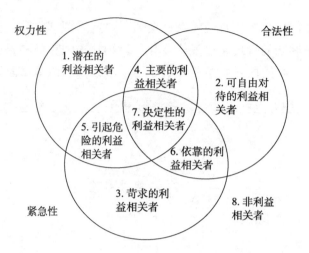

图 2-4　基于三个特性所划分的利益相关者模型

应，主要包括以下四种策略：①不改变企业绩效，仅通过宣传等信息引导手段改变利益相关者对企业绩效的感知；②不改变企业绩效，仅通过宣传等信息引导手段改变利益相关者对企业绩效的期望；③当无法改变利益相关者感知时，通过改变描述绩效或表现绩效的方式使其与利益相关者的感知保持一致；④当以上方式均无法改变利益相关者的期望和感知时，就改变企业绩效使其与利益相关者的期望保持一致。

格兰特·萨维奇（Grant Savage）等人进一步指出，企业响应利益相关者的策略应建立在对其进行合理分类的基础上，可以从利益相关者与企业合作和对企业构成威胁的可能性出发进行类型划分（图 2-5）。

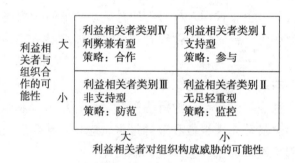

图 2-5　组织利益相关者类型与策略

支持型利益相关者主要包括董事会、管理层、员工以及供应商等。由于该类利益相关者与企业合作的可能性大而产生威胁的可能性小，因此企业应采取参与型策略，通过邀请这些利益相关者共同参与企业的生产经营和管理。

无足轻重型利益相关者可能是影响力较小的社团组织以及未能形成组织的股东。由于该类利益相关者与企业合作和产生威胁的可能性都不大，因此企业只需采取监控型策略，尽可能使该类利益相关者不发生对企业不利的动态变化。

非支持型利益相关者主要包括竞争对手、媒体等。由于该类利益相关者与企业合作的可能性小但产生威胁的可能性大，因此企业应采取防范型策略，对该类利益相关者保持高度警惕，防止其对企业造成不利的影响。

利弊兼有型利益相关者可能包括消费者、客户以及临时雇用的员工等。该类利益相关者与企业合作和产生威胁的可能性都较大，因此，企业应采取合作型策略，通过尽可能地改善与该类利益相关者的关系来争取达成合作。

3. 企业社会响应问题的解决对策

作为体现企业管理过程的重要环节，企业社会响应较为清楚地回答了企业应该如何对外部的社会压力作出反应以降低企业面临的风险。在企业管理实践中，以产品出现问题为例，企业社会响应可以参考以下做法。

（1）企业应在第一时间安排管理人员进行督查和整改，并严肃、郑重地发布对相关事件的公告，对所出现的问题进行公示，明确自身责任，并对权益受到损害的利益相关者进行合理赔偿，以向社会展示企业高度重视事件的响应行为。

（2）企业应尽快启动内部追溯程序，确定问题产品所属的批次和检测记录，全面复盘和检查产品的生产过程，在定位造成问题产品原因的同时，快速开展针对性整改，以向社会展示企业防止此类事件再次发生的响应行为。

（3）企业应围绕该次事件的发生，进一步对未来的产品生产与管理流程进行调整，研发与应用新的生产技术，以向社会展示在长期内把控产品质量的响应行为。

2.2.3 企业社会响应与社会责任的关系

社会责任、社会事项、社会响应可以视为分析企业绩效的三个维度。其中，社会响应重在阐述企业该如何有效地履行社会责任，强调企业应通过行动导向的社会责任来达成对社会绩效的实现目标。

企业社会责任和企业社会响应虽然在概念上相辅相成，但有关二者的研究是独立进行的。随着社会意识的强化，社会公众对企业行为及其社会责任的审视变得更加严苛，所关注的社会事项范围不断拓宽。企业开始意识到，除了要对企业股东负责，还需对企业外部的社会事项积极作出响应，对其他的利益相关者负责。斯蒂文·沃蒂克（Steven Wartick）等人对企业社会责任和企业社会响应进行了较为详细的对比（表2-1）。

表 2-1　企业社会责任与企业社会响应的比较

比较项目	企业社会责任	企业社会响应
考虑的问题	伦理问题	实际问题
分析的主体	社会	企业
关注的重点	结果	途径
目标	关注外部社会事项	展现企业内部行动
行动的焦点	责任	响应
企业的角色	道德的载体	产品和服务的提供者
决策适用期	长期	中短期

20世纪70年代至80年代中后期,企业社会责任和企业社会响应逐渐被整合至企业社会绩效的研究框架中。李·普雷斯顿(Lee Preston)和詹姆斯·珀斯特(James Post)首次基于过程的视角分析了企业社会责任,提出了"企业社会响应矩阵",以及围绕企业对社会事项的管理和响应这两个维度对企业社会责任进行评价,但该矩阵并未得到学术界的广泛认可。此后,阿奇·卡罗尔(Archie Carroll)进一步提出了企业绩效的三维概念模型,将社会责任、社会事项、社会响应串联在一起,在将企业社会责任分为自由裁量责任(也称自愿责任或慈善责任)、道德责任、法律责任、经济责任的基础上,讨论了与这四种责任相关联的社会事项,并进一步提出了企业该如何响应社会责任和社会事项的战略。斯蒂文·沃蒂克和菲力普·科克伦(Philip Cochran)则在此基础之上,进一步划分出"原则—过程—政策"模型,对企业社会责任原则、企业社会响应过程以及解决社会事项的政策间的相互作用关系进行了讨论(表2-2)。

表2-2 斯蒂文·沃蒂克和菲力普·科克伦对阿奇·卡罗尔企业绩效模型的扩展

原则	过程	政策
企业社会责任	企业社会响应	社会事项管理
(1)经济责任;(2)法律责任 (3)伦理责任;(4)慈善责任	(1)响应;(2)防御 (3)适应;(4)前瞻	(1)确认问题 (2)分析问题 (3)拟定响应对策
目标: (1)形成商业社会契约 (2)成为商业道德行为人	目标: (1)适应社会条件变化的能力 (2)拟定响应对策的管理方法	目标: (1)尽量避免"突发事件" (2)确定有效的企业社会政策
理念导向	制度导向	组织导向

企业社会响应被认为是以制度为导向,重在表现企业进行社会响应的过程,强调企业能够形成适应社会事项变化的能力和拟定相应政策对这一过程进行管理的方法。这与威廉·弗雷德里克对企业社会响应的定义有着较高的契合度,他认为企业社会响应是指企业响应社会压力的能力,企业会在组织中寻找方法、程序、途径和行为方式对社会压力进行响应。

2.3 企业公民理论

2.3.1 企业公民的概念

企业公民是指企业在社会上的公民形象,是企业社会责任领域在20世纪80年代衍生出的新的理论分支,旨在强调企业的发展与社会发展紧密关联,企业在追求利润、实现自身价值的同时还应通过多种方式回馈社会。企业公民的基本构成包括社会责任和道德责任这两个方面。

企业的社会责任是指为法律所规定、企业必须承担的强制性责任,如提供产品和服务、缴纳税收、提供就业岗位、维护员工和消费者权益、执行经济或产业政策、遵守市场竞争秩序等。企业的道德责任则是指企业在生产经营活动中自觉遵守的伦理准则和道德规范等自愿性责任，如参与社会福利、慈善事业、公益活动以及对社区的建设等。对企业来说，打造社会公民的最终目的是在于找寻企业发展和社会发展的均衡点，实现互利共赢。随着企业建设和社会持续健康发展交融关系的日益密切，企业公民的概念更加受到重视，对其内涵的探讨也逐渐丰富。

美国波士顿学院认为，企业公民是指具有将社会基本价值与日常生产经营管理相结合的行为方式的企业。企业公民通常会将自身活动与员工、消费者、供应商、环境等所有利益相关者的影响全面纳入考虑。

英国众多学者认为对企业公民的理解应包括以下四个要点：①企业是社会的重要组成部分；②企业也属于国家公民的一种；③企业在享有权利的同时应承担责任；④企业有责任为社会发展作出贡献。

2.3.2 企业公民的行为表现

通常，企业公民的行为主要包括以下六个方面的内容。

（1）具有良好的公司治理体系和道德体系，如积极保护中小股东权益，遵守法律法规、国际标准，防范交易中心的贪污腐败等道德行为准则和商业伦理。

（2）能够承担对员工的责任，如为员工提供安全的工作环境、公平的薪酬体系及其他必要的福利，反对就业歧视并为员工提供均等的就业机会等。

（3）能够承担对环境的责任，如通过使用清洁可再生能源、降污减排、循环利用等手段保护生态环境，共同应对气候变化等问题。

（4）能够开展社会公益事业，如通过社会投资、志愿服务、设立基金会等公益慈善方式，向贫困地区提供教育、医疗、能源、信息技术等产品与服务，或针对社会灾害事件进行捐款等。

（5）能够维护与供应链伙伴的关系，如为供应链上下游的企业提供公平交易的机会和平台等。

（6）能够维护消费者的权益，如严格把控产品和服务质量，畅通消费者反馈渠道并积极处理消费者投诉，主动召回存在质量缺陷的产品并给予补偿等。

理论思考　　　　　　　　企业公民的理论解释

企业公民的概念与企业社会责任理论息息相关，优秀的企业公民意指自觉承担并积极履行社会责任的企业。

企业社会责任起源于对社会和企业间关系的研究，这种关系也可以用于对比自然与社会间的关系。企业作为组织其实与自然人一样，其社会角色也可以被视为社会中的公民，在享有权利的同时也需要承担义务，社会公民和企业社会责任的概念应运而生。由于社会是一个抽象概念，实际而言企业所需承担的社会责任是针对社会上特定的个人或者团体而言的，即能够与企业相互影响的利益相关者。

2.3.3 企业公民的评价标准

1. 企业公民评价标准的设计

2003 年，世界经济论坛提出企业公民的责任应包括如下内容：企业的基本价值观，倡导社会公认的商业道德和行为准则；对利益相关群体负责，尤其最基本的利益相关者——员工、消费者和股东；对环境的责任；对社会发展的广义贡献。为进一步细化对企业公民的测度，相关机构与学者开始深入探讨企业公民的评价标准与体系。目前，国际上比较具有代表性的企业公民评价体系包括全球报告倡议（Global Reporting Initiative，GRI）、社会责任 8000（SA 8000）、责任 1000（Account Ability 1000，AA 1000）、可持续管理整合指南（Sustainability Integrated Guidelines for Management，SIGMA）。此外，美国《商业伦理》杂志在评选"最佳企业公民 100 强"时的评价标准除一般的股东、员工、社区之外，还包括公司治理、对少数族裔及女性的包容性、环境以及人权共计八项。加拿大《企业绅士》杂志在评选"最佳企业公民 50 强"时的评价标准则包括公司治理、环境、与海外利益相关者系/人权（包括与当地居民关系）、产品安全与商业惯例、社区关系、员工关系/包容性、财务绩效共七项。

企业公民委员会于 2005 年出台了《中国优秀企业公民评估评价标准（1.0）》，并分别于 2008 年和 2014 年推出了《中国企业公民评价标准 2.0》和《中国企业公民评价标准 3.0》以适应全球主流舆论与国内政策环境的要求与变化。在原有的基础上，以 ISO 26000、GRI（G4）等国际标准为指导框架，将合规治理、气候变化、资源环境、员工关系、尊重人权、产品与服务等作为《标准 3.0》的重要议题，形成了中国企业公民评价体系的八大维度和二百多条测评指标。

中国社会工作协会企业公民委员会在评选"中国 100 位优秀企业公民排行榜"时的评价标准包括合规与治理、气候变化、资源环境、员工关系、尊重人权、产品与服务等八大议题，共计 200 余个必答项和 60 余个选填项。

可以看到，企业社会责任和企业公民的核心议题随着企业实践的不同而发生改变，企业公民评价标准具体事项的不同也展现了时代元素的更迭和各国视野的差异。这也进一步说明，企业公民的评价标准并非要对标所有的社会事项，而是要深度契合本土企业实践、彰显本土智慧。

开阔视野	优秀企业公民年会

中国社会工作联合会企业公民委员会是经民政部批准并主管、目前中国唯一致力于

"企业公民社会责任"理念推广普及的全国性社团组织,由具有一定影响力和强烈社会责任感的中国企业、企业家以及相关领域的权威人士联合组成。

该委员会自 2005 年起与腾讯公益慈善基金会等联合主办的"中国企业公民论坛",旨在探讨与推进现代企业公民理念与实践的发展,吸引了中国国有企业、民营企业和世界 500 强跨国公司优秀代表连续多年的踊跃参与,为拓宽企业社会责任议题、畅通企业与政府、企业与社会、企业与企业间的密切沟通搭建了全国性的平台。在历届论坛上,《中国企业公民宣言》《中国企业公民财富新观念行动纲领》《中国企业公民道德宣言》等文件先后签署发布。此外,企业公民委员会依托与历届论坛同步开展的"中国优秀企业公民调查评价活动",与清华大学经济管理学院共同编制了《中国企业公民评价标准(1.0)》。为了更好地适应企业公民领域主流舆论和国内外环境政策的变化,该标准现已升级至 3.0 版本,原"中国优秀企业公民调查评价活动"也升级成为"中国优秀企业公民排行榜",形成了中国企业公民评价体系的八大维度和二百余项测评指标,不断为中国企业公民实践提供更具时代性、前沿性的理论指导,有效地推动了中国企业公民的发展与国际接轨。

2. 企业公民评价标准运用的条件

企业公民的评价标准是检验企业社会责任履行状况的重要渠道。但要想将该标准在企业实践中有效应用,还需要具备以下条件。

(1)企业对企业公民角色的感知程度。不仅需要看企业是否理解、如何理解企业公民这一角色,还要看企业是否能够依据、如何依据企业公民评价标准决定自身的决策行为。企业只有在全面感知和深入理解企业公民概念的基础上,才能自觉且严格地按照评价标准约束自身的生产经营活动。然而在企业实践中,很多企业将优秀的企业公民等同于捐助金额多、慈善力度大的企业,这就使企业公民的"门槛"变为经济实力强、企业规模大,这也意味着是否成为企业公民仅由企业自身意愿决定而不是强制性的。这一视角很显然与企业社会责任中的法律责任相冲突。

(2)企业社会责任信息的披露程度。美国《商业伦理》杂志在评选"最佳企业公民 100 强"时,依托 KLD 研究与分析公司数据库收集的美国本土近十年的企业社会责任数据、企业社会责任评价的 DJSI 指数以及 Russell 1000 指数[①]。加拿大《企业绅士》在评选"最佳企业公民 50 强"时,依托创新投资战略价值咨询公司的数据库收集的主要数据。中国的"中国优秀企业公民排行榜"则通过在线评价系统进行信息收集,并经过企业填报信息、第三方信息核验、形象危机预警筛查、专家综合评定四道严格程序对数据进行整合与评分。

---

① KLD(Kinder、Lydenberg 及 Domini & Co. Inc.)指数是 KLD 公司设计的一种评价公司与利益相关者之间关系的评级标准。从公司与利益相关者之间八个方面的关系来衡量企业社会责任;DJSI(标准普尔的道琼斯可持续指数)是首个追踪全球领先的可持续发展驱动型公司财务绩效的指数;Russell 1000 指数基于 1000 家在美国交易市场中市值最大的公司股票价格加权平均数编制,为资本行业提供一个综合客观的度量标准。

2.4 企业社会责任金字塔模型

以阿奇·卡罗尔（Archie Carroll）的企业社会绩效模型为代表，该模型引进了全新的企业社会责任概念框架，将企业社会责任分为经济责任、法律责任、伦理责任以及慈善责任四个维度，且分别被赋予了不同权重，也被称为企业社会责任金字塔模型。该理论一经提出就引起了学界广泛的讨论，极大地推动了企业社会责任内涵的深化和企业社会责任理论的发展。

▶ 2.4.1 经济责任

阿奇·卡罗尔认为，企业作为经济实体旨在向社会成员提供产品和服务，其生产经营和发展的根本动机是追求利润最大化。因此，经济责任是企业履行其他责任的经济基础，是判断企业社会责任履行好坏的基本标准（表2-3）。如果没有经济责任作为基础，企业即使履行了其他维度的责任，也只是"舍本逐末"。

表2-3 企业的经济责任

1	企业绩效应符合每股收益最大化原则
2	企业应尽可能地实现盈利目标
3	企业应保持竞争优势
4	企业应保持较高的运作效率
5	成功的企业应当是持续盈利的

随着社会发展，企业经济责任的内容不断拓宽，不再局限于对股东利益最大化的追求，现已涵盖使投资者满意、维持企业高效率地进行生产经营、提供高质量的产品与服务以及可持续发展等多个方面。以阿奇·卡罗尔所划定的经济责任为基础，现代企业要想实现经济责任，应注意以下三个方面。

（1）注重提高效率。企业为了存续，应设法降低交易成本，提高效率。一个企业的效率变化不仅体现在通过提高资源的利用率，不仅使企业支出减少或收入增加，还使社会生产的总支出减少或总收入增加。

（2）注重满足社会需求。企业为社会提供产品和服务，是满足社会各类需求的重要方式。企业不仅可以在生产过程中将自身的投入产出纳入社会生产过程，并成为其中的有效环节，还可以通过自身投入产出的改革来推进社会总进程的变革。当企业能有效满足社会需求时，企业的经济责任就得以实现。

（3）注重完善利益分配机制。与早期社会将企业视作股东私有财产的观点不同，企业应是保障利益相关者实现其利益的重要主体。建立公平、公正并且合理的企业利益分配机制，也是现代企业经济责任的重要构成部分。

2.4.2 法律责任

经济责任虽然不可或缺，但并不是企业唯一要履行的社会责任。作为社会的重要组成部分，企业内生于社会。社会在为企业生产提供资源、赋予企业提供产品和服务的权利的同时，也制定了相应的法律法规要求企业自觉遵守，企业在法律法规的允许范围内实现经济增长，承担法律责任。

法律责任是对企业的强制约束。该类责任的强制性体现在以国家法律法规的强制力作为履行基础，体现了维护基本社会秩序所必需的最低限度。企业法律责任的内容随着社会发展而变化。在企业社会责任理论的发展初期，企业法律责任主要是指保护股东利益的责任。但随着经济发展，资本市场的过度自由化使得部分企业一味逐利，引发了一系列的社会问题。越来越多的国家开始修改完善企业法，加强对企业行为的强化性限制，企业法律责任的涉及事项也因此不断拓宽。

根据阿奇·卡罗尔对企业须承担法律责任的具体内容，企业法律责任可以概括为四个方面（表 2-4）。

表 2-4 企业的法律责任

1	在法律规定和政府期望下运作
2	遵守中央政府和地方政府的法律法规
3	保持企业的竞争地位
4	企业提供的产品和服务至少满足最低的法律要求

2.4.3 伦理责任

与法律相比，道德是对企业行为有着更高要求的社会规范。相比于强制性的法律责任，伦理责任更类似于提倡性规范，体现了某种社会风向或价值导向而不是一种法律义务，不具有强制性。具体表现为企业在运作过程中能够满足消费者、员工、股东和社会等利益相关者公平、公正的要求，保护利益相关者合理权益的期望。阿奇·卡罗尔对伦理责任的阐述包括五个方面，具体内容见表 2-5。

表 2-5 企业的伦理责任

1	企业的诚信和道德行为远不止是遵守法律法规
2	企业应以符合社会惯例和道德规范的方式履行职责
3	企业应承认和尊重社会所采用的新的或不断发展的伦理和道德规范
4	良好的企业公民应履行社会在道德或伦理上所期望的事项
5	企业应防止自身道德规范受到损害

2.4.4 慈善责任

慈善责任是由企业自愿承担并自由进行选择的责任，其范围比较广泛，包含了良好企业公民所应采取的一系列行为，如表 2-6 所示。例如，企业为社区发展进行捐助，对教育和艺术事业的发展进行帮助。慈善责任并不在伦理责任的范围之内，即使企业不进行或未按照社会期望开展慈善活动，也不会被认为没有遵守伦理规范。因此，尽管社会总是期望企业提供慈善服务，但对企业而言，慈善服务更具自愿性。

表 2-6 企业的慈善责任

1	企业应以符合社会对慈善期望的方式履行责任
2	企业应注重对美术和表演艺术的赞助
3	企业的经理和员工应当参与当地社区的志愿和慈善活动
4	企业应注重对教育的投入
5	企业应注重提高社区整体幸福感

虽然金字塔模型旨在描述企业的整体社会责任由四大不同部分组成，这些组成部分被视作单独的概念来讨论，但它们并不是相互排斥或彼此并列的，而是处于不同重要层面持续的、动态的相互作用过程中。

在企业社会责任金字塔理论中，经济、法律、伦理和慈善责任是企业社会责任的不同层面。其中，经济责任居于首位，是履行其他社会责任的根基。法律责任的重要性次之，法律法规对企业的约束具有强制性，是企业必须履行的责任。伦理和慈善责任的重要性比经济和法律责任更低，属于对企业的柔性激励，是否履行这两个层面的社会责任完全依靠企业的自律。

在实践中，慈善责任虽然被社会大众关心和期待，但前三个责任的履行对企业而言不可或缺，企业应在履行好前三种责任的基础上量力而行。企业社会责任金字塔如图 2-6 所示。

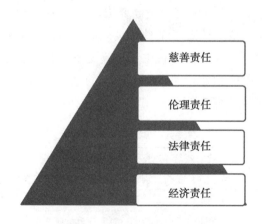

图 2-6 企业社会责任金字塔

> **现象观察**
>
> 很多企业热衷于慈善活动，却忽略了其他三种更为基础的责任，甚至常年处于亏损状态，连最基本的经济责任都不能很好地履行。此时进行慈善投资，无疑是本末倒置，企业慈善行为更类似于感情公关的投资。如果对此类企业行为坐视不理，甚至是加以奖励，那么企业很可能会选择做慈善敷衍了事，将其他的社会责任置之脑后。

2.5 企业社会责任"三重底线"理论

在现代社会中，企业是否成功的标准不仅取决于经济责任，对环境和社会的关注也是衡量成功企业的重要标准。1997年，约翰·埃尔金顿（John Elkington）首次提出了三重底线的理论，三重底线是指经济底线、环境底线和社会底线，即企业必须履行最基本的经济责任、环境责任和社会责任。

2.5.1 经济底线

企业社会责任中最重要的就是让企业健康发展，并为社会创造更多价值。成功的企业应该能够为社会解决就业问题、关注员工福利，并按照法律法规纳税等。此外，不能盈利的企业被认为会给国家和社会增加负担，企业必须找到一种可持续的盈利方式，进一步制定适合自身发展的战略方向和管理制度。

2.5.2 环境底线

从全球范围看，伴随经济的高速发展，因"黑色"生产方式所引起的环境污染、生态退化问题日益严峻。在此背景下，企业对环境和社会责任的履行逐渐受到社会各界的关注。作为合格的企业公民，各类企业都应积极保护自然环境并倡导环保理念，保证自身产品符合健康、绿色和安全标准，以满足和迎合消费者日渐增强的环保需求和环保意识。政府有责任引导企业更好地履行环境责任，具体措施包括以下内容。

（1）进一步提高法律约束力。随着社会进步，环境立法已经取得重大进展，但仍有不足之处，如部分法律法规操作性较差，在真正处理环境违规案件时，需要很长时间才能走完法律程序，此时如果违规企业故意拖延时间，案件就更加难以解决。因此，亟须提高法律法规的可操作性，加强现有法律体系的公众监督力度，畅通企业信息公开渠道，以便相关方通过法律途径维护权益。

（2）加大环境执法力度。当环境执法同经济发展产生矛盾时，常常需要政府及相关部门更加重视经济发展与环境保护之间的平衡，强化环境执法，有效地对环境污染等现象进行严格制止。这就要求在政绩考核中增加环境考核力度,避免出现只关注经济利益、忽视环境和可持续发展的情况。同时,还应出台有利于企业积极保护环境的产业政策,鼓励企业自愿并切实履行社会责任。

(3)鼓励公众参与环境保护。鼓励民间环保组织通过新闻发布会等方式公布企业环境绩效,公开企业环境责任方面的行为,并通过制定相应的保护和鼓励政策引导更多的组织和个人对企业进行监督,为社会公众参与环境保护拓宽渠道。

▶ 2.5.3　社会底线

企业还应重视企业内外部人文环境的建立。在内部,企业要考虑员工福利、企业文化的传播等,在管理过程中做到以人为本,采用人性化的管理模式;在外部,则应关注消费者、供应商、政府等社会大众的利益,与其建立良好关系,积极进行社会公益,在履行社会责任的同时建立起良好的企业形象。

---------------------------【 本章小结 】---------------------------

在对股东利益至上观点的质疑中,企业社会责任理论得到了极大的丰富和发展。与之相伴相生的利益相关者理论则成为社会责任体系的基础与支撑。在西方发达国家企业股权不断分散、社会逐渐多元化发展的背景下,企业只对股东负责、只考虑股东利益的观点备受社会诟病,部分企业因规模的迅速扩张而引起的社会问题也受到了广泛批评。这些因素都促使企业不得不主动承担各种社会责任,更加重视利益相关者的诉求。

本章对企业社会责任的理论基础进行了梳理。

(1)企业利益相关者是企业社会责任管理的重要对象,利益相关者的观念经历了企业依存、战略管理以及动态演化三个阶段。企业重要的利益相关者主要包括股东、员工、消费者、社会、社区、供应商等。

(2)企业社会响应又称为企业社会回应,体现的是企业对社会需求的响应能力,也是一种行动导向下的企业社会责任。企业社会响应的对象包括对企业具有潜在重要影响的社会事项和利益相关者。

(3)企业公民是企业社会责任思想的丰富与拓展。企业公民理论强调了权利与责任的对等性,其核心观点是企业的成功与社会健康发展相关联,企业在获取经济利益的同时,也应利用相关方式来回馈社会。

(4)根据社会责任金字塔模型,企业的社会责任主要包括经济责任、法律责任、伦理责任以及慈善责任四个部分,并且这四个部分具有清晰的层次性。

(5)根据"三重底线"理论,企业社会责任主要分为经济责任、环境责任和社会责任,这三种责任是企业实现可持续发展的基础与根本。

---【关键术语】---

利益相关者　企业社会响应　社会公民　金字塔模型　三重底线

---【复习思考题】---

1. 根据利益相关者理论，企业的经营者都应向谁负责？
2. 企业应如何对利益相关者进行识别与分类？
3. 企业在管理中应如何对社会需求进行有效回应？
4. 应如何评价企业社会公民的表现？
5. 企业社会责任不同层次之间的关系是怎样的？
6. 结合"三重底线"理论，分析企业应在哪些维度上承担社会责任。承担这些社会责任会给企业自身的发展带来什么影响？

---【推荐阅读】---

吴芳, 张岩. 基于工具性利益相关者视角的员工责任与企业创新绩效研究[J]. 管理学报, 2021, 18(2): 203-212.

---【扩展阅读】---

第 3 章
利益相关者

学习目标

- ◆ 了解企业对股东应承担的社会责任
- ◆ 掌握企业对消费者应承担的社会责任
- ◆ 掌握企业对员工应承担的社会责任
- ◆ 了解企业对环境应承担的社会责任

开篇案例 　　　　　海信：坚守公益是中国品牌的责任和意义

　　海信是一家注重科技创新，同时也注重公益事业的企业。他们认为，企业的发展不仅要提升科技研发实力、产品制造能力、资本利用能力等盈利性竞争要素，还要提升"非盈利性"竞争要素，承担社会责任和参与公益事业是其中很重要的一点。

　　2008年汶川地震后，海信出资重建陈家坝小学，2016年，海信开展"读书看海观世界"公益活动，邀请北川儿童来青岛看海学习交流并设立看海奖学金。2017年1月14日，海信在珠海举办"海信冰箱倍多分雨辰公益助学金"启动仪式，成立海信冰箱倍多分雨辰公益助学金，帮助贫困的孩子实现梦想。作为公益推行的企业代表，海信此次承担了社会责任，推进了本次公益助学金项目的建设。从"读书看海观世界"，到今天设立的"海信冰箱倍多分雨辰公益助学金"，海信对青少年不仅仅是在经济上帮扶，在精神上也给予了关注。

　　海信的教育公益事业活动具有一个显著的特点，即这些公益项目与产品无关，没有在活动中生硬地嵌入产品、推销产品，而仅仅是想办好这些公益事业，让援助对象真正受益。这种不预设姿态的立场，加上持续推动的决心，让海信在众多中国家电企业的公益活动中脱颖而出。

　　成功的公益活动必然会带来回报。海信制冷产品连续多年居海外出口第一，海信系冰箱在中国也稳居第二，获得国内外消费者的一致认可。除了海信的经营管理和生产制造上的成功，公益活动所树立的品牌和企业形象，也给海信的业绩贡献了几分力量。海信冰箱凭借领先的技术优势和差异化的产品，以及持续性的创新营销，在竞争白热化的冰箱市场实现了逆势增长。

无论是对公益事业的向往，还是对精品家电的执着，海信冰箱都在努力承担一个国际化企业的责任，力争企业经营发展与社会发展和人文关怀同步进行，用大企业的带动力，弘扬社会美德。让公益更有温度，让世界更加美好。

资料来源：http://www.cena.com.cn/kitchenapp/20170122/04/84485.html

3.1 企业对股东的社会责任及其实践

3.1.1 保障股东责任的内容

企业是根据相关法律法规成立，享有法人财产权的企业法人，表现为有限责任公司、股份有限公司等多种形式。其中，有限责任公司的股东以其认缴的出资额为限对公司承担责任，而股份有限公司的股东以其认购的股份为限对公司承担责任。

1. 股东的概念与权利

股东是股份制公司的投资人或股份的持有者，是公司存在的基础性要素。根据《中华人民共和国公司法（2018年修正）》（以下简称《公司法》）规定，有限责任公司成立后应当向股东签发出资证明书，并将股东的姓名或者名称及住所、股东的出资额、出资证明书编号等事项记载于股东名册。对于股份有限公司，当发行和转让记名股票时，应当置备股东名册并记载信息于股东名册；当发行无记名股票时，公司应当记载股票数量、编号和发行日期。由此，对于股份有限公司，股票的持有人为股东。股东拥有以下几个方面的权利。

（1）知情质询权。有限责任公司股东的知情质询权包括：对公司章程和股东会会议记录进行查阅和参照，知悉董事会和监事会会议决议以及对财务会计报告进行查阅和提出异议。股份有限公司股东的知情质询权包括：对公司章程、股东名册和股东会会议记录进行查阅，对公司经营管理活动提出质询，知悉董事会和监事会的决议和其人员的薪资报酬，并有权要求监事、董事和高层管理人员参加股东大会并接受质询。

（2）决策表决权。股东有权参加股东大会，并根据股权持有比例行使决策表决权。对于违规的决议请求有权进行撤销，对于违反行政法规、法律和公司规定的股东大会或董事会的召集程序、决议内容等方面，在自决议作出之日起的60日内，股东有权请求人民法院进行撤销。

（3）选举权和被选举权。股东有权参与董事会和监事会成员的投票选举，以及拥有被选举权。

（4）收益权。在法律、法规规定的范围内，股东有权参与公司分红，并在公司终止时获得公司剩余资产的分配，维护自身的正当权益。

（5）解散公司请求权。《公司法》明确规定，当公司的经营管理发生严重困难并会严重危害股东利益，且不能通过其他途径解决时，持有公司全部股东表决权10%以上的股东，可以向人民法院请求解散公司。

（6）直接索赔权。当公司董事或高级管理者等人员的不当行为损害股东利益时，股东有权要求赔偿其损失。

（7）股东代表诉讼权。当公司的利益受到损害且公司怠于通过诉讼手段追究相关人员责任时，股东有权向法院提起股东代表诉讼，维护公司利益。

（8）优先权。在公司新增资本或在同等条件下发行新股时，股东具有优先认缴权。在其他股东转让股权时，股东享有优先受让权。

（9）提议召集临时股东会的权利。

（10）公司章程规定的其他权利。

2. 股东责任的理论来源

1）产权理论

产权是基于一定物的存在和使用而发生的人的一种权利。体现为人们具有支配某种有价值的存在物的权利，是人们围绕一定的财产而发生和形成的权责利关系。基于产权理论，股东即使股份很少，所持股份比例很小，在企业中也应享有相应的一份权利。

现代产权处于一个庞杂的市场制度或规律体制中，与之相对应的是，产权制度也同样体系庞杂、内容繁多，处于不断演变与发展之中。其基本特征有以下五点。

（1）产权分解化。产权的分解与经济效率的关系是紧密的。出于产权主体效益的需要，在生产中人们所结成的责、权、利关系上升为稳定的制度，几乎对每个人都是有益的。于是，人们普遍希望用某一种制度化的行为规范概括零散的、分离的、不确定的责、权、利关系，广义的所有就是这一系列关系的总称。随着社会分工的发展、财产规模的扩大以及经济往来的复杂化，人们发现总是由一个所有制主体全面、完整地行使产权是不经济的。让渡部分产权给他人，自己专门从事特定的权能分工的边际收益要大于从事多种权能分工的边际收益。

（2）产权界定明显化。传统的经济负外部性的形成，主要是因为生态环境和资源等要素是由政府直接配给而没有进入市场交易，生产者的成本不包括这些实际已投入的要素。解决外部性的方法是使之内部化，这意味着产生外部性的经济人必须具有矫正外部性的动力。而经济外部性成因归结到一点是生态环境和自然资源的产权界定不清，甚至没有进行过产权的初始界定。有关外部性的实际问题，一般都是在产权未能很好地界定的情况下发生的，需要做的就是确保初始的财产权得到明确的界定，然后才能通过正常的方式交换财产权以防止外部效应。因此，清晰的产权界定是经济外部性内部化的最好"药方"，产权明显化是大势所趋。

（3）产权主体多元化。产权主体多元化是建立市场经济体制的必然要求，其实质在于适应社会化大生产的要求，从产品社会化到劳动社会化，进一步走向财产权利社会化。产权主体的多元化带来的投资主体、利益主体和风险承担的多元化，将使现代企业制度得以有效建立，从而实现社会资本的有效增长。

（4）产权流动市场化。资本市场由标准化资本市场与非标准化资本市场组成，即证券市场与产权市场。证券市场是证券发行和交易的场所，包括股票市场、债券市场、期货市场等；产权市场是进行产权交易的场所，是企业进行转让、收购与兼并等活动的重要媒介。

（5）产权主体独立化。产权主体独立化是指所有者按照投入资本额，获取相应的权益和承担有限责任，不再与企业资产的运营保持关系。从一定意义上说，产权制度安排的公正，产权流动的自由、平等是降低交易费用和实现资源优化配置的制度保障。

2）契约理论

企业契约理论认为，企业的本质是一组在企业众多相关者之间相互关联的契约网络。企业的利益相关者，包括投资者、员工、消费者和供应商都应获得回报，投资是意识自治的行为。因此，股东与股东、管理者以及其他利益相关者之间从本质上看也是一种契约关系。

主流契约理论认为，企业管理者的职责在于为股东意愿服务。主流契约理论以股东为中心，包括以下三点内容：①股东是企业的所有者，拥有对企业的控制权；②管理者受股东委托对企业财产进行管理，对股东具有信托责任；③企业目标是股东财富的最大化。股东作为企业的出资者、兴办者，其所投入的资本形成企业专用性资产。这种类型的资产会在出现债务危机或财务风险时最先受到波及。按照风险与收益相匹配的原则，股东应是企业最重要的服务对象。而属于固定收入范畴的债权人、雇员等，由于不承担企业资产受损的风险，因此不具备对企业的剩余资产进行索取分配的权利。因此，契约理论在强调了企业对股东承担社会责任的必要性基础上，把经理人是否实现股东财富或价值最大化看作企业效率的衡量标准。

受企业契约理论的影响，《公司法》明确规定了股东的责任，并将公司章程提高到股东之间自治契约的地位，多处出现"全体股东约定……"等授权性条款。股东不仅可以对公司的经营活动进行安排，还可以通过制定公司章程进行公司转让、股权变更等事项。

3. 对股东履责的主要内容

股东是企业重要的利益相关者。企业对股东的责任主要体现在以下四个方面。

1）保障股东权利的实现

股东权利是实现投资人利益的法律保证。为维护股东权益，我国颁布了一系列涉及公司成立、经营和解散的法律法规，包括《公司法》《证券法》《破产法》《外资企业法》《合伙企业法》《私营企业暂行条例》等，制定了《公司登记管理条例》《首次公开发行股票并上市管理办法》等管理条例。在这些法律法规和管理条例中，都严格规定了企业及其经营者对股东应尽的责任以及股东享有的合法权益。保障股东权利的实现，从某种意义上就是尊重企业的生存和发展的基础，对法律所规定的股东权利的尊重是企业对股东最基本的责任。

2）保证股东价值最大化

维护股东的利益，保持可持续的增值能力，保证股东的价值最大化，是企业对股东应尽的经济责任，也是企业最重要的责任。企业要实现这样的目标，就需要对股东资金的安全性、收益性和成长性负责。《深圳证券交易所上市公司社会责任指引》中指出：上市公司应制定长期稳定的利润分配方案和科学合理的分红办法，保证股东的利益；上市公司应在追求股东利益最大化的同时，兼顾债权人的利益，保障公司的资产安全和财务稳健。

3）保护中小投资者利益

企业为了履行对股东的责任，需要完善治理结构来保护股东尤其是中小股东的利益。企业的治理结构是董事会、企业所有者、管理者以及其他利益相关者之间进行利益分配，以满足制度均衡的一种制度安排，既要保证企业的管理者从股东利益出发进行经营管理，又要给经营管理者足够的空间发挥企业家才能。为此，要建立良好的权利分配和制衡监督机制，如董事会或股东大会才能决定企业高层管理人员的任免和企业重大事务的决策，或成立监事会对董事会及经营者进行监督；要保护中小股东利益，保证中小股东的知情权、席位、话语权以及自由转让股份的权利。

4）规范信息披露

及时、准确地向股东披露企业信息，是履行股东责任不可或缺的重要环节。针对企业的重大经营决策和财务绩效，企业应为股东投资决策提供及时、准确的信息，并有责任将企业从事各项社会实践活动告知股东。企业主要通过财务报表、年报等向股东提供信息，且保证信息的真实性和可靠性，对欺诈股东、谎报或瞒报企业信息等行为，企业会同时受到法律的制裁和道德的谴责。

▶ 3.1.2 完善公司治理结构

1. 公司治理结构组成

企业社会责任的实现主体包括公司法人本身和公司的控制者。因此，企业社会责任主要的实现主体除了《公司法》规定的四部分（股东会或股东大会、董事会、监事会和经理层）外，还应包括公司法人本身。

1）公司法人

通常来讲，企业社会责任的实现主体是公司法人。公司法人是指依照法律法规设立的，具有独立的财产、享有民事权利和对外独立承担责任能力的社会组织。公司法人本身作为企业社会责任的实现主体，有利于企业更好地履行社会责任。但也存在一定局限性，如果不能有效保护除股东以外的其他利益相关者的权益，在公司治理出现问题时，可能将公司的经营风险转移到其他利益相关者身上。

2）股东大会

股东大会是由全体股东组成的公司的最高权力机关，享有公司重大事项的决策权、董事的更换和任免权、公司经营治理的广泛决定权等。依照《公司法》的规定，股东大会的决议是实行股份多数决定原则，所以大股东实质上控制了股东大会的决议权和公司治理的决策权。但在公司的运营管理中，公司的行为同样会影响公司的债权人、员工、消费者、社区、资源环境等其他利益相关者。因此，公司也必须承担对这些股东以外利益相关者的责任。

3）董事会

董事会是依照有关法律法规，由董事组成的，对股东大会负责，掌管公司业务执行和经营决策的机关。现代公司面临的环境日益复杂，对经营者的要求越来越高。现代公司尤其是大型股份有限公司实行的是所有权与经营权相分离的治理结构，股东大会是非常设机构，不可能及时应对公司的所有突发事件。因此，在现代股份有限公司中，由全体股东选举董事形成的常设机构即董事会，负责执行股东会议决议。20世纪30年代，董事会职权在德国率先得到强化。此后，西方公司逐渐由以股东会为中心的治理结构发展为以董事会为中心的治理结构，授权董事行使制定公司基本管理制度、执行股东会决议等职权，在保障股东利益的同时，兼顾其他利益相关者的利益。

4）监事会

监事会是公司常设机构之一，对董事会、高层管理者、公司财务等进行监督的内部组织。作为企业社会责任的实现主体之一，为了保证公司经营的正常有序，维护公司利益相关者的正当权益，监事会成员享有检查公司财务，防止滥用职权，及时纠正董事或经理存在的损害公司和其他利益相关者权益的行为等监察职权，同时对公司履行社会责任监察不力的监事成员要明确其应承担的法律责任。

5）经理层

在现代企业的内部结构中，经理通常不是公司事务的直接决策者，而是重大决策和日常经营管理事务的执行者。在执行事务的过程中，依法维护公司各利益相关者的权益，并对因自己不当行为而造成的公司利益损害负直接责任。

综上所述，在企业社会责任的履行过程中，公司法人本身、股东大会、董事会、监事会和经理层具有至关重要的作用。因此，要使企业社会责任得以贯彻实施，就需要构建正式的制度，而公司内部治理结构的完善是实现企业社会责任的基础。

2. 公司治理结构的模式

公司治理结构从根本上说是一种制度，公司通过该制度协调股东和其他利益相关者的关系。市场监控型与股东监控型是传统公司治理结构的主要模式，美国是市场监控型的典型代表，而德国和日本多采用股东监控型公司治理结构模式。随着公司治理理论的不断发展，家族控制型与内部人控制两种新的公司治理模式也进入大众视野。家族控制的代表国家大多为东亚国家，与银行或财团作为大股东的股东监控型不同，家族控制型大股东主要为控股家族。而内部人控制治理模式的出现是由于在从计划经济向市场经济转型的特殊时期，市场机制发育滞后、有关公司治理的法律法规不完善。

1）市场监控模式

市场监控模式又称为外部控制模式，这种模式要求有发达的市场经济体制，并呈现较强的市场主导的特点，以美国为典型代表。

（1）股权分散程度高，机构投资者是企业筹措资金的重要机构。美国股票市场发达程度较高，股权分散性强，个人持股占主导地位，为公民在股市上买进业绩优良的股票，抛弃业绩较差的股票创造了便利条件。这种"用脚投票"的方式迫使经营管理者不断提高企业的经营业绩，避免被投资者抛弃。虽然美国有规模较大的投资机构，且机构所有的持股总量很大，但大多分散在多个公司，一般约占某一公司股份总数的0.5%~3%，发言权有限。

（2）股权流动性高。股东有行使其知情质询的权利。为了确保交易的公平性，股东有权要求公司提供详尽的财务数据。当所持股公司业绩下滑，股东倾向于卖出所持有的股票，造成持股的短期性，股权的流动性较高。

（3）独立董事比例较高。独立董事代表股东行使监督控制权是以美国为代表的市场监控模式的另一重要特点。独立董事的存在有利于保护股东权益。但是在信息不对称的情况下，独立董事与经营者合谋的现象也有发生。

（4）外部审计制度。美国公司由专门的审计机构或事务所负责对财务状况进行审计并发布审计报告，以替代自身的监事会，体现审计的公正性，从而在很大程度上保证财务信息披露的真实性，杜绝公司发生偷税漏税等违法行为。

2）银行控制主导模式

以德国和日本为代表的银行控制主导模式是公司治理结构的另一重要模式。银行在公司治理中起到关键作用是这种治理模式的主要特点。

（1）股权相对集中，银行是公司最大的股东。银行是德国公司和日本公司的主要融资渠道，这就使得银行兼具债权人与股东的双重身份，成为德、日公司治理的主要力量。此外，德国的个人股东也有将股票的投票权交给银行代理的倾向，这进一步增加了德国银行在公司治理中的优势。

（2）公司交叉持股相对普遍。除银行持股比重较高外，公司交叉持股也是银行控制主导模式的另一重要特点。为加强公司之间的联系，通过稳定长期的交易降低交易成本，德国与日本的公司之间交叉持股较为普遍。这也在一定程度上形成了相互监督的良性互动关系。

（3）严密的股东监控机制。德、日公司的股东监督和约束主要来自两个方面：第一，交叉持股的持股公司。持股公司会对企业的经营提出批评意见，监督其改进工作。第二，主银行。主银行一般提供大份额的贷款，在公司正常运转时，不进行干预，但在公司业绩变差时，主银行能够及早发现财务问题，并通知相关企业采取应对措施。如果公司业绩持续恶化，主银行有权通过董事会、股东大会来更换经理人员。

（4）强化监事会的职权。德日两国公司治理结构中设有监事会，并不依靠外部监控。德国的治理结构同时包含监事会和管理理事会，进而形成了独特的"双重委员会制度"。监事会成员不能同时担任公司的董事会成员，从而保证了监事会监督职权的实现。相对而言，日本监事会作为一个常设机构与董事会具有平等的地位，其职能覆盖了公司业务的方方面面，具有较高的独立性。

3）家族控制模式

很多东亚及东南亚国家和地区的公司，没有实现所有权和经营权分离或没有完全分离。因此，在公司治理结构中大多采取家族控制模式，由控股家族的成员担任公司的主要高级经营职位。家族控制模式在韩国、泰国、新加坡、马来西亚、菲律宾等国较为普遍，并体现出以下特征：①企业所有权主要由家族成员控制；②经营管理权主要由家族成员掌握，减少了欧美公司中的"委托-代理"问题；③企业决策家长化；④经营者利益受到家族利益和亲情的双重激励和约束；⑤企业员工管理家庭化。该模式下公司利益以大股东和经理层为主，中小股东的利益容易受到侵害。"委托-代理"问题就容易转化为控股大股东与经理层和广大中小股东之间的矛盾。

4）内部人控制模式

内部人控制是指在现代企业中的所有权和经营权相分离的前提下，转轨经济中的企业经营者成为企业实际控制人的现象。在由计划经济向市场经济转轨的过程中，由于市场机制和法律体系的双重缺失，出现大量企业产权主体缺位和债券主体缺位的情况，出现经理层滥用职权、监督失控的状态，企业经营者在某种程度上成为企业的实际所有者。

3. 公司治理结构的完善

公司治理的目标是保证公司各利益相关者的利益最大化，而不应仅局限于企业股东。完善公司治理结构，就是完善有关所有者、董事会和高级经理人以及其他利益相关者之间权利分配和制衡关系的制度安排。企业要根据相关规定不断地完善企业内部制度，建立良好的权力制衡与监督机制。

1）完善董事会制度

董事会是依照有关法律法规设立的公司业务执行机构，主要负责公司重大决策的审议和批示。完善的董事会制度对企业履行社会责任具有重要作用：一方面，要建立有效的董事激励约束机制，建立包括股东、债权人、独立董事、员工代表等各方利益相关者在内的董事会制度，促使各董事积极参与公司决策，保障各利益相关者的权益；另一方面，要重视独立董事的作用。增加独立董事的席位数量，提高独立董事的话语权并保证其独立性是完善董事会制度的重要举措。

2）聘请职业经理人

聘请合格的职业经理人对企业进行专业化运作，能够解决股东缺乏企业管理所需知识带来的问题，使企业资源发挥最大效益，为股东带来更大的利益。同时，实现企业所有权和经营权分离，也在一定程度上实现了权力的平衡制约。

3）完善监事会职能

为防止董事会、职业经理人滥用职权、侵害股东利益，股东大会需选出监事会作为监督机构，对相关人员的行为进行监督。其监管对象主要是董事会与高层管理者。提高监事会的地位，保证其独立性，是完善公司监管职能的有效保障。具体做法包括：①完善监事会的构成。吸引债权人、机构投资者、政府及社区代表、消费者代表加入监事会，即建立包括多方面利益相关者在内的监督机构，通过监督机构保证各利益相关者实现对公司治理的监督和管理，提高管理效率。②完善监事的任免制度。目前，中国的监事提名和选举，多由大股东进行操纵和控制，无法实现有效的监督。因此，应当完善监事的任免制度，依据法律法规明确规定并严格执行监事的选举和任免办法。同时，应将监事会任期和董事会任期分开，保证监事的独立性。

4）健全风险治理控制机制

控制机制包括事前预警和事后救济。通过加强和完善企业的内部控制，将风险管理系统化、制度化、日常化。通过"识别风险—分析风险—探求原因—防控风险"体系的构建和完善，能够及早发现风险信号，避免利益相关者损失。

3.1.3 中小投资者权益

保护中小股东权益是完善股东责任的重要方面。企业要公正、公开对待所有股东，确保股东充分享有法律法规、公司规章等规定的各项合法权益。股市信息的不对称，大股东利用其控制地位侵害中小股东权益的问题在世界各国的公司治理中普遍存在。面对这样失衡的权力结构和大股东的侵害行为，中小股东成为企业管理层和大股东违规操作的受害者。

1. 中小股东权益易受侵害主要原因

保护中小投资者权益，就是要保证中小投资者的知情权、席位、话语权以及自由转让股份权等权益。中小股东权益受到侵害的主要原因包括以下几方面。

（1）资本多数决策原则使大股东滥用其支配权成为可能。通过资本多数决策原则，大股东通过股东大会将自身的利益上升为企业利益，进行有利于自身权益的决策，中小股东的表决权受到了限制，且缺少话语权。

（2）在现代企业中，董事会享有相当的职权，在决策经营中也常常忽视或侵害中小股东的权益。大股东通常更容易通过股东大会被选入董事会，拥有更大话语权和表决权，进而使自己利益最大化。保护中小股东权益成为企业尤其是股份有限公司的重要责任。

2. 保护中小股东权益的措施

企业保护中小股东权益，可以从以下几个方面入手。

（1）保证中小股东的知情权。包括保证查阅企业财务报告、了解重大经营状况的权利。

（2）保证中小股东的席位及话语权。包括保证股东大会的表决权、完善网上投票制度和累积投票制度，提高中小股东参与企业决策的程度和其权益的保护程度。

（3）保证股东可以自由地转换股份的权利，并保证异议中小股东的退股权。

（4）规范董事会权责，完善独立董事制度。完善委托代理投票机制、表决权信托制度等，规范董事会权责。

（5）限制股东会权力。现行股东大会实行多数决定的原则，因此容易出现大股东控制股东大会决议的情况，损害中小股东的权益，因此可在总体上削弱股东会权力。

（6）引进多元投资者，稀释股权集中度。通过引入多元投资者来分散大股东的股权，形成股东间的制约关系，可以从根本上抑制在"一股独大"结构下大股东对中小股东的侵权行为，形成共同的公司治理权益基础。

3. 法律对中小股东权益的保护

目前，对于中小股东权益的保护主要体现在累积投票制度、监事会和独立董事制度三个方面。

1）累积投票制度

累积投票是指股东大会在进行董事会或监事会等重要选举时，有效权力按每一位股东持股数与被选举人数的乘积计算。这样可有效防止大股东凭借其占有绝大部分股票份额所拥有的表决权为所欲为，防止大股东压制其他中小股东的行为。

2）监事会的权利

监事会对相关人员的监督能够有效地保护中小股东权益。监事会代表全体股东行使监督权，有权对董事、高级职业经理人的行为进行监督，对侵害中小股东利益的行为予以纠正甚至提出罢免的建议。监事会作用的有效发挥对保障中小股东权益具有重要作用。

3）独立董事制度

企业应全方位加强独立董事队伍建设，探索推进独立董事专业尽责、科学决策有效制衡的作用机制，更好地维护中小股东利益。

3.2 企业对消费者的社会责任及实践

3.2.1 消费者责任概述

1. 消费者责任的概念

1978 年，国际标准化组织消费者政策委员会（Consumer Policy Committee of the International Organization for Standardizat，ISO/COPOLCO）在日内瓦召开的第一届年会上将"消费者"定义为"为个人目的购买或使用商品和服务的个体成员"。从《中华人民共和国消费者权益保护法》来看，虽然该法并未对消费者进行明确定义，但是将"为生活消费需要购买、使用商品或者接受服务"的行为界定为消费者行为。根据 ISO 26000 的定义，"消费者"是指使用组织决策和活动产出的个人或团体，但这并不一定意味着消费者为产品和服务付费。企业对消费者的社会责任与消费者拥有的权利密切相关。消费者的权利包括以下几项。

（1）安全权。获得无害产品的权利，保护消费者在健康安全方面免受源自生产工艺及产品和服务的危害。

（2）知情权。消费者有权知悉相关商品和服务的真实信息，如生产日期、规格、有效期限等信息，从而避免受到欺诈，影响其购买选择。

（3）选择权。消费者有在一系列具有价格竞争力且质量有保证的产品和服务中作出选择的权利。

（4）倾听权。自由成立消费者团体，以及确保此类组织在对消费者有影响的决策程序中有机会表达观点。

（5）补偿权。可以获得有效的消费者补偿，特别是公平地解决消费者的正当要求，包括对误导性说明、劣质产品或令人难以满意的服务的补偿。

（6）尊重隐私权。主要是指每个消费者的隐私、家庭、住所和通讯不受干预，其名誉和名声不受攻击。

（7）性别平等权。主要是指在产品或服务的营销过程中，消除性别偏见，平等对待女性消费者。

（8）结社权。主要是指消费者有权依法成立消费者协会等社会团体，从而维护自身合法权益。

（9）监督权。主要是指消费者有权对商品、服务和消费者权益保护工作进行监督，有权对侵害消费者权益的行为进行检举和控告，有权对消费者保护工作提出批评、建议。

2. 消费者责任的相关规范

据不完全统计，世界上与社会责任相关的原则和规范多达400多种。目前，专门针对企业对消费者责任方面的规范较少，仅是在保护消费者权益方面有所体现。

1）《联合国保护消费者准则》

《联合国保护消费者准则》是消费者保护领域十分重要的国际文件。这套准则的目的是确保满足下列合理要求：①保护消费者的健康和安全；②保护消费者的经济利益；③使消费者获得足够的信息和资料，保证他们能够按照个人需求作出选择；④当消费者权益受到损害时，提供有效的赔偿办法；⑤促进建立和发展相对独立的消费者团体，提供消费建议，维护消费者权益；⑥促进可持续消费形式。

该原则号召各国采取措施保护消费者的安全、健康和经济利益不受损害，并保障消费者成立消费者团体的自由，而当消费者的权益受到损害时要求提供有效的赔偿方案，促进可持续消费。

2）ISO 9000产品质量国际标准

ISO 9000是由国际标准化组织（International Organization for Standardization，ISO）所属的质量管理体系技术委员会（176th Technical Committee，TC176）制定的国际标准，是在总结世界各国特别是工业发达国家质量管理经验的基础上产生的。随着经济的全球化，为了提高品牌的知名度、加强品质管理、消除国际贸易壁垒、强化企业的内部管理，维护生产者、经销商尤其是消费者的权益，ISO 9000认证获得了极大的关注，成为保护消费者权益和监督企业履行社会责任的有效工具。ISO 9000作为一国及其政府认可的第三方认证，不受经销双方经济利益支配，公正、科学地对各国企业和产品的质量进行评价和监督，适应各行业质量管理的需求。ISO 9000具体包括以下四个方面的质量管理：①机构：企业需建立专门的管理机构履行相应职责保障产品质量。②程序：企业需制定制度、标准、操作手册等生产检查程序并不断调整改进，保证产品的生产符合市场要求。③过程：要求对生产的全部过程进行质量控制，包括确定产品、设计产品、规划、原材料采购、生产、检验、包装和储运等全过程，并要求过程具有标识性、监督性和可追溯性。④总结：及时对质量管理体系进行评估与调整，不断地改进质量管理体系，提升产品质量。

3）跨国行为准则

1976年，经济合作与发展组织制定《跨国公司行为准则》，34个国家政府签署了这一行为准则并使其逐渐在全球推广。该准则以自愿原则为基础，要求跨国公司应该充分考虑到他们经营所在国的既定政策，更加注重保护利益相关方的责任，切实关注环境保护、消费者利益、打击行贿、公平竞争等方面。《跨国公司行为准则》中第七条为消费者权益，它要求企业应尊重消费者权益，确保提供安全与质量优先的商品及服务。具体来看，跨国公司应根据公平的商业、营销和广告惯例行事，并应采取所有合理步骤，以确保其提供的商品或服务的安全性与质量。

3. 消费者运动

在国际企业社会责任实践的发展过程中，消费者运动具有重要的推动和促进作用。消费者运动是指在市场经济条件下，消费者组织团体为维护自身权益、促进社会公平有序，同损害消费者利益的行为进行斗争的一种社会运动。消费者主要采取"用脚投票"的方式和拒绝购买的手段,促使企业为满足消费者需求生产商品和提供服务。特别在买方市场结构下,消费者为联合维权对企业或产品的抵制活动对企业具有深远的影响。

1)国际消费者运动

美国是消费者运动的发源地,以倡导消费者主权、维护消费者权利为宗旨的消费者运动早在 20 世纪就蓬勃发展。1891 年,美国成立了世界上第一个旨在保护消费者权益的消费者组织——纽约消费者协会。1898 年,美国各州消费者组织联合组成了世界上第一个全国性的消费者组织——美国消费者联盟。20 世纪初期,在消费者组织的领导下,消费者在与其关系最大、问题最多的食品和药品领域掀起了一场以争取洁净食品和药品为目标的斗争。进入 20 世纪 60 年代以后,消费者运动涉及的领域进一步拓展,开始从食物和药品等一般消费品逐步延伸到汽车等耐用消费品,进而触及公私机构对消费者受损事件的处理态度和方式、环境损害、服务质量、培养消费者自我保护和维权意识、垄断定价等众多方面,并从美国逐步延伸到世界各地;20 世纪 70 年代至 80 年代,各国政府开始以法律形式保障消费者权益,国家消费者运动取得显著成效。美国 1972 年通过《消费品安全法》并设立了消费品安全委员会。欧盟于 1975 年通过《关于共同体消费者保护和信息政策初步方案的理事会决议》,1985 年通过《欧洲经济共同体产品责任指令》。英国于 1987 年制定了《消费者保护法》。德国于 1989 年通过的《产品责任法》赋予消费者直接起诉生产商的权利,在一定程度上为消费者提供了更有保障的法律救济手段。

2)中国消费者运动

虽然诞生历史较短,但中国的消费者保护运动发展迅速。现阶段中国消费者协会是推动中国企业履行对消费者的责任,引导消费者及社会公众树立责任消费观念的重要机构,也是企业与消费者进行对话的重要平台。1982 年,保护消费者权益的全国性社会团体即中国消费者协会成立,其宗旨是维护消费者权益,促进企业更好履行对消费者的责任。如今,中国消费者协会已经从最初的关注消费者权益、维护市场公平,到注重绿色消费,再到强调消费与责任,并且特别强调了消费者一方面要提高维护自身权益的意识,积极对商品和服务进行监督;另一方面则要树立健康和先进的消费理念,科学合理地进行消费。

在推动企业履行对消费者的责任方面,中国消费者协会建立多种机制为消费者提供帮助,如设立 12315 热线。同时,中国消费者协会重视通过各种活动引导企业保护消费者权益,如中国消费者协会于 2007 年发布《良好企业保护消费者利益社会责任导则》,倡导广大企业做到诚实守信依法经营、对价格标示要清晰明确、真实充分地披露信息、保证产品的使用安全可靠、合同规范公平竞争、提供方便快捷的售后服务、及时公正地化解纠纷、尊重人格保护隐私、开展教育引导消费、环保节能永续发展。一般而言,消费者权益保护的发展轨迹,大致可分为四个阶段:①消费者保护的自发阶段;②有组织的消费者保护阶段;③行政和法律保护阶段;④企业保护消费者利益阶段。

3.2.2 消费者责任管理的议题

企业和消费者关系既对立又统一。企业生产的产品,只有消费者进行购买,才能实现利润,消费者购买力与企业的收益呈正相关关系,当企业提供质优价廉的产品以满足市场需求时，才会获得利润的增加；反之，如果企业只注重短期效益，忽略消费者口碑和社会评价，则难以实现可持续增长。因此，企业对消费者的责任集中体现为对消费者权益的维护。

1. 保护消费者安全的权利

（1）企业对消费者最基本的责任是提供安全、可靠的产品。若企业向消费者提供了有安全隐患的产品，不仅无法满足消费者的需求，还有可能对消费者造成人身伤害和财产损失，企业将受到法律的惩罚。

（2）企业应保护消费者信息的安全。企业在销售过程中经常会掌握很多消费者的信息，如购买信息和会员信息等。在日常生活中，消费者信息被泄露的事件屡见不鲜，这不仅侵犯了消费者的隐私权，也导致了诈骗等严重社会问题的出现。造成消费者信息泄露的原因主要来自企业对消费者安全责任的缺失，如记录信息的媒介丢失、员工离职带出等。现在是信息时代，用电子文档储存大量个人信息的方式已被企业广泛采用，只需复制或者病毒侵袭就可能使消费者信息和数据被他人利用。因此，企业对消费者的基本责任是保护消费者的信息安全。

因此，企业除了不得擅自泄露消费者信息之外，还应建立严格的信息管理制度，以建立企业与消费者的互信基础。

2. 保护消费者知情和自由选择的权利

尊重消费者的知情权和自由选择权是指提供真实有效的信息，使消费者多方面了解企业的产品，并保证其自由选择权。任何消费者在购买产品之前有权对产品的可靠性、性能等方面的知识进行全面的了解，企业有责任通过真实的产品广告、宣传材料和产品说明书以及人员介绍等途径向消费者传递产品信息，以使消费者在琳琅满目的商品中挑选出满意的商品。如果企业存在提供虚假信息，夸大产品功效、产品标示内容与实际不符等行为，将严重侵犯消费者的知情权和自由选择权，是对消费者不负责任的表现。

3. 保护消费者被尊重和公平对待的权利

尊重和公平对待消费者，建立良好的客户关系、提高客户满意度，是企业履行消费者责任的重要方面。企业可以从以下几个方面和维度改进工作，完善客户管理。

1）提供便利的产品获取途径

在销售产品和提供服务的过程中，企业应该保证消费者的知情权，提供切实可信的如生产日期、有效期限、产品配料等信息。同时，企业还应通过网络、免费热线等渠道确保消费者在购买产品后能够就使用方面遇到的问题进行咨询，提出意见。尤其是对于操作上有一定复杂性的产品，除了提供详细的说明书外，还应当专门设立客户服务机构，对包括被特殊照顾的群体提供帮助。

2）建立健全售后服务体系

售后服务是企业提高产品市场竞争力的重要手段，加强售后服务力量、建立健全服务网络、忠实履行对用户的服务、实现售后服务的规范化，是当今市场经济竞争机制下对企业的客观要求。企业应当设立售后服务部门，重视对客户的各项服务，制定完善的服务规程，训练服务人员，切实保障用户的利益不被忽视。

3）妥善处理消费者的投诉

对企业来说，最宝贵的信息莫过于消费者对企业产品及服务的意见。因此，企业不仅要设置应对投诉的便捷窗口，还必须积极地对可能发生的投诉加以关注：①企业应不断完善投诉管理机制，通过公平、简易的投诉程序解决消费者遇到的问题；②提高相关管理与工作人员的服务积极性，在处理消费者投诉时以消费者为中心，尽快解决消费者争议；③认真听取消费者的建议和意见，进一步完善自身产品与服务，提供更高质量的产品与服务。

4. 保护消费者基本服务获取权利

企业应通过多种渠道了解消费者需求，提高生产技术。对产品、服务等进行升级和创新，满足消费者多样化和复杂的需求。在国家没有提供保护的一些公共设施领域，如电、气、水、污水处理、排水系统、通信设施等方面，企业同样应该作出贡献，保证消费者的基本需求得到满足。

（1）企业为消费者提供基本服务时，在未给消费者或消费者团体提供机会使其在合理期限内付费的情况下，不能因消费者未付费而中断提供基本服务；在不考虑具体的消费者是否已经付费的情况下，不宜采取中断集体服务的方式惩罚消费者。

（2）定价和收费时，在容许的情况下，对有需要的人提供含有补贴的价目表；将有关定价和收费的信息公开透明化，扩大基本服务的覆盖面，无歧视地向所有消费者群体提供相同质量和水平的服务；在处理基本服务缩减或中断的情况时需公正，避免歧视任何消费者群体；及时维护并更新服务系统，防止服务中断。

3.2.3 企业对消费者的社会责任

1. 企业对消费者履责的原则

《联合国消费者保护准则》和《经济、社会及文化权利国际公约》所表述的原则可以用来指导有关消费者要求企业履行合理的社会责任。这些原则包括：满足消费者基本需求、人人有权享有必需的生活水准、人人有权享有生活条件的持续改善、促进经济社会公正、公平和可持续发展等。从消费者责任管理的角度来看，企业在履行消费者责任时应遵循以下四个方面的基本原则。

1）公平原则

公平原则是指企业在履行消费者责任时应做到公正平等。企业应以服务整个消费者群体为目标，公平对待不同消费群体，统一定价，不歧视特殊消费群体，公平保障每一个消费者的切身利益。

2）公开原则

公开原则是指企业应透明经营，做到信息披露全面且公开。企业作为社会公民，担负着创造价值、哺育社会的责任。负责任的企业应全面披露信息，尤其是与消费者息息相关的生产、流动等环节的信息，切实做到企业经营公开透明化，保障消费者利益。

3）尊重原则

尊重原则是指企业在履行消费者责任时应尊重消费者的各项权利。消费者作为买方，在市场经济活动中扮演着重要角色。企业应充分尊重消费者的人格,提供真实可信的信息,保证消费者的自由选择权,使消费者尽可能多地了解企业的产品和服务。

4)可持续发展原则

可持续发展原则是指企业在消费者责任管理过程中应着眼于经济社会和人的全面发展,以可持续发展为原则,指导企业经营,引导消费选择。这一方面要求企业在经营过程中应注意节能环保,为消费者提供绿色产品和服务;另一方面也要求企业应逐步承担起传播健康消费理念,引导可持续生活方式的责任。随着责任消费理念的逐渐兴起,消费者越来越倾向于购买社会责任履行较好的企业的产品和服务。因此,企业应该在考虑自身实际情况下,引导消费导向,树立健康和谐的消费观念,在履行企业社会责任的同时,满足消费者责任消费的理念,实现企业履行社会责任与责任消费的良性循环。

2. 企业对消费者履责的方式

消费者责任管理贯穿企业生产、销售和服务全过程。对于企业而言,消费者责任管理有很多方式,但比较常用的包括守法经营、责任披露、加入倡议并作出承诺、双向沟通、教育引导等。

1)守法经营

守法经营是企业生存的一个前提。消费者作为市场交易的重要主体,尊重和保护消费者权益是企业应履行的社会责任。目前,中国有很多消费者权益保护的法律法规,部分规范具有行业性特征,如食品、药品、广告领域的消费者权益保护规范。各类法律法规能够指导和影响企业进行责任管理。

2)责任披露

随着食品安全事件的不断发生,透明经营逐渐成为企业履行社会责任的重要方式之一。信息披露是企业以公开渠道向社会披露企业生产、经营业绩、服务质量等方面的指标,并接受公众监督。责任披露要求企业信息披露真实充分,不得选择性披露或披露虚假信息,这是公众尤其是消费者了解企业的重要渠道,也是企业履行消费者责任的重要方式。

3)加入倡议并作出承诺

目前,国际上很多组织或协会都在社会责任领域发出倡议,旨在为全球企业履行社会责任提供工具或标准。加入相关组织倡议,通过相关标准认证,作出相关承诺,是企业履行社会责任的重要形式之一。

4)双向沟通

企业和消费者作为市场的两大主体,相互联系十分紧密。对于企业而言,双向沟通不仅是企业进行消费者管理的方式,也是企业更好地了解消费者需求的重要渠道。双向沟通包括两个部分:①企业与消费者沟通,即企业将责任理念融入产品或服务中,传达给消费者。②消费者与企业沟通,即收集消费者的意见反馈,不断调整企业行为。通过双向沟通,一方面企业能主动出击,传递企业责任理念;另一方面,企业行为能及时得到反馈,便于企业及时调整。

5)教育引导

教育引导是企业消费者管理的新方式。健康生活理念不断深入人心使企业教育引导消费者成为可能。企业履行消费者责任可从产品设计、营销推广等多方面引导消费者理性消费、健康生活。

3. 消费者责任管理工具

企业与消费者沟通的重要方式之一就是消费者责任管理。随着管理理念的发展，消费者责任管理的工具也不断丰富。目前，消费者责任管理工具主要表现为对产品或服务质量以及对客户关系的管理。

1）EFQM 业务卓越模型

EFQM 业务卓越模型是欧洲品质管理基金会（European Foundation for Quality Management，EFQM）建立的、用于组织自我业务评价和改进的工具，它是欧洲大陆使用最广的质量管理架构。EFQM 模型中包含八个主导概念，分别是领导和坚定的目标、人员开发和参与不断学习、发展伙伴关系、过程和事实管理、以消费者为中心、结果导向、创新的改进以及公共责任（图 3-1）。

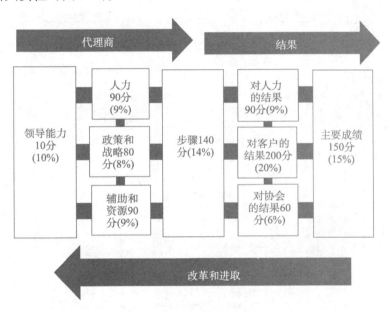

图 3-1　EFQM 业务卓越模型

EFQM 模型的核心要素包括结果（Results）、方案（Approach）、部署（Deployment）、评估（Assessment）和回顾（Review），简称 RADAR 理念。

（1）结果，即考核组织所要达到的目标。卓越组织持续取得良好的绩效不仅体现在财务方面，也应涵盖管理、经营等全领域。

（2）方案，即考核计划和开发的一系列行动方案。方案中需要明确计划的原因、准确的定义、完备的开发流程、利益相关者的需求以及是否能够有效支撑组织战略，并与行动方案相协调。

（3）部署，即考核部署途径，以及是否用系统的途径进行方案的下达和彻底执行。

（4）评估和回顾，即对组织相关活动进行评价与调整。经过对行动方案与展开的长期监测，形成对方案与活动展开效果的评价，进一步优化调整。

2）客户关系管理体系

客户关系管理（Customer Relationship Management，CRM）是企业识别、挑选、获取、发展和保持客户的整个商业过程。CRM管理系统是在客户生命周期内，综合营销、订购提取和客户服务，协调和整合客户互动的每一环节的系统。这个制度类指标是一个基本类指标和定性指标，它反映了企业对客户关系管理的重视程度。客户价值管理是该系统的核心，即通过一对一服务满足客户多样化、个性化的需求，进一步提升客户的满意度。随着IT技术的支持和大范围应用，客户关系管理已经从最初的一种战略发展为有效的管理手段与方式。

CRM客户关系管理体系的过程为：首先识别并分析客户，其次跟踪客户需求及反馈，与客户保持良性接触，最后根据客户反馈调整产品或服务，以满足每一个客户的需求（图3-2）。

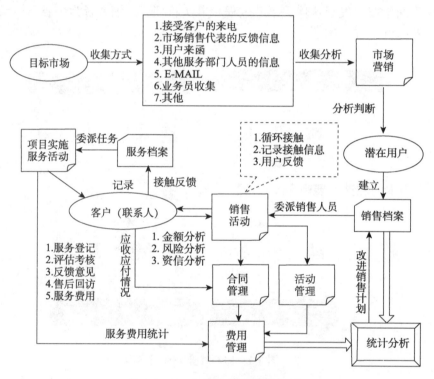

图 3-2　CRM 客户关系管理体系

3.3　企业对员工的社会责任及实践

3.3.1　对员工的责任

1. 相关理论

1）义利观

义利观作为整个社会政治、经济道德观念的一个重要组成部分，对社会的政治稳定、经济发展、道德进步都有着重要影响。企业作为市场经济活动的主体，义利观影响和指导着企业的经营，相应的义利观就会产生相应的义利行为，进而导致一定的义利结果。如果企业对利的需求、追逐和使用不受一定的制约、不遵循一定的规则，那么社会就会处于无序状态，人们的既得利益将得不到有效的保障。因此，建立合理的义利观是构成企业价值观的一个基本要求。

企业在追求利润的过程中应当对员工保持"义"的责任观，将"义"渗透于企业的各个环节，不能重"利"忘"义"。企业发展的核心目标不应局限于追求企业利润最大化，而应依托于对员工责任的承担实现可持续发展。

2）诚信价值观

从古至今，诚信价值观始终是中国道德体系的基本价值取向。儒家认为"诚"是自然界和人类社会的本质和规律，而"信"是在"诚"的价值导向下人应遵循的道德要求。人无诚信则不立，家无诚信则不和睦，业无诚信则不兴旺，国无诚信则不稳定。由此可以看出，诚信不仅是对人的要求，也是对企业的要求。

在现代生产活动中，员工按照契约为企业提供劳动，企业则承担对员工的相应的责任，这既是经济行为也是道德行为。从市场经济来看，经济关系的建立与交换活动的进行都需要诚信维系。从企业内部来看，如果企业违背了对员工的诚信原则，那么员工就不会信任企业，这将会对员工的工作积极性与工作效率产生影响，甚至会影响企业正常运转。保障企业的长远发展，需要建立企业内部诚信机制和外部监督机制。

3）以人为本的和谐发展观

以人为本就是把人作为一切活动的根本。对企业来说，以人为本不仅需要企业为员工提供合理的劳动报酬、良好的工作环境，还需要企业关心员工的全面发展，为员工提供培训，帮助员工实现自身发展目标与企业发展目标的统一，进而提升企业绩效。

和谐与发展是和谐发展的两大构成要素，且互为因果。在企业的生产经营过程中，经营者需要尊重人的尊严和应有的权利，营造自由和谐的企业氛围，妥善处理与员工之间的责、权、利关系，使企业员工各司其职、各尽所能，资源得到有效利用。

2. 对员工责任的内容

基于利益相关者理论，企业对员工应承担的责任包括经济责任、法律责任和道德责任。其中，企业对员工的基本经济责任和法律责任，如保证员工的公平就业权、安全卫生权、教育培训权等是企业必须履行的道德底线，否则会受到法律和道德的双重制裁。具体来说，企业对员工的责任主要有以下几个方面。

（1）提供安全和健康的工作环境。提供安全和健康的工作环境、保障员工的生命安全和身心健康，是每个企业的首要和基础任务。特别是危险性高、工作条件艰苦的工作，企业必须严格遵守相关法律法规，为员工提供安全的工作环境，保证员工的身心健康。

（2）提供平等的就业、晋升与培训机会。不同性别、年龄、肤色、民族的员工应享受相同的就业与晋升机会，企业不得采取区别对待、歧视等侵害员工劳动权利的行为。此外，企业需根据员工自身实际条件对员工提供职业培训，提升员工的专业能力。

（3）提供民主参与企业管理的渠道。员工作为企业重要的利益相关者，具有参与企业管理的权利,并有权对涉及企业未来发展等重大经营决策提出建议和意见。企业管理人员要尊重员工参与企业管理的权利,并建立健全员工自下而上管理企业的渠道,充分调动员工管理企业的主动性与积极性,提升管理的科学性与民主化。

3. 员工对社会责任的需求

实现企业与员工和谐发展,一方面需要有共同的价值观和愿景;另一方面,管理者要去发现和理解员工的需求,加强有效的沟通和交流。具体来看,员工的需求可分为八个方面(表3-1)。

表 3-1　员工对社会责任的八大需求

需求	含义
工作的意义	员工是否认为自身的工作具有价值和意义,是否与组织发展方向相符
工作氛围	工作的氛围是否是合作、开放、鼓励、尊重的
公平	工作报酬与工作量、工作难度是否相符合,员工是否感到公平
自主	工作中员工是否有一定的自主性,对自己能力范围内的工作是否拥有决策权
认可	在员工作出一定成绩时,是否能得到上级的认可
成长	是否能够接受职业培训,有学习成长机会与顺畅的学习、晋升通道
与领导的关系	是否能与领导建立良好的人际关系
与同事的关系	是否能与同事建立良好的人际关系

3.3.2　履行员工责任的必要性

1. 员工自由全面发展的需要

在现代社会中,社会发展和经济发展的最主要推动力是人的因素。根据马克思的唯物主义原理,人的自由全面发展是衡量社会进步的标尺,社会发展的最高境界是实现人的全面自由发展。企业作为经济发展的基本单元和根本动力,对推动社会进步与人的发展起着不可忽视、无法替代的作用。因此,企业需要在法定范围内以合同契约等形式保障员工各项权利,包括获取劳动报酬的权利、获得劳动保护的权利、获得社会保险和福利的权利以及隐私权等多种权利。企业管理从最初的经验管理、科学管理、行为管理已发展到文化管理阶段,以人为本的管理理念成为企业管理的核心理念。而以上的理念演化反映到企业层面,就是企业通过社会责任的履行,按照以人为本的观念对待包括员工在内的企业利益相关者。

2. 企业和谐发展的需要

一方面,企业与员工之间保持良好、和谐的关系能够增强企业的凝聚力,是企业竞争力的重要来源;另一方面,企业履行对员工的社会责任能够提升企业的知名度,获得良好口碑的企业才能够得到长足发展。员工作为企业发展的第一资源与联系内外部环境的纽带,在现代企业管理理论中越来越受到重视,企业通过加强与员工的沟通、了解员工的需求、优化生产条件和工作环境、创造和谐的企业文化等,以实现对员工的关注与培养。

3. 企业可持续发展的需要

企业的发展离不开人才，因此，员工的管理和培养是构造企业能力，保障持续发展的重要方面。企业的社会责任首先是对职工负责，其次是通过对职工的负责来实现对社会的负责和对生态环境的负责，实现可持续的科学发展。因此，员工的发展在企业的核心竞争力的塑造中不可忽视，员工的成长是实现企业可持续发展的重要保障（图3-3）。企业应树立员工优先的发展思路，充分调动各项资源，调动员工积极性，充分发挥人力资本的财富和潜力，打造核心能力、实现可持续发展。

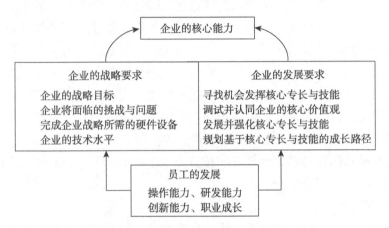

图 3-3　员工发展与企业核心能力示意图

3.3.3　员工权益保障

1. 员工基本权益

企业应保障员工享有以下几方面的基本权益。

1）享有签订劳动合同的权益

企业应依法与员工签订书面劳动合同，明确双方的权利与义务。劳动合同应当遵循合法、公平、平等、自愿协商一致、诚实信用的原则，并具备工作时间、工作报酬、工作内容、劳动合同期限、劳动合同终止条件以及违法劳动合同的责任等内容。劳动合同应保障员工的合法权益，如明确规定企业不得以怀孕、产假、哺乳等为由辞退女职工或者单方解除劳动合同。

2）享有工作时间与休息休假的权益

我国法律对劳动者的工作时间与休息休假事宜进行了明确规定，实行劳动者每日工作时间不超过8小时，平均每周工作时间不超过44小时的工作制度。员工享有休假的权利，企业应保证员工每周至少休息一日。对于一些需要延长工作时间的特殊岗位，在保障员工身体健康的条件下延长劳动时间每日不得超过 3 小时，每月不得超过36个小时，企业应当按照国家规定支付高于员工正常工作时间的工资报酬。

3）享有禁止被歧视与惩罚的权益

企业应尊重员工的个人特点，保证员工不会受到生理和心理方面的伤害和骚扰，在应聘、培训、晋升等方面，不应有性别、种族等因素的影响。

2. 员工的劳动报酬

员工在为企业提供自身劳动力的同时，奉献了劳动价值，企业有责任和义务为员工支付合理的劳动报酬，使员工享有权益保障。具体体现在以下几方面。

1）按时足额支付劳动报酬

工资是劳动者付出劳动后，以货币形式得到的劳动报酬。工资的基本形式包括计时工资和计件工资。工资的辅助形式包括奖金、津贴和补贴、加班工资和特殊情况下的工资。根据《劳动法》《劳动合同法》《劳动合同法实施条例》等规定，劳动者工资分配应当遵循按劳分配和宏观调控原则，建立正常的工资增长机制，保障劳动者的基本生活需要，保证工资分配的公平合理。市场经济条件下，企业有权依法根据自身的经济效益自主决定劳动报酬的水平和分配方式。工资应当以货币形式按照企业规定的支付周期直接支付给员工个人，不得克扣或者无故拖欠员工的工资。此外，在安排员工延长工作时间、休息日安排员工工作又不能安排补休以及法定休假日安排员工工作的情况下，企业应当按照一定标准支付高于正常工作时间的工资报酬。

2）最低工资制度

最低工资制度是保障劳动者基本生活的重要途径。根据相关法律规定，中国实行最低工资保障制度，各省、自治区、直辖市人民政府规定最低工资的具体标准，企业支付员工的工资不得低于这一标准。具体来讲，员工在正常劳动的情况下，企业应当保证支付给员工的工资在除掉以下各项后仍然不低于企业所在地工资最低标准：以货币形式支付的住房补贴以及伙食补贴；延长工作时间产生的额外的报酬；夜班、高温、低温、井下、有毒有害等特殊工作环境和条件下的津贴。同时，企业不得以学徒工、试用期等为借口，克扣员工工资。

3）工资集体协商制度

企业与工会或本单位员工就劳动报酬、工资分配形式、保险福利等事项进行集体协商并签订书面的工资协议，这一制度称为工资集体协商制度。根据协商范围不同，工资集体协商主要分为企业工资集体协商、行业工资集体协商和区域性工资集体协商三种类型。企业开展工资集体协商，增加了员工在收入分配中的话语权，有效维护了员工的经济权利；改善了企业用工环境，进一步提高了企业的竞争力；减少和化解了劳动关系矛盾，有力地促进了劳动关系的和谐稳定。

4）工资增长机制

员工与企业在平等协商的基础上建立劳动关系，工资增长机制为双方约定的重要内容，但我国法律没有规定企业向员工承诺工资的增长机制。而对于一般员工而言，企业发放的工资是其最主要的收入来源，承载着员工个人及家庭衣食住行、教育、医疗等各方面生存和发展的需要。随着经济发展和物质生活水平的提高，考虑物价增长和通货膨胀的压力，以及员工从事劳动的熟练程度和效率提高，企业应该建立合理的工资增长机制，通过提供有竞争力的薪酬为企业吸引和留住优秀人才。

3. 员工职业健康和安全

1）安全生产和劳动安全卫生

我国《劳动法》规定，用人单位必须严格执行国家劳动安全卫生规程和标准，建立和健全劳动安全卫生制度，制定符合国家安全的劳动安全卫生设施，从而保障安全的工作环境，减少职业危害。同时，企业必须为员工提供符合国家规定的劳动安全卫生条件和必要的劳动防护用品，对从事有危害作业的职业的员工应当定期进行健康检查。要建立和健全安全管理体系，完善安全管理制度，系统防范安全风险。此外，企业还需要制定应急管理体系，进行演练，确保在事故发生时迅速反应，减少损失。

2）职业健康

员工享有获得职业卫生教育和安全培训的权利，定期进行职业健康检查，了解工作场所产生或者可能产生的职业病危害因素、危害后果和应当采取的职业病防护措施等职业卫生保护权利。为使劳动者拥有健康安全的工作环境，我国制定了《劳动法》《职业病防治法》《工伤保险条例》《尘肺病防止条例》《使用有毒物品作业场所劳动保护条例》等多项法律法规。企业应当对员工进行上岗培训，普及职业卫生知识，指导使用职业病防护设备和用品，积极采取职业病防治管理措施，建立健全职业卫生管理制度和操作规程，对工作场所职业病危害因素进行实时监测和规范评价，建立职业病危害事故应急救援预案等。

4. 员工社会保障

1）基本社会保险

根据《劳动法》《社会保险法》《失业保险条例》《工伤保险条例》等法律法规以及国务院关于企业员工养老保险、基本医疗保险制度的相关规定，企业应该为员工办理医疗保险、失业保险、工伤保险、基本养老保险等，并按照有关规定及时足额缴纳社会保险费用。法律虽对企业员工参加社保做了强制性的规定，但从实际履行情况来看，企业不给员工上保险，通过降低标准、减少参保时间等方式少缴社会保险费用、不按时缴纳等情况还时有发生。作为最基本的社会保障，企业必须给予足够的关注，根据企业情况，按时、足额缴纳相关保险费用。

2）其他社会保障和福利

在法律规定之外，一些企业已经逐步认识到为员工提供法定之外的社会保障和福利等对获得员工的信任、增进员工的归属感具有重要的作用。企业可通过企业年金、商业医疗保险等形式为员工提供更多的社会保障。

3.4　企业对环境的社会责任及其实践

生态文明建设是关系中华民族永续发展的根本大计。生态环境保护和经济发展是辩证统一、相辅相成的。建设生态文明、推动绿色低碳循环发展，不仅可以满足人民日益增长的优美生态环境需要，而且可以推动实现更高质量、更有效率、更加公平、可持续、更为安全的发展，走出一条生产发展、生活富裕、生态良好的文明发展道路。

3.4.1 环境责任的相关概念和规范

1. 环境责任的概念

20世纪以来，随着世界范围内生态退化、环境污染、资源耗竭问题的凸显，企业行为带来的环境影响开始引起学术界和社会各界的广泛重视。蕾切尔·卡逊（Rachel Carson）是企业环境责任理念的先驱，她在1962年出版了《寂静的春天》一书，作为环境保护的科普读物，唤醒了公众的环境意识，并改变了公众对于企业提供优质产品和提高生活质量的传统社会角色的认识。随后，在20世纪60年代中后期兴起的环境保护运动，以及20世纪70年代兴起的消费者运动、劳动运动和新环境保护运动为主要内容的企业社会责任运动，给企业带来了前所未有的环境责任压力。

历史时刻　　　　　　　　　　　　《寂静的春天》（节选）

　　从前，在美国中部的一个城镇里，一切生物的生长看起来与它们的环境都很和谐。城镇周围有许多充满生机的农场，田野里长满庄稼，山坡上果树成林。春天，繁花像朵朵白云点缀在绿油油的大地上。秋天，透过松林的屏风，橡树、枫树和白桦摇曳闪烁，色彩斑斓。狐狸在山丘中叫着，鹿儿静静穿过原野，在秋晨的薄雾中若隐若现。

　　沿途的月桂、英蒾、桤木以及巨大的羊齿植物和野花在一年中的大部分时间里都让旅行者感到赏心悦目。即使在冬季，道路两旁也是美不胜收。数不清的鸟儿飞来飞去，在雪层上面的浆果和干草穗头上啄食。实际上，这里正是因鸟类种类繁多而远近驰名，每当迁徙的鸟儿蜂拥而至，人们便长途跋涉前来观赏。清爽明净的小溪从山间流出，形成了有绿荫掩映、鳟鱼戏水的池塘，供人们垂钓、捕鱼。由此，直到很多年前的一天，第一批居民来到这里筑房打井、修建粮仓。

　　此后，这个地区出现了许多怪异的现象，似乎一切都在发生变化。不祥之云笼罩了这个城镇：一种怪异的疾病席卷了鸡群，随后牛、羊成群地病倒、死亡。死神似乎无处不在。农民们讲述着家人的疾病，城里的医生对这种突如其来的疾病深感困惑和无奈。患病的人会突然莫名地死亡。后来，不仅是成人，甚至小孩子在玩耍时也会突然倒下，并在短短几个小时后死去。

　　整个村庄弥漫在一种奇怪的寂静之中。鸟儿不知道都到哪儿去了。人们感到莫名的迷惑和不安。常常飞到人家后院来啄食的鸟群不见了，院子寂静清冷。另一些地方，几只奄奄一息的鸟儿哆哆嗦嗦地站不稳脚步，它们飞不起来。这是一个寂静的春天。这里的清晨曾经飘荡着知更鸟、乌鸫鸟、鸽子、樫鸟、鹪鹩以及很多其他鸟儿的啭鸣，现在却一点儿声音都没有了。周围的田野、树林和沼泽都湮没在一片沉寂之中。

　　农场里的母鸡仍然在孵蛋，却没有小鸡破壳而出。农夫们抱怨他们无法再养猪了——新生的猪仔太小，小猪活不了几天便生病死了。苹果树开花儿了，花丛中却没有蜜蜂嗡

> 嗡地飞来飞去，苹果花无法授粉，也就结不了果实。曾经招人喜爱的小路两旁的景色，如今只有一片焦黄、枯萎的植物，仿佛经历了一场火灾的浩劫。这个地方失去了生机，一片死寂。小溪也无法幸免，钓鱼的人再也不来了，因为所有的鱼都已经死了。
>
> 在屋檐下的雨水管中，在房顶的瓦片之间，隐约地露出一层白色的斑痕。几个星期前，一种白色粉粒像雪花一样落在房顶、草坪、田野和小溪里。不是魔法，也不是什么天敌，而是人类自己使这个世界在变得伤痕累累。

乔治·恩德勒（Georges Enderle）等人较早提出企业环境责任的概念，将企业社会责任范围应用拓展为三个方面，包括政治和文化责任、经济责任以及环境责任。环境责任的定义为：企业在生产过程中尽力减少自然资源和能源的消耗、减少污染物的排放来实现企业的可持续发展。1976 年，经济合作与发展组织（Organization for Economic Co-operation and Development，OECD）在《跨国公司行为准则》中明确将环境责任定义为：企业应在其业务所在国家的法律、规定和行政惯例框架内，并在考虑相关的国际协定、原则、目标及标准的情况下，适当考虑保护环境、公共健康和安全的需求，以能够促进更广泛的可持续发展目标的方式开展其活动。

环境责任经济联盟于 1989 年提出《瓦尔德斯原则》，后修改为《环境责任经济联盟原则》并于 1992 年发布。该原则阐述了企业环境责任的主要内容，分别是保护生态圈、永续利用自然资源、减少并处理废物排量、提高能源效率、减低风险性、推广安全的产品与服务、损害赔偿、开诚布公、设置负责环境事务的董事或经理、举办与评估年度公听会。原则中还对董事会和首席执行官应该履行的责任作出了规定，要求完全熟悉相关环境问题，并对企业环保政策的实施和执行负责。"全球契约"于 1999 年在瑞士达沃斯世界经济论坛上被正式提出，并于 2000 年在联合国总部正式启动。该契约要求企业应该主动承担环保的相关责任，预防环境污染，并开发和推广无害科技。2001 年发布的《欧洲委员会促进企业社会责任欧洲框架绿皮书》指出，企业应该自愿将社会环境维护融入其经营活动中，以履行企业环境责任。

环境责任是企业社会责任的一种，即企业通过合理利用资源、防止环境污染以实现企业的可持续发展。

2. 国际倡议和规范

1）国际公约

企业环境责任的发展与国际环境保护公约的发展密切相关。在众多的国际环境保护公约中，有十几项公约中含有与贸易有关的环保法规。与贸易有关的环保法规经历了三个阶段。

第一阶段是 19 世纪 70 年代至 20 世纪 70 年代。在这一时期，一些国家为了保护生态环境，开始针对国际贸易产品颁布卫生检疫等法律规定，进而解决跨国界的环境问题。最早的代表性多边协议出现于 1900 年，是关于保护非洲野生动物、鸟类、鱼类的公约；1906 年，以瑞士为首的 8 个国家签订了禁止生产和使用进口白磷的火柴的国际协议；1916 年，英国和美国签订了保护候鸟的协议，规定禁止违反国家或省级法律的鸟类国际运输；1921 年，意大利、塞尔维亚、克罗地亚以及斯洛文尼亚等国家签订了禁止使用有害方法捕捞鱼类进行贸易的公约；1933年，29国签订《保护自然环境中动植物伦敦公约》；1940年，19国签订《西半球自然保护和野生动物保全的华盛顿公约》等。第二次世界大战后，出现了更多的保护生态环境的相关法规，如1946年的《国际捕鲸管制公约》、1950年的《国际鸟类保护公约》、1956年的《东南亚及太平洋区域植物保护协定》、1969年的《养护东南大西洋生物资源公约》等。这一时期的环境法规，关注范围较窄，主要针对当时的生态破坏，特别是动植物保护及对人类生命的影响，且主要采取限制性的规定或采用限制性的方法，较少涉及国家对生态的管理。

第二阶段是1972—1991年。该时期的特点是环境保护法规在世界范围内的大面积推广和实施。1972年，全球环境会议第一次召开，对环境保护立法起了历史性的影响，如促进了《关于消耗臭氧层物质的蒙特利尔议定书》《控制危险废物越境转移及其处置巴塞尔公约》等法规的颁布。此外，如何运用市场的手段替代或补充法律规定以促进公众参与也得到了较多的讨论。

第三阶段是1992年至今。1992年，联合国环境与发展大会的召开以及《气候变化框架公约》的签署体现了环境保护意识的世界性和重要性，环境问题开始成为各国政府高度关注的议题之一。

2）国家标准

1991年，ISO成立了环境战略咨询组，开始探讨环境管理标准化问题。根据环境战略咨询组的建议，ISO于1993年正式成立了一个专门机构TC207（Technical Committees）着力制定环境管理领域的国际标准，即ISO 14000环境管理系列标准。1996年，ISO首批颁布了与环境管理体系及其审核有关的5个标准。其中，ISO 14001是环境管理体系标准的主干标准和企业环境责任认证的依据。通过认证规范、改善企业和组织的行为，减少其环境影响。ISO 14000系列标准同ISO 9000标准有很好的兼容性，能够同时被采用，形成"双管齐下"的效果。

▶ 3.4.2 环境责任相关理论

1. 外部性理论

企业的外部性理论是指：一方面，企业的经营活动会影响企业外部某些相关者的利益或活动的效率；另一方面，企业外部相关者的活动也会影响企业的利益或经营效率。外部性理论是基于外部经济这个概念的基础上提出的。当企业的活动能增加外部相关者的利益时，就称企业的这种活动是外部经济的，即正外部性。例如，企业修建一座桥，既减少了自身的运输成本，同时也便利了附近的居民。反之，如果企业的活动是减少外部相关者的利益的，就称该活动是外部不经济的，即负外部性。例如，企业向河道排放污水，为自己节省了成本，但是给附近居民的用水造成了困难。企业的外部性理论说明，企业应该在经营活动过程中充分考虑到外部相关者的利益，对他们承担一定的社会责任。

治理企业外部性，政府首先必须主动宣传企业的社会责任，其次要设定相应制度对企业加以约束。前者是政府有义务提高公民的各项环保意识，向各企业进行环保宣传，以开展演讲、教育、培训等各种形式的活动，向社会推广"绿色环保"活动，少用污染严重、形象不佳的企业产品，帮助企业以及社会全体公民提高环保意识。后者是要加快新制度的建立，一方面要严厉惩罚那些污染环境、屡教不改的违法企业；另一方面要对环保治理工作突出的企业给予一定奖励，如在其产品上贴绿色标志，鼓励市民优先购买此类产品，将企业环保行动转变为之后的物质利益，并在社会上形成推崇"环保产品"的风气。这样，企业才会有内在动力提高环保意识，改善相应设备，治理污染废水等。

2. 循环经济理论

循环经济理论最早是由大卫·皮尔斯（David Pearce）和克里·特纳（Kerry Turner）于 1990 年在《自然资源和环境经济学》一书中首先正式提出的。他们认为，循环经济实际上是对物质闭环流动型经济的简称。1996年，德国颁布了首部循环经济法律《循环经济和废弃物处理法》，并在该法中率先使用了"循环经济"这一概念。随着可持续发展战略逐渐成为世界的潮流，循环经济受到越来越多的关注，并得到了快速的发展。从不同的视角来认识循环经济的本质，形成了以下主要观点。

（1）从生态经济学的视角来看，经济发展必须尊重生态原理和经济规律，合理利用自然资源，提高经济发展和生态发展的协调性。由此可见，循环经济的本质是一种生态经济。

（2）从环境经济学视角来看，循环经济强调经济发展和环境保护的协调性，应将环境纳入生产要素中，实现经济与环境的协同发展。由此可见，循环经济的实质是将环境问题转移到经济内部并将其核心化。

（3）从技术经济学视角来看，循环经济是物质的循环流动，将废弃物转化为资源。

（4）从资源经济学的视角来看，循环经济本质上是通过对废弃物或废旧物资的循环再生利用来发展经济的一种方式。

从不同视角出发展现的循环经济的本质形成了不同的观点，但对于循环经济的"3R 原则"学术界已达成共识，即减量化（Reducing）、再利用（Reusing）和资源化（Recycling）。其中，减量化属于输入端方法，是指减少进入生产和消费的物质，预防废弃物的产生；再利用属于过程性方法，是指通过延长产品和服务使用时间等多种方式使用物品，节约资源；资源化属于输出端方法，是指对废弃物尽可能多地再生利用，提高资源使用效率。此外，减量化原则是"3R 原则"中的第一法则。因为循环经济的根本目标是要求从源头上削减物质资源的投入，来解决资源和环境问题。

3. 可持续发展理念

可持续发展思想首次于 1972 年在联合国人类环境会议上提出。1987 年，世界环境与发展委员会全面、系统地阐述了当前经济发展和环境保护工作方面存在的不足，并诠释了可持续发展的内涵，认为可持续发展不只重视经济的发展，还应强调经济、社会、资源和环境等多方面的协调发展。

（1）经济可持续发展。经济可持续发展要求改变传统的高投入、高消耗、高污染、低效益的生产模式，实现清洁生产和科学文明消费，在提高经济效益的同时保护环境，追求经济发展的质量。

（2）生态可持续发展。生态可持续发展主要强调两点：①合理适度地使用资源，控制资源的消耗。②环境保护，从源头上解决环境问题，转变发展模式。

（3）社会可持续发展。社会可持续发展的核心和最终目标是社会公平。要求改善人类生活质量和健康水平，创造平等、稳定、安全、自由的社会环境。

可持续发展强调经济、生态、社会的协调统一，而不是独立对立。经济可持续是基础，生态可持续是条件，社会可持续是终极目标，鼓励经济增长、保证资源的永续利用以及谋求社会的全面进步。可持续发展观克服了传统发展观的单一性、片面性，实现了发展理论的多样性和协调性，在人类发展史上具有重要的里程碑意义。

3.4.3 环境责任的内容及其履行的必要性

1. 环境责任的内容

环境责任是团体或个人对于环境维护应该承担的责任。企业环境社会责任主要包含三个方面：法律责任、道德责任、经济责任。

1）法律责任

企业环境法律责任主要是指用法律、法规等规定企业需要履行的降低生产污染物、合理利用自然资源等的环境责任。企业环境法律责任是企业承担社会责任的底线，具有强制性的特征。

节约资源和能源是我国的基本国策之一，因此，企业的一项重要的社会责任是保护环境。2007年，国家发展和改革委员会颁布了《中国应对气候变化国家方案》，成立国家应对气候变化及节能减排工作领导小组，加强政府节能减排的力度，促使节能减排成为影响企业运营的重要因素之一。因此，我国企业必须落实"开发节约并重、节约优先"的原则，履行《中华人民共和国节约能源法》《中华人民共和国可再生能源法》《中华人民共和国电力法》《中华人民共和国煤炭法》《中华人民共和国水法》以及《国务院关于加强节能工作的决定》《国务院关于做好建设节约型社会重点工作的通知》《国务院关于加快发展循环经济的若干意见》等法律法规的要求。

2）道德责任

企业环境道德责任是指在法律要求之外，企业自主履行的采用先进的生产技术进行清洁生产、加强废物的综合循环利用、预防环境污染等的环境责任。企业环境道德责任是履行社会责任的较高要求，具有非强制性的特征。

（1）树立和谐发展观。企业在进行生产经营活动中必须树立人与自然和谐发展的价值观。该价值观强调对自然本身和自然规律的尊重、合理利用、有序开发。在全球工业化进程中，粗放式的增长方式与开发利用模式，造成了世界性的资源短缺和生态恶化。因此，当今世界各国需要树立正确的观念，处理好人与自然的关系，加强环境保护。1990年，联合国环境规划署针对世界环境问题，郑重提出环境恶化的根源在于人，呼吁要从整体上转变人类中心主义的观念，深化对自然规律的认识，树立"绿色化"的价值观念，实现包容、可持续发展。

（2）以绿色价值观为指导。绿色价值观是建立在发展价值观、生态价值观等基础上，以"人与自然和谐相处"为宗旨的科学价值观。以绿色价值观为指导，要求企业强化绿色发展意识，提高技术含量，积极研发符合生态循环的绿色产品，降低污染物排放，科学计算社会环境成本，实施包括环境、生态等在内的绿色管理，倡导绿色工作和生活方式。

（3）实施绿色审计。绿色审计是指在企业管理中增加环境和生态因素。绿色审计要求企业积极实施企业环境社会责任管理，不能被动地等着监督方来检查，而应当主动地、自觉地进行自我监督和检查，防止危害环境行为的发生，并定期向社会公众报告。

（4）积极开展环境公益活动。企业还应在环保方面发挥带动作用，积极参与和开展环境公益活动。企业一方面可以积极参与环保宣传、支持环境教育等环境公益活动；另一方面可以参与改善业务所在地的生态环境等环境补偿活动，促进生态的良性循环，提高自然环境的可持续能力。

3）企业经济活动责任

企业环境社会责任的外延即企业经济活动责任，主要包括企业在经营决策中、经营活动中以及产品生命周期中应该履行的环境责任。

（1）企业在经营决策中的环境责任。企业社会责任的履行是依托于企业行为来进行的，而企业行为受制于企业的决策。因此，企业在进行决策行为时要充分考虑环境责任。社会环境为企业带来机会的同时也带来了威胁，所以经营决策中要关注社会环境因素，对社会环境与企业发展的各种关系加以分析，寻求降低成本的最佳方案，正确计算资源消耗和产品成本，在遵循环境法律法规的基础上充分考虑人们的质量需求和对环境污染的影响，把握和控制影响环境的多种因素，选择最优方案。

（2）企业在经营活动中的环境责任。企业在生产经营活动中可以通过两条路径履行环境责任：第一，从生命周期的视角出发，针对原材料加工、产品生产、产品消费、废弃产品的回收、处置等各个环节，制定清洁方案，实现全生命周期的绿色化；第二，从产品研发、规划、设计、建设到生产管理的全过程中，采取一定的清洁方案，实现物质生产全过程的绿色管理。此外，应发展和推广无害或有利于环境的科学技术，使用清洁能源，降低不可再生能源的使用比例，减少废物的产生。

（3）企业在产品生命周期中的环境责任。企业生产者的延伸环境责任是指企业在产品的生命周期内需要承担的环境保护责任，如产品的回收、循环利用或弃置等，从而改善生态环境。

此外，还可以从法律层面和道德层面理解环境责任。

法律层面的企业环境责任具有强制性的特征，是指法律法规要求企业必须履行的环境责任，包括降低生产污染物、合理利用自然资源等。

道德层面的企业环境责任具有非强制性的特征，是指在法律要求之外，企业自主履行的环境责任，包括采用先进生产技术进行清洁生产加强废物综合循环利用、预防环境污染等环境责任。

2. 企业履行环境责任的必要性

1）企业环境社会责任的外部需要

企业作为经济主体，其经济活动的目标是追求和实现经济利益的最大化。任何企业必然向自然界索取自然资源，同时排放出一定数量的废弃物和污染物。由于环境资源具有公共物品的性质,很多企业把资源的损耗、环境的污染列为不必承担的社会成本。因此,毫不顾及经济发展对资源环境的影响,以及对资源的过度索取和污染物的过度排放,引起了生态恶化与资源耗竭。

随着工业化的推进和经济规模的不断扩张,全球目前面临着气候变暖、空气污染、水土流失、森林锐减、生物多样性破坏严重等诸多环境问题的挑战和威胁。随着环保意识的兴起,社会对环境的关注提高,环保主义者加强对环境污染的研究工作,并通过公开演说、抵制运动等方式促进政府、社会组织和公众开始重视社会环境问题。而企业习惯以消极的心态响应环境问题,政府和相关利益团体开始借助各种规范和手段阻止企业对环境的破坏和污染。由此,对企业施加了一系列外部压力,主要表现在以下几方面。

(1)政府加强对环境保护的规范力度。针对环境污染问题,政府制定了一系列的环境保护规划,从而规范企业经营活动。

(2)社会大众不断提高对企业社会责任的要求。随着居民收入和生活质量的提高,社会大众对企业的期望不再局限于创造和增加就业机会、促进周边经济发展,而是希望企业在追求利润的同时,能够提高居民生活质量、履行相应的企业社会责任。

(3)国际社会加强对环境问题的监督与管理。随着全球化的发展,环境问题逐渐从单一的国家或地域问题发展成为人类社会需要共同面对的全球性的问题,如大气污染、气候变暖等。因此,国际社会自20世纪70年代起开始制定许多公约来约束各国的高能耗建设和企业的盲目扩张,迫使国家和企业重视环境的保护。

由此,外部压力使得企业不得不面对环境问题,重视社会环境成本因素,重视循环经济发展模式,以获得政府和公众的信任和外部发展环境。

2)企业环境社会责任的内部需要

除了上述来自外部的压力外,企业履行环境责任也是企业实现长期利益的内在需求。企业主动承担环境责任,有利于树立良好的企业形象,提高产品的知名度与企业的认可度,进而实现企业的可持续发展。反之,如果企业逃避环境责任,在浪费资源增加企业成本的同时,可能会触犯法律,造成更大的损失。

综合以上内容,不断强化企业内部的绿色经营管理,主动进行绿色行为的宣传与推广,维护利益相关者的利益,形成互利共生的社会环境,是企业履行社会责任,实现可持续发展的重要条件。

---------------------【本章小结】---------------------

本章主要讨论了企业对股东、员工、消费者、环境四个主要利益相关者的社会责任及实践。

(1)对股东承担的社会责任。股东是公司存在的基础,也是公司的核心要素。从一般意义上讲,股东是持有公司股份或向公司出资的人。公司需要对股东履行以下社会责任:知情质询权、决策表决权、选举权和被选举权、收益权、强制解散公司的请求权、对董事和高级管理人员的直接索赔权、股东代表诉讼权、优先权、临时股东会的提议召集权、公司章程规定的其他权利。

（2）对员工承担的社会责任。企业和员工是相辅相成的，二者之间主要包括三种关系：①经济关系，即以契约为基础的雇佣关系，追求企业利益和个人价值；②法律关系，即建立在法律层面的经济关系，维护员工和企业的利益；③道德关系，即在经济关系和法律关系基础上，增强员工对企业认同感以及企业对员工的尊重和信任。

企业对员工承担的社会责任主要包括：保证员工的安全和身心健康；为员工提供平等的培训机会，保证员工具有公平的升职加薪的机会；提供渠道促进员工积极参与企业管理，促进企业民主发展；对工会组织，企业要尊重其集体谈判权，维护员工的利益。

（3）对消费者承担的社会责任。"消费者行为"是指为了生活消费进行购买、使用商品和服务的行为，其行为主体为消费者。"消费者"是指使用组织决策和活动产出的个人或团体。企业对消费者的责任包括消费者安全权、知情权、选择权、倾听权、补偿权、尊重隐私权、性别平等权、结社权、监督权。

（4）对环境承担的社会责任。企业对环境的责任主要包括道德责任、法律责任、生产经营活动责任。道德责任主要包括：树立和谐发展观、积极开展环保宣传和环境公益活动、在企业管理中增加绿色审计；法律责任主要包括：提高生产效率减少能源消耗、减少污染排放、减少环境影响；生产经营活动责任主要包括：企业决策中的环境责任、生产经营活动中的环境责任、生产者的延伸环境责任。

-------------------------------【关键术语】-------------------------------

股东的权利　　治理结构　　消费者权利　　企业对消费者的责任　　义利观
诚信价值观　　和谐发展　　环境责任　　　外部性　　　循环经济　　可持续发展

-------------------------------【复习思考题】-------------------------------

1. 股东拥有哪些权利？企业如何保护中小股东的权益？
2. 企业如何维护消费者的权益？
3. 企业在履行消费者责任时，应遵循哪些基本原则？
4. 企业对员工的责任包括哪些内容？
5. 企业履行员工责任的必要性包括哪些内容？
6. 简述企业环境责任的主要内容。

-------------------------------【推荐阅读】-------------------------------

[1] 刘春雷. 产权的排他性与分解性解析[J]. 社会科学研究，1996(6): 56-59.
[2] 康纪田. 界定产权是循环经济法的基本内容[J]. 理论研究，2005(5): 53-55.
[3] 张家骅. 企业产权主体多元化[J]. 中南财经大学学报，1999(4): 68-70+95.

------------------------------【扩展阅读】------------------------------

第 4 章
企业社会责任报告

学习目标

- ◇ 理解企业社会责任报告的概念及内涵
- ◇ 认识发布企业社会责任报告的必要性
- ◇ 掌握企业社会责任报告的编写流程
- ◇ 明确企业社会责任报告评价的重要性

开篇案例　　　　立白集团：全国百家优秀企业社会责任报告之一

2020年7月21日，在企业家座谈会上，习近平总书记指出："企业既有经济责任、法律责任，也有社会责任、道德责任。"新时代下，要求企业在保持经济发展的同时，也要兼顾环境和社会的协同发展。

2020年11月6日，由工业和信息化部举办的工业通信业企业社会责任国际论坛暨《中国工业和信息化可持续发展报告（2020）》发布会，在第三届中国国际进口博览会期间顺利召开。会议期间举行了"全国百家优秀企业社会责任报告"发布仪式，立白集团社会责任报告被评为"百家优秀企业社会责任报告"。

2020年，在全面建成小康社会关键时期，立白集团发布第二本社会责任报告，向公众全面展示近年来企业在经济、环境、社会等方面的责任成效，阐述企业在深入践行绿色发展理念、持续加强战略转型升级做出的成效，构建一个以消费者为中心的可持续发展日化产业生态圈。

立白集团作为中国日化龙头企业，始终坚守社会责任，致力于为消费者提供绿色产品，通过自身影响力带动产业链上下游绿色可持续发展，共同守护美好家园，"通过长期努力，立白集团致力于成为一家员工自豪、大众信赖、政府倚重、引领全球的全球化企业，携手共建命运共同体。"

近年来，在"绿色健康战略"推动下，立白集团从研发、采购、制造、运输、营销、售后各环节出发,将绿色发展理念融入价值链各环节,带动了上下游全产业链,实现绿色原料、配方、技术、制造、产品,致力于引领行业走向,推出更多绿色健康的产品,为消费者带来绿色健康的生活。

报告中,立白集团也客观地列举出旗下产品的使用问题(表4-1),以便后期调整,做出"健康生活每一家"的更优产品。

表4-1 立白集团部分产品及使用问题

好爸爸天然亲肤皂粉	洗衣粉发烫,刺激性大,碱性高,洗后皮肤干燥
立白全自动浓缩粉	产品体积大,占空间
好爸爸天然熏香皂粉	洗衣粉碱味重,洗后香味不持久
好爸爸亲肤除菌氧能洗衣粉	潮湿天气衣物不易晾干,易滋生细菌,产生异味
立白超洁清新粉	洗后发硬不柔软,泛灰发旧
立白除菌去渍洗衣粉	容易滋生细菌螨虫
立白校服净	有色顽固污渍难以去除
立白冷水速效无磷洗衣粉	顽固污渍低温下效果不佳

作为勇担社会责任的企业公民,立白集团长期致力于通过自身影响力,打造经济高效、环境友好、互利共生的产业生态圈,带动日化行业的绿色可持续发展。眺望未来,在"世界名牌,百年立白"的企业愿景和可持续发展理念指引下,立白集团将继续深入践行社会责任,创造出更多的经济、环境和社会价值。

资料来源:广州立白企业集团有限公司. 立白集团2020年社会责任报告[EB/OL].(2020-05-18)[2022-07-30]. https://www.liby.com.cn/upload/cms/www/202006/04135845O1tw.pdf.

4.1 企业社会责任报告概述

20世纪七八十年代,为了回应政府和公众对企业履行社会责任的关注,从企业内部运营的角度出发,西方一些大型企业开始披露其企业社会责任的履行情况,披露的途径一般是通过财务报告或者独立报告。通过社会责任信息的披露,一方面,企业可以接受社会及各利益相关方的监督;另一方面,各利益相关方也可以更综合更全面地评估企业的价值。随着我国社会和经济的全面发展,企业越来越重视与世界同步,进而更加关注企业社会责任信息的披露。目前,我国定期发布企业社会责任报告的企业已经超过2000家,相关部门通过对企业社会责任报告的评价、分级、评分等措施,有效地促进了中国企业社会责任报告质量的提升。

▶ 4.1.1 企业社会责任报告的概念及内涵

企业社会责任报告是企业将其履行社会责任的理念、战略、方法及其经营活动对社会、经济、环境等领域造成的影响、取得的成绩和不足等进行梳理和总结并对外披露的方式。企业社会责任报告是企业非财务信息披露的重要途径，是企业与各利益相关方沟通的重要桥梁。

据调查，目前关于企业社会责任报告的名称还没有形成统一的规定和要求，不同组织对各自企业社会责任报告的名称使用也不尽相同，如"企业可持续发展报告""企业公民报告"等。关于企业社会责任报告的内涵，理论界形成了两种主流观点：一种观点认为，企业社会责任报告反映了企业经营发展的理念与战略，是企业向利益相关方披露企业经营活动对社会、经济、环境造成的影响；另一种观点认为企业社会责任报告是反映企业与社会责任之间关系的报告。总之，通过社会责任报告，企业与利益相关方及社会公众之间可以架起沟通的桥梁，企业通过报告披露自身经营发展对经济、环境和社会带来的影响，并以此提升企业形象，增强可持续发展能力；利益相关者和社会公众在获取信息的同时，还可以通过社会责任报告来分析企业的各项指标，对企业作出评价，并作出相应决策。

发布企业社会责任报告是以企业及全社会的可持续发展为目标，是企业战略管理的重要方面，体现了社会对企业的普遍期望。因此，企业社会责任报告应当以明晰性、持续性和可比性为原则，客观地反映企业自身价值和企业可持续发展能力，向利益相关者及社会公众披露企业在经济、社会、环境等方面履责信息。

4.1.2 发布企业社会责任报告的必要性

1. 发布企业社会责任报告是重要的国际商业准则

企业定期发布社会责任报告，主动与利益相关方进行沟通和交流，已经成为经济全球化大背景下重要的商业准则。毕马威会计师事务所（以下简称毕马威）在 2017 年的企业社会责任报告调查中显示，全球 49 个国家的 4900 家样本企业中，所有业绩良好的行业，其企业社会责任报告率均达到了 67% 以上。在政府监管、资本市场和行业协会监督等多重力量的共同促进，以及企业自身社会责任认知增强的情况下，中国的企业社会责任报告也在编制、评价、发布等多方面取得了跨越式的发展，全国企业社会责任报告的发布数量由 2006 年的 32 份增长至 2019 年的 2030 份。可见，中国企业越来越重视企业社会责任报告的发布，并成为全球企业发布社会责任报告的重要力量。

2. 政府政策的要求

我国社会责任事业的蓬勃发展，离不开党和国家的高度重视。2008 年，国资委发布《关于中央企业履行社会责任的指导意见》，明确指出要鼓励国有企业接受社会公众的监督检查，定期向社会公众公开、及时有效地发布企业社会责任报告。2009 年，中国社科院经济研究所推出《中国企业社会责任报告编写指南（CASS-CSR1.0）》，这是中国第一本社会责任报告编写指南，为中国企业编制社会责任报告提供了参考。该指南于 2017 年升级为 4.0 版本，2020 年正式启动 5.0 版本升级工作。2015 年，三项社会责任方面的国家标准正式出台，即《社会责任指南》《社会责任绩效分类指导》和《社会责任报告编写指南》，这些标准为企业开展社会责任工作、撰写社会责任报告提供规范性建议。2016 年，全球报告倡议组织（Global Reporting Initiative, GRI）发布了更新版本的可持续发展报告架构，并于2018年全面取代G4指南，成为企业社会责任报告新的世界标准。

3. 资本市场和行业协会的引导推动

2006年，深圳证券交易所发布了《上市公司社会责任指引》，第一次提出了上市公司社会责任的内涵。2008年，深圳证券交易发布了《关于做好上市公司2008年年度报告工作的通知》，明确提出上市公司应当发布企业社会责任报告。以上两个文件对于推动上市企业发布社会责任报告起到了重要作用。从2007年开始，上市企业发布社会责任报告的数量显著增加，由2007年的38份增长至2018年的851份。此外，各行业协会、行业组织也对企业社会责任报告的发布起到了积极的推动作用。例如：2007年，原中国银行业监督管理委员会发布了《关于加强银行业金融机构社会责任的意见》，要求各银行业金融机构，结合自身实际采取适当方式发布社会责任报告；2008年，中国纺织工业协会发布了《中国纺织服装企业社会责任报告纲要》，并鼓励所有纺织服装企业运用此纲要编制企业社会责任报告；2013年5月，中国工业经济联合会发布了《中国工业企业社会责任评价指标体系》，该体系共98个指标。其中，反腐倡廉、禁用童工等成为企业履行社会责任的底线指标。

知识链接　　　　　　　上市公司社会责任指引

2006年9月，深圳证券交易所发布《上市公司社会责任指引》，该指引将社会责任引入上市公司，鼓励上市公司积极履行社会责任，要求上市公司应当在追求经济效益、保护股东利益的同时，注意履行相关责任，促进企业本身与全社会的协调、和谐发展。该《指引》明确指出，上市公司作为社会成员之一，应当对职工、股东、债权人、供应商及消费者等利益相关方承担起应尽的责任。

在股东权益保护方面，该《指引》强调，上市公司应当制定长期和相对稳定的利润分配政策和办法，制定切实合理的分红方案，积极回报股东。对可能影响股东和其他投资者投资决策的信息应积极进行自愿性披露，并公平对待所有投资者，不得进行选择性信息披露。在环境保护与可持续发展方面，《指引》要求，上市公司应当根据其对环境的影响程度制定整体环境保护政策，指派具体人员负责企业环境保护体系的建立、实施、保持和改进，并为环保工作提供必要的人力、物力以及技术和财力支持。在职工权益保护方面，企业应严格遵守《劳动法》，依法保护职工的合法权益，建立和完善包括薪酬体系、激励机制等在内的用人制度，保障职工依法享有劳动权利和履行劳动义务等。

深交所鼓励上市公司根据指引要求建立社会责任制度，定期检查和评价企业社会责任制度的执行情况和存在的问题，形成社会责任报告，并与年度报告同时披露。

---

4. 为利益相关方提供决策依据

企业社会责任报告带来的商业价值与日俱增，企业把社会责任报告作为建设、维持和不断完善利益相关方参与的工具，向利益相关方传递重要信息，帮助利益相关方作出正确决策。对投资者而言，企业社会责任报告可以把有效的投资信息反馈给投资者，辅助投资者做出正确决策；对资本市场而言，企业社会责任报告可以促进资本流向更优质的企业；

对企业员工而言，可以为其判断自身去留问题提供重要的参考依据；对消费者而言，可以使其获得更多产品和服务的信息，进而帮助其作出正确的选择。

5. 促进企业自我管理和提升

当前，为了保证社会责任信息披露的顺利进行，越来越多的企业开始发布高质量的社会责任报告。企业社会责任报告以一种公开、透明的方式对企业所履行的社会责任进行披露，对企业树立良好形象、提升品牌忠诚度有良好作用，并成为企业可持续发展的助力。企业发布社会责任报告有助于自身进一步明确可持续发展战略，强化社会责任理念和目标，帮助管理者了解企业在各维度的综合表现，也能够发现在其履行社会责任的过程中存在的不足，促进企业治理水平的完善和管理能力的提升。

4.1.3 企业社会责任报告的发展进程

1. 全球背景下的发展现状

1）在全球背景下的总体现状

毕马威在 2017 年全球企业社会责任报告调查中，选取了"N100"和"G250"为调查样本。N100 是指由全球 49 个国家和地区各自收入排名前 100 家的企业，共计 4900 家企业所构成的调查样本。G250 是指由全球收入最高的 250 家企业构成的调查样本，以《财富》2016 年世界 500 强榜单为准。通过观察 N100 和 G250 样本，我们可以了解世界大中型企业的企业社会责任报告情况，大型全球企业往往是企业社会责任报告的先锋，它们的行为经常预示着一种趋势，被更多企业效仿。

现象观察　　　　"N100"和"G250"企业社会责任报告调查结果

①企业社会责任报告的发布已经成为世界各地大中型企业的行业惯例，约 3/4 的受调查企业会按时发布企业社会责任报告。

②约 78%的 N100 企业在年度财务报告中会整合财务与非财务信息，并认为，企业社会责任信息与投资者息息相关。

③所有业绩良好的行业中，企业社会责任报告率均达 60%以上。

④由于保护公众信任的需求、法规和外国投资者要求等，拉美企业社会责任报告率出现剧增，但东欧报告率还有待提高。

⑤GRI 仍然是最常用的企业社会责任报告框架，分析报告中约 2/3 采用 GRI—G4 指南或标准。

⑥人权作为一个全球性企业议题，已经被明确纳入议程。目前，绝大多数企业社会责任报告都确认人权问题：N100 企业的确认率约为 73%，G250 企业的确认率为 90%。

⑦约 67%的 G250 企业会披露碳减排目标。

资料来源：毕马威公司. 毕马威 2017 年全球企业社会责任报告调查[EB/OL]. （2017-10-12）[2022-07-30]. https://home.kpmg.cn/zh/home/insights/2017/10/the-kpmg-survey-of-corporate-responsibility-reporting-2017.html.

毕马威的研究报告表明，世界各地越来越多的企业开始重视和履行企业社会责任，并把发布企业社会责任报告作为一项企业发展的最重要的任务，编制和发布企业社会责任报告已成为企业发展要求。甚至很多企业把对外提供社会责任报告的正面效应视为企业可持续发展的宣传手段，从而增加自己的市场竞争优势。

2）企业社会责任报告象限模型

毕马威构造四象限模型用于评估企业社会责任实践能力与水平（图4-1）。

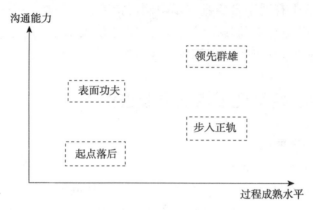

图4-1　毕马威四象限

位于"领先群雄"（Leading the Pack）象限的企业，其信息沟通质量处于领先地位，在内部系统以及外部责任方面都取得了很高的评分，这些企业通过信息系统支持确保了信息的客观性与可靠性。此外，加入外部鉴证可以使企业的鉴证范围、模式以及水平都处于领先地位。在纵轴上，这些企业都能够以利益相关者为出发点，并为利益相关者提供优质的服务，进而以GRI为指导获得利益相关方的信任。企业还通过多渠道获取客户的方式，将社会责任报告信息与年度财务报告相结合，形成全面综合报告模式。

位于"步入正轨"（Getting it Right）象限的企业在沟通方面取得了一定的成就，开始专注于完善构建信息处理系统，并正在积极地向"领导"象限移动。企业由于外部鉴证相对缺乏等原因，还没有达到"领先群雄"象限的水平，但是已经能够向其利益相关者表明自身具有管控企业业绩的能力，并且十分重视相关管理。此时，扩大外部鉴证的范围与水平是该类企业的发展方向。

位于"表面功夫"（Scratchingthe Surface）象限的企业，在象限模型中所获得的评价并不理想，该类企业有时会因为目标设立得过高，无法实现企业责任报告中的承诺，给投资者带来较高的风险。该类企业善于通过多种渠道夸大其社会责任取得的成绩，在定期对外发布的报告中会将企业社会责任已经取得的成果进行整合，使得报告呈现出一切向好的发展态势。虽然此类企业在接近客户方面表现得更好，但是存在着获取利益相关方反馈信息难度加大的风险。

位于"起点落后"（Starting Behind）象限的企业，在社会责任报告成果的落实和公布上更倾向于使用单一的媒介渠道，报告中公布的情况以及显示的结果没有很好地体现该类企业在信息沟通系统的搭建和处理等方面的成熟性，获得的指导也十分有限。换句话说，

"起点落后"象限的企业虽然通过鉴证服务对自身的管理系统进行改进，但是还没有达到应有的效果，客观上与领先集团的信息处理水平还存在一定的差距。

调查显示，从分布情况看，大部分欧洲国家均处于"领先群雄"象限（图4-2），这些国家的企业已经具备专业的社会责任沟通能力，建立了完善的社会责任报告体系。而作为发展中国家的印度所处位置值得关注，印度企业严格按照政府的要求治理、控制和鉴证的实际情况，表明印度重视对外提供的社会责任报告。美洲企业所处位置不太理想，主要原因集中在沟通方面。此外，形成鲜明对比的是一些贫穷落后的国家，由于经济的落后、物质的匮乏使其无暇顾及企业社会责任报告的制作与提供。另外，从中国和韩国企业在象限中所处的位置可以看出，中、韩两国企业未来需要通过提高沟通能力来维护各自企业在全球的商誉与声望。

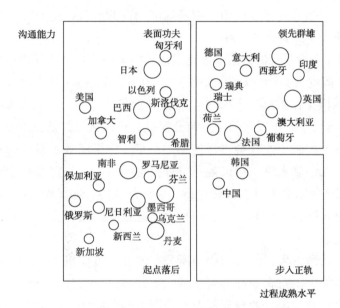

图 4-2　33个国家（地区）的象限模型分布

2. 中国发布企业社会责任报告现状

2006年是中国企业社会责任元年，从2006年到2019年的十几年时间，中国企业社会责任报告的数量由32份增长到2030份，实现了快速增长。

1）中国企业社会责任报告的发展趋势

（1）报告发布的主体呈多元化，有国企引领、民企跟随的态势。中国企业社会责任报告发布主体多元化。在2019年，国有及国有控股企业一共发布了881份报告，民企和外企发布的报告数量分别为518份和138份，分别占总数的32.42%和8.64%，另外，2019年上市公司发布报告的数量为1321家，占比高达82.67%，说明上市公司报告发布数量呈逐年递增的态势。

（2）多数报告编制均参考了相关标准。企业在编制报告时参考相关社会责任报告标准，这是确保报告质量的重要途径。在已公布的报告中，编写时参考了相关标准的占64%。同时，已发布的企业社会责任报告中的内容也成为后来企业发布报告的重要参考。目前，中国企业编制报告参考最多的材料是由中国社会科学院企业社会责任研究中心负责编制的《中国企业社会责任报告编写指南（CASS-CSR2.0）》。该指南对每个行业进行区分和细化，分别制定了独立的行业《报告编制指南》，以便给企业提供更具现实意义的操作指导。目前，该指南还在不断地修订、补充和再版，于2017年升级为4.0版本，于2020年正式启动5.0版本升级工作。

2）相关法律、法规的发展历程

近年来，针对企业的可持续发展、社会和谐稳定等方面，中国政府和一些社会责任组织正在推进各项相关工作，并取得了显著的成绩。2006年，中国重新修订的《公司法》中明确规定了企业应履行社会责任。2008年，国资委发布的《关于中央企业履行社会责任的指导意见》中明确规定，所有中央企业必须按照规定发布企业社会责任报告，并指出履行社会责任的理念、目标、内容和措施。随着这些制度的出台，企业社会责任报告的编制和发布也被纳入企业日常经营范围之中。

此外，中国社会科学院2009年至今持续追踪中国企业社会责任阶段性特征，发布了系列《企业社会责任蓝皮书》，上海证券交易所于2006年和2008年分别发布的《关于加强上市公司社会责任承担工作的通知》和《上海证券交易所上市公司环境信息披露指引》，以及深圳证券交易所于2006年发布的《上市公司社会责任指引》都提出鼓励上市公司按照相关标准完整、客观地披露企业社会责任的相关信息。中国商务部研究院在2006年发布了《中国公司责任报告编制大纲》用以规范责任报告的编制，并在编制中明确规定了企业的责任范畴。一些媒体也对企业社会责任进行了关注与宣传，如《WTO经济导刊》杂志通过对企业社会责任报告进行宣传和探讨，向社会发起投票，以评奖的形式引导和督促企业更好地履行社会责任。

尽管取得了一系列成果，但目前中国所公布的社会责任报告在广度和深度方面仍存在诸多问题，内容多集中于对企业社会责任绩效的宣传，有时甚至还会出现刻意隐瞒、逃避环境责任等负面信息的现象。业界还需要正视所面临的问题，结合国际先进经验，不断完善中国企业社会责任的评价指标，使企业社会责任报告的编制水平迈上新台阶。

3. 社会责任报告的发展启示

1）发布企业社会责任报告是企业履行社会责任的重要实践

从地域分布上来看，企业社会责任报告的发布范围逐步由欧美向世界各地扩展，不仅发达国家对企业社会责任报告高度重视，将其纳入管理实践，一些发展中国家也在不断学习和推广。

从行业分布看，各行各业都兴起了发布企业社会责任报告的运动。其中，金融服务业的数量增速尤为明显，改变了过去工业领域作为"领头羊"的状况。从企业规模大小看，发布企业社会责任报告的企业的规模差异很大。最初，一些大型企业开始对自身给社会、环境、经济所造成的负面影响进行反思，成为主要承担社会责任的企业。而最新研究结果表明，中小企业社会责任的议题已经进入政府、学术界和公众的视野，并被广泛讨论。企业权利和义务的对等关系，推动了更多中小企业也开始关注企业社会责任。

企业社会责任报告正逐步成为除财务信息披露的重要载体，并为企业提升管理和服务水平、实现可持续发展提供了重要手段，综合反映了企业履行社会责任的整体状况。

2）企业创造价值的新理念与新模式的加入

21世纪以来，企业社会责任报告经历了由简单到复杂的过程。在企业社会责任报告发布初期，企业普遍认为社会责任报告的发布有助于管理层对企业经营风险"防患于未然"，减少负面事件造成的声誉损失。但是，无论是出于法律强制还是自觉自愿，在此阶段发布的企业社会责任报告总体上都呈现出一种"防御"和"被动"的状态。随后，企业依靠内外部约束，推动现行管理制度不断优化，并通过对社会责任报告发布，构建起企业与利益相关者之间有效的沟通渠道。由此，社会责任报告也成为企业增强战略管理能力、强化责任竞争力、创造价值的一种新理念和新模式，成为推动企业社会责任的发展与变革的重要机制。

3）编制企业社会责任报告要将企业特点与国际标准相结合

企业社会责任报告的编制不是随意的，应当参考具有一定权威性的编制标准并结合自身特点来进行编制。许多优秀企业在报告的编制过程中不仅考虑了自身的实际情况，还借鉴了国际标准作为编制的理论依据。其中，《可持续发展报告框架及指南》对企业社会责任报告编制影响最为重要。因此，企业在编制报告时，既要充分体现自身的特点和特定议题，增加报告的灵活性和创新性，也要适当地参照国际、地区和行业标准，提高企业社会责任报告编制的质量和水平。

4）企业社会责任报告内容要平衡

企业履行社会责任需要向社会各行业披露真实的信息，并具有一定的连续性。企业要把握好平衡性原则，在对企业社会责任报告进行编制时，不仅要客观地反映企业在履行社会责任时取得的成果，还应当真实地反映企业在履行社会责任过程中存在的不足，并提出改进措施，从而更好地促进企业社会责任报告的不断完善。

5）企业社会责任报告的编制要听取利益相关者的建议

企业社会责任报告的质量参考标准并不是字数多少与篇幅长短，而是它的内容是否具备可读性。一份好的报告既能反映企业特点，又能促使企业与其利益相关者及时沟通，并使利益相关各方在进行决策时掌握足够的信息。在编制社会责任报告时，企业应当支持和鼓励各利益相关方充分参与，从报告议题选择环节开始征求并听取大家的意见和建议，在各个环节加大利益相关方的参与程度，最终结合各方建议制定出一套完善、科学的内容体系以及相对应的考核评价指标，使利益相关方能够依据所披露的企业责任信息作出正确决策。

6）报告评价要引入第三方审验

通过各利益相关方进行评价，对企业社会责任报告的真实性由第三方中介机构进行审验，并出具审验意见，可以有效提高企业社会责任报告的可信度。审验过程不仅带动审验标准的逐步完善和推广，还可以带来相关议题管理质量的提升。目前，很多国家都根据实际情况出台了自己的审验标准，这些标准不仅能够使中介机构的审验效率有效地提高，而且能更好地发挥第三方审验的作用。

7）企业社会责任报告发布效果的提高

企业在可持续发展中最为关键的环节是企业社会责任报告的发布效果。影响企业社会责任报告发布效果的因素主要包括篇幅、发布的周期与时间、载体、风格、内容、形式等。

（1）在编制企业社会责任报告时，应当选择适中的篇幅。篇幅过短会影响披露信息的完整性，不能准确反映信息质量；篇幅太长则容易导致企业社会责任报告主次不分，使阅读者无法作出正确的评价。因此，应该编制篇幅适中的报告，使报告使用者能够有效地根据报告作出决策。

（2）从发布形式上，应当选择纸质与电子版本相结合的模式。纸质版本一般篇幅较短，主要是对报告的概括；报告全文则尽可能通过微信版、网络版等新媒体形式发布，让报告使用者根据自身需求进行选择。

（3）应当选择与企业社会责任理念相匹配的报告风格。企业所秉持的社会责任理念和行动不仅要通过报告的内容来展现，还要选择与企业形象一致的报告风格通过版面、字体、色调、图片等设计传递给读者更加直观的印象。如果将社会责任信息与财务信息相联系，利益相关方往往会在两者间进行比较。有专家建议，企业社会责任报告与企业财务报告的发布时间间隔应少于两个月。同时，企业应尽早通过多种渠道公开企业报告，使得利益相关方能更为便捷地获得信息，增进对企业的了解。

4.2 企业社会责任报告编写

4.2.1 编写模式

社会责任报告的编写与企业财务报告不同，没有统一的规范标准，从而导致编写的质量参差不齐。无论中国还是国外，企业社会责任报告的编写指南都不断增多，有一般性指南，也有行业指南。为了提升企业社会责任报告质量，帮助企业建立完善的社会责任报告机制，一些与社会责任相关的国际组织建立了相关的报告编制标准。目前，企业社会责任报告编写模式的国际主流标准为：GRI 报告框架、SA 8000 标准和 AA 1000 认证标准，这三个框架相互补充，各有利弊，也为中国企业社会责任报告模式的选择奠定了良好的基础。

1. GRI 报告框架

1997 年，全球报告倡议组织（Global Reporting Initiative, GRI）由美国环境责任经济联盟发起成立，联合国环境计划署（United Nations Environment Programme, UNEP）作为合作者在 1999 年加入。2002 年，GRI 正式宣布成为独立的常设性国际非营利组织，以 UNEP 官方合作中心的身份加入联合国，秘书处设在荷兰的阿姆斯特丹。其目标是在全球范围内建立起适用于可持续发展报告的框架，利用一系列完整的制度推进可持续发展的信息披露，最终帮助企业更加标准地、有效地披露其在社会、经济和环境三方面付出的努力及取得的成绩，从而提高可持续发展报告的实用性、完整性和有效性。

1999 年，GRI 首次发布了《可持续发展报告指南》草案，这是全球第一个基于三重底线的可持续发展报告框架。之后的十几年间，GRI 先后发布了 2000 年版、2002 年版、2006 年版和 2013 年版的《可持续发展报告指南》，经历了从 G1 指南到 G4 指南的完美转变。2016 年，GRI 发布更新版本的可持续发展报告架构，并于 2018 年全面取代 G4 指南，成为企业社会责任报告新的全球通用指南。它的作用主要体现在：①适用范围广泛，涵盖了不同规模、行业和地区的各类组织机构；②框架体系完善，涵盖了社会责任报告编写过程中遇到的诸多实际问题；③指南中不仅包含适用于所有行业的内容，还涉及了针对特殊行业的内容；④建立的可持续发展业绩信息披露框架体系被各种组织机构普遍认可。

《可持续发展报告指南》在企业社会责任报告领域得到了广泛的国际认可。在《商业周刊》公布的 15 个全球领先品牌中，有 80% 发布的可持续发展报告是以 GRI 的《可持续发展报告指南》为标准进行编制的。另外，在全球范围内，有超过 1000 家企业自愿将《可持续发展报告指南》作为报告的基础，中国也有部分企业采用了该标准。

GRI 框架包括 GRI 指南、行业补充指引和技术规范三个部分，规定了企业管理政策、战略方针以及绩效评价指标三类披露内容。其中，管理政策反映企业在可持续发展中的管理政策问题；企业战略方针反映企业的整体方针路线；绩效评价指标包括经济、环境和社会三个方面的绩效评价。GRI 框架已经像会计准则一样，逐步成为全球普遍使用且具有一定约束力的规范准则。GRI 通过与联合国"全球契约"的合作来保证框架的广泛应用，因为"全球契约"要求各成员在编制年度报告时要严格按照 GRI 制定的《可持续发展报告指南》进行编制。

2. SA 8000 标准

社会责任标准 SA 8000（Social Accountability 8000）是全球首个道德规范国际标准，是可供第三方认证的社会责任标准。该标准于 1997 年由社会责任国际组织起草颁布，于 2001 年和 2008 年分别进行了修订。2014 年，SAI 国际认证集团（SAI Global）正式颁布第四版——SA 8000：2014 标准。新标准主要关注狭义的社会责任，宗旨是确保供应商的产品都符合社会责任要求的标准，SA 8000 标准适用于世界各地不同规模、不同行业的各类企业。

SA 8000 标准的内容包括一般说明和责任规定。一般说明部分主要介绍了包括工资报酬、歧视、童工、强迫劳工、健康与安全、管理系统等 9 个要素的相关定义、范围、标准要素、目的等核心内容。SA 8000 对中国企业特别是中小型出口企业影响较大。企业实施 SA 8000 的方式主要包括以下两点：①通过 SA 8000 认证，获得与社会责任管理、政策和经营相关的证书；②企业参与计划（Corporate Involvement Plan, CIP），该项目主要针对有产品销售业务的企业，通过提供对管理人员、供应商和工人的培训课程以及实施 SA 8000 标准的技术支持，帮助企业完善工作条件，降低外包过程中的道德风险。

3. AA 1000 认证标准

由全球非营利组织——社会和伦理责任协会（Institute for Social and Ethical Accountability, ISEA）制定的 AA 1000 标准在实践中经常用于评估社会责任报告的质量水平，并为利益相关者提供一套开放、有效的评估标准，以便企业能够提高自身业绩。AA 1000 认证标准主要涵盖 AA 1000 基本标准、专业资格和指导方针三部分内容。与其他注重绩效的标准不同，AA 1000 更重视过程控制，它包含基本原则和一系列流程标准，即企业社会责任管理五个阶段的标准：规划、会计、审计和报告、整合、利益相关者参与。

AA 1000 系列标准包括：《AA 1000 原则标准（2008）》《AA 1000 审验标准（2008）》

和《AA 1000 利益相关方参与标准（2008）》，三者共同构成了社会伦理行为的审计标准。其中，《AA 1000 原则标准》主要是帮助企业制定负责任的、战略性的可持续发展方法，《AA 1000 审验标准》负责保证企业社会责任、可持续发展绩效和报告的质量与可信度，《AA 1000 利益相关方参与标准》则是企业制定、实施和评估利益相关方参与并确保其参与质量的开放体系。

GRI 报告框架、SA 8000 报告标准和 AA 1000 认证标准都是企业社会责任报告编写模式之一。相同点在于：它们都以推动社会责任行动、提高社会责任报告质量为目标，重视利益相关者。不同点在于：GRI 报告框架侧重于报告的编制标准，SA 8000 重点在于保障道德规范，AA 1000 认证标准则是关于社会责任报告的审计标准。

三种标准各有优势、互相联系、互为补充。但相对来说，GRI 报告框架作为全球使用范围最广的社会责任报告标准，包括一般应用框架和行业补充指引，内容涉及经济、社会和环境三个方面，更为全面和具体，具有极强的可操作性，可以应用于不同地区、行业以及规模的企业。而经济全球化促使企业社会责任报告逐步成为企业在全球社会经济交往中的"国际语言"。基于此，结合国际和中国的实际情况，在披露企业社会责任信息时，应当采取或参考主流的社会责任报告的标准和模式，建立一个统一的标准来规范自身的内容、方法和质量。

4.2.2 编写原则

为保证企业社会责任报告披露的信息质量，报告的编写需要遵循一定的原则。GRI《可持续发展报告指南》中对企业社会责任报告的编写制定了六项原则，使报告内容更为准确、透明，帮助利益相关者了解有价值的信息（图 4-3）。

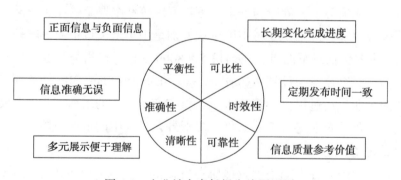

图 4-3　企业社会责任报告编写原则

（1）平衡性原则。社会责任报告不仅要披露企业的正面信息，也要客观地披露企业履行社会责任的不足之处。社会责任报告一定程度上可以提升企业的品牌形象，但报告的价值不仅仅停留在宣传企业的层面，对于各方利益相关者来说，一份客观的社会责任报告更有分析价值。

（2）可比性原则。企业社会责任报告的编制应方便利益相关者分析企业绩效和社会责任履行的长期变化，所报告的信息应经过选择和整理并确保前后文一致，如企业在之前的报告中设定了绩效目标，在新的报告中应继续披露目标的完成进度和完成质量等，以便比较。

（3）准确性原则。企业社会责任报告应当真实、准确地披露定性和定量的信息，以便利益相关者获得准确的信息并评估企业的绩效。企业在编制报告的过程中，应当规范各个环节的信息收集，并确保所获信息的准确性。

（4）时效性原则。企业应定期发布社会责任报告，以便利益相关者能够及时获得信息。报告中的信息应与报告时段一致，既要保证时效性，也要保证不同阶段信息的可比性，如每年或者每半年发布一次社会责任报告，报告信息与财务信息结合等。

（5）清晰性原则。企业社会责任报告披露的信息应易于利益相关者的理解，可以选择篇幅适宜、方式多样、便于阅读者理解的方式对内容进行展示。企业应尽量避免使用过于专业的术语、不易理解的缩略词等，或者在使用术语和缩略词时加入对相关词汇的解释。

（6）可靠性原则。企业社会责任报告的披露应保证信息的质量，应该准确说明报告信息收集、记录和披露等各个环节的工作，便于信息的复核和验证。如果企业计划对报告进行第三方审验，记录工作过程和信息就显得非常重要。

4.2.3 编写流程

作为社会责任管理体系中的重要工作，社会责任报告的编制具有特殊和完整的流程。其主要包括组织、策划、界定、启动、研究、撰写、发布、总结八个阶段（图4-4）。重视和加强流程管控，不断优化和做实报告编制过程，能够有效提升社会责任报告的质量。

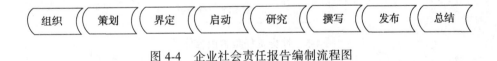

图4-4 企业社会责任报告编制流程图

（1）组织。搭建起来源广泛、各司其职、稳定高效的组织体系，以支撑社会责任报告编制工作顺利完成。

（2）策划。对报告要达成的目标进行系统思考和精准定位，对报告编制工作进行统筹谋划和顶层设计，确保目标明确、步骤稳健、资源匹配。

（3）界定。通过科学的工具和方法，在内外部利益相关方广泛参与基础上，确定企业重大性社会责任议题。

（4）启动。召开社会责任报告编制启动会，进行前沿社会责任理论与实践培训，并就报告编制的思路、要求等进行沟通安排。

（5）研究。通过案头分析、调研访谈和对标分析，对社会责任报告指标体系撰写技巧和企业社会责任基础素材进行研究，为撰写奠定基础。

（6）撰写。全面和有针对性地向总部职能部门和下属单位搜集企业履行社会责任的基础素材，完成报告内容撰写。

（7）发布。报告编制完成后，通过一种或多种发布形式，一次或多次向社会公开报告，实现与利益相关方沟通。

（8）总结。在广泛征集内外部利益相关方的意见基础上，以报告编制组为核心，组织报告复盘，对报告编制工作进行总结，并就报告编制过程中利益相关方给予的关注、意见和建议进行梳理和反馈，实现报告编制工作闭环提升。

4.2.4 内容体系

为了能够综合地反映企业的相关信息，国务院国有资产监督管理委员会在相关规定中明确了企业社会责任报告的内容范畴，包括企业履行社会责任的方式、范围、绩效考核、动力、可持续发展计划，即在原有业绩的基础上，企业制定的下一步有助于履行社会责任的愿景、目标和行动方案（图4-5）。

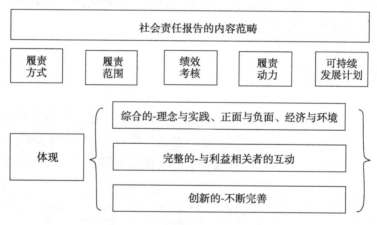

图4-5　社会责任报告内容体系

（1）企业社会责任报告必须是具有综合性的。不仅要体现企业的社会责任理念，还要总结企业履行社会责任的实践经验；不仅要反映企业对社会的贡献，还要反映其对社会和环境带来的负面影响；不仅要体现经济和商业价值，还要反映隐含的社会价值和环境价值。

（2）企业社会责任报告必须是完整的。它要清晰地罗列企业与每一个利益相关方的互动关系，要明确企业在社会发展中的角色与定位；要系统地分析企业运营对社会和环境所造成的正面和负面影响，从而让社会各方能够准确辨别企业是否切实履行了应尽的社会责任。

（3）企业社会责任报告必须是持续创新的。基于利益相关者的角度，寻找企业存在的问题并提出改进方向，将有助于全面理解企业角色、价值和使命，唤起企业履责的持续动力。对外履责并不是企业社会责任报告的终点，通过不断修订和改进的动态过程对报告进行归纳和总结，在创新中完善报告的内容体系，更好地助力企业的可持续发展。

4.3　企业社会责任报告评价

4.3.1　企业社会责任报告评价的意义

政府及社会进行资源配置，投资者进行投资决策，甚至消费者的购买决策都要参考企业对外提供的社会责任报告评价。这些细微的决策正在悄悄地影响企业经济利益的积累。因此，社会责任信息披露的商业价值日益显现。社会责任报告的评价可以促进企业信息披露机制更加规范和透明，鼓励企业发布更多高质量的社会责任报告。从各利益相关方的角度出发，社会责任报告评价的意义体现在以下几个方面。

1）对投资者的意义

企业社会责任报告评价可以使投资者知晓企业的发展状况和能力，并着重分析企业资本的运营能力、保值增值能力、收益能力和还本付息能力等，最终将资金投入到更优质的企业当中。

2）对消费者的意义

作为购买和最终使用企业产品和服务的人，消费者是否青睐某家企业往往决定了企业的获利能力。消费者与投资者不同，更多关注的是产品价格、服务水平和质量保证。消费者可以通过查阅企业社会责任报告评价中的价格、质量和服务水平等信息，做出相应的购买决策。

3）对企业员工的意义

员工是企业发展的核心，在利益相关者中占据重要地位。员工更关心企业社会责任报告中自身的薪资待遇、福利待遇以及是否拥有培训和提升的机会等信息。因此，企业员工可以通过企业社会责任报告评价的信息来决定是否继续服务于这家企业。

4）对自然资源和环境的意义

如今，可持续发展是全社会倡导的议题。因此，节约资源和积极保护自然环境的企业不仅可以树立良好的企业形象，还可以获得良好的社会声誉，形成企业的商誉或无形资产，最终为企业带来实际的经济利益。因此，各利益相关者都会关注在企业社会责任评价报告中披露的有关资源配置和环境保护方面的信息。

5）对政府、社会的意义

企业经营过程中所需要的社会资源是由政府进行配给的，政府是企业获得国家资源的保证，同时企业受政府的监督。政府通过对企业是否为社会创造就业机会，能否积极纳税等社会责任的履责情况进行评价，根据评价结果给予企业不同的资源配置及优惠政策。

4.3.2　企业社会责任报告评价内容

随着社会的发展，企业的追求已不仅仅局限于经济利益，而是扩展到与利益相关方进行沟通和交流、发布社会责任报告以及履行社会责任。及时披露社会责任信息,有助于改善企业管理、提升企业形象、促进企业可持续发展,是利益相关者进行决策时非常看重的依据,受到了各利益相关方的广泛关注。但现阶段我国只是鼓励企业定期披露社会责任信息,并没有形成强制性的考核标准,因此,在报告的质量上也出现了"良莠不齐"的现状。社会责任报告评价内容框架见图4-6。

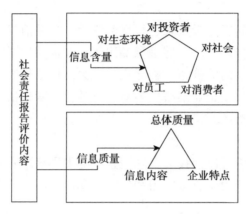

图4-6 社会责任报告评价内容

1. 信息含量

企业社会责任报告作为企业社会责任信息的载体,既可以帮助利益相关者查阅相关信息、作出评价和决策,又可以帮助企业提升自身形象、推进社会责任管理的过程。社会责任报告中的主要内容包括以下几方面。

1)企业对投资者的社会责任

由于企业的最终目标是实现利润最大化,因此,企业进行生产经营的首要目标是实现利润的不断增加。作为投资者,股东入股和债权人投资的根本目的是获取利润。为了实现可持续发展的目标,企业应该做到在满足自身利益的同时,更好地承担股东与投资者的社会责任。因此,企业社会责任信息披露内容中不能缺少反映企业财务状况、经营成果的相关信息。

2)企业对于生态环境保护的社会责任

中国自古以来就有"天人合一"的观点,提倡人与自然和谐相处。其中包括企业与生态环境的协调发展。在经济利益的驱动下,在过去相当长的一段时间内,企业一味地追求经济利益最大化,肆意排放污染物导致污染事故频发,粗放、掠夺性地开发资源造成自然资源浪费和环境污染,违反了可持续发展的理念,也不利于和谐社会的发展。在对中国100家上市公司的企业社会责任报告进行比较分析后发现,几乎没有企业会在报告中披露关于其二氧化碳排放量对全球气候变化的影响。50%的企业未对二氧化碳等温室气体减排进行说明,也没有披露涉及如何防止气候变化和节能减排等方面的信息。节能减排是企业在可持续发展中的重要措施。因此,在社会责任报告中不仅要说明在生产过程中所消耗的各种生产物料以及能源总量,还要对生产过程中产生的各种废弃物的排放量和具体的防治举措进行规划。

3）企业对于员工的社会责任

人才作为企业的核心资本应该受到保护。企业在披露社会责任报告时应对其在人力资源开发和保护方面的责任作出阐述，如保护劳动者的合法权益、各种劳动保护的实施措施、对职工的教育培训、创造的就业机会等诸多方面。

4）对消费者的社会责任

在市场经济竞争日益激烈的背景下，消费者会更加青睐产品和服务都安全可靠的企业。调查显示，食品企业很少发布可持续发展报告，或发布的报告质量不高，这主要表现为信息披露不充分或没有对出现的事故和问题等情况进行解释和说明。因此，想要实现可持续发展，企业需提供质量过硬的产品和优质的服务，建立完善的产品售后服务体系，并对相关信息进行披露，保护消费者的合法权益。

5）对社会公共福利的社会责任

企业作为社会成员的一部分与社会密不可分，企业的发展离不开社会支持，社会的进步也离不开企业推动，二者相辅相成，缺一不可。企业可以通过捐赠解决就业问题，帮助弱势群体参与到社会活动中，在履行社会责任的过程中提升自身的影响力。

2. 信息质量

经济全球化在促进世界经济发展的同时也带来了许多负面影响。为了加强经济全球化的正向作用，应积极推动企业加入履行社会责任的团队，提高企业社会责任报告的信息质量，形成全球企业的共同行动目标。随着企业社会责任报告制度的不断完善，中国企业社会责任报告的信息质量整体上有所提高，但同时也存在着一些问题，需要企业进一步重视并予以改进。

1）总体质量

在信息披露的过程中，一般企业对经济、社会、环境三方面的经营管理和绩效水平都能较好地陈述，但对治理情况、战略布局等方面只是简单地阐述愿景，没有提供具体的实施计划，报告的总体质量偏低。

2）信息内容

从企业社会责任报告披露信息内容上看，有关员工培训信息的披露最多，解决失业员工安置和社会就业的方案最少；在环境信息的披露上，有关绿色办公和节能减排的方案最多，环境治理方案最少；在资源信息的披露上，有关节约资源的口号最多，具体解决方法最少。此外，很多企业披露绩效信息时"报喜不报忧"，没有对责任管理和战略管理提出具体可行的方案，披露内容不够全面。

3）企业特点

一般情况下，由中央企业控股、金融类或国有背景的企业，掌握较为广泛且优质的社会资源，并且直接接受国资委等相关部门的严格监管，其企业社会责任报告内容大多全面、完整、科学，处于领先地位，能有效地带动其他企业发布高标准的社会责任报告。

为了提升报告的质量水平，应当严格按照法律要求全面披露相关信息，对勇于披露负面信息的企业给予表彰奖励，鼓励企业对不足之处提出改进措施。在披露企业愿景及未来的战略规划时，不仅要在宏观层面进行阐述，还要作出详细的计划。并在大型国有企业的带动下，提高企业社会责任报告的整体水平，全体企业共同为社会发展贡献力量。

▶ 4.3.3 企业社会责任报告的评价构成

1. 企业社会责任报告评价的标准

企业社会责任信息披露受到越来越广泛的关注，但要得知企业实际履责的质量和程度，就需要制定一系列标准对不同企业的社会责任报告进行客观评价。相关标准可以帮助企业充分了解社会责任报告应当涵盖的内容，同时也可以促进企业回溯自身的履责情况。

1）企业社会责任报告的内容界定

（1）内涵分析。对企业社会责任报告的内涵分析是界定企业社会责任内容的必要前提。国内外学者对企业社会责任报告的内涵有不同理解，达成共识的部分包括：社会责任报告的本质要反映企业对各利益相关者所承担的责任，其目的在于促进全社会和谐可可持续发展。企业为了实现利润最大化、股东权益最大化的目标并实现自身的长期发展，就必须承担相应的环境责任、经济责任以及社会责任。

（2）内容的界定。企业社会责任报告的内容应该包括企业已经履行、正在履行或者计划履行的社会责任活动。企业作为一个商业组织和社会的经济细胞，在创造利润的同时，还要考虑到各利益相关方的关系，包括保护并规范投资者的回报率、消费者权益以及员工生产安全和其他相关的合法权益。同时，促使企业能够主动地遵守商业道德、合理利用资源、保护生态环境、支持参与公益事业、承担社会责任。本书根据中国国情，结合GRI在2011年基于《可持续发展报告指南》草案发布的G3指南中的内容，认为企业社会责任报告中的主要内容应包括员工、社区、政府等多个方面，具体内容见表4-2。

表 4-2 社会责任报告主要内容

序号	内容
1	员工薪酬福利、生命健康和安全等相关问题
2	社区问题
3	政府及社会问题，即关注犯罪、支持公益及慈善事业
4	投资者，即资本保值增值、还本付息能力
5	环境及资源，即污染控制、环境恢复、节能减排
6	客户、供应商及合作伙伴
7	消费者，即产品质量、产品价格
8	其他类

2）企业社会责任报告的质量特征

为了向公众展示自身社会责任感，大多数企业通常选择对外提供社会责任报告，向公众展示其社会责任履行情况，树立良好的企业形象，从而获得更多经济利益以实现可持续发展。想要实现可持续发展，企业对外披露的信息必须有助于利益相关者使用与决策，而社会责任报告的信息是否有效，取决于以下五个方面的质量特征。

（1）企业社会责任报告的相关性。相关性是指利益相关者的决策结果是否可以被企业社会责任报告决定。社会责任报告的相关性体现在企业对外提供的报告信息，能够使利益相关者根据现有的数据评估企业未来可能发生的事件。例如：作为股东最关心的是投资是否能够得到回报，因此，股东会了解企业资本运行情况；债权人关心资本是否可以按时收回，因此更重视企业的还本付息能力；员工关心工作的回报率和安全性，因此更注重薪酬福利及安全健康；作为购买者和消费者则关心产品或服务的价格和质量等。各利益相关方在进行决策时都会依据企业发布的社会责任报告，寻找与自身密切相关的信息。

（2）企业社会责任报告的客观性。客观性是指企业社会责任报告的内容应当真实、完整并保持中立。其中，内容完整，强调报告应包含企业全部正面和负面信息，不能为了维护企业形象而选择忽略负面信息；客观真实，强调在反映企业状态时应以企业客观情况为依据；保持中立，是要求企业在披露信息时实事求是、不偏不倚，不得出现有意曲解、掩盖事实的行为。

（3）企业社会责任报告的及时性。及时性是指企业社会责任报告具有一定的时效性，企业在对外披露信息时不能提前或延后，要及时地将信息对外公布，促使利益相关者能够及时掌握信息，及时作出决策。

（4）企业社会责任报告的可比性。企业社会责任报告的可比性分为横向可比性和纵向可比性。横向可比性就是在同一行业内不同企业之间的绩效对比，前提是这些可比的企业的编制标准具有一致性；纵向可比性是企业内部在编制报告时要保持一致，并且前后期之间具有一定可比性。这样可以保证利益相关者有据可循，通过对比找到需要的信息，从而作出决策。

（5）企业社会责任报告的清晰性。清晰性是指企业社会责任报告要保证清晰明了、容易理解。企业对外提供社会责任报告的目的是让社会公众读懂并且作出相应的决策。如果利益相关者无法读懂报告的内容，那么就丧失了报告的意义。因此，企业对外提供的社会责任报告应当清晰明了、易于理解，使利益相关者可以根据报告作出判断，保护自己的合法权益。

2. 企业社会责任报告评价的方法与指标参数

1）评价的方法（表4-3）

表4-3　社会责任报告评价方法分类

分类标准	评价方法
根据评估人身份不同	大众评估和专家评估
根据评估范围不同	专题评估和全面评估
根据评估对象不同	原则评估和内容评估

根据不同的标准，企业社会责任的评价方法有不同的划分类别，在使用及适用方面也不尽相同。根据评估人身份，评价方法可以划分为专家评估与大众评估。在企业社会责任报告发展初期，由于读者积累不够、缺乏相关知识等原因，一般采用专家评估法；在社会公众普遍拥有相关知识后，可以采用大众评估的方法对企业社会责任报告的质量进行评估。根据评估范围，评价方法可以划分为全面评估与专题评估。在责任报告的评估早期，

由于经验积累不足，对企业社会责任报告很难做到深入全面的评估，近几年，随着评价工作经验的逐步积累和方法的完善，针对某个专题领域进行深入评估的专题评估方法应用更加广泛。根据评估对象，评价方法可以划分为内容评估与原则评估。这两种方法分别从报告的内容要点与原则两个角度出发，多数评估项目会采用内容与原则相结合的方法。

2）评价指标

中国企业社会责任报告评价指标包括以下四个方面。

（1）参与性指标。利益相关者会根据自身利益有侧重地关注企业社会责任报告，其参与形式包括书面交流、调查、信息反馈、企业顾问小组、社区小组等。参与性指标可以反映企业在编制社会责任报告的过程中，是否考虑了利益相关者的诉求。

（2）经济绩效指标。利益相关者想要了解一家企业及其可持续发展能力，就必须关注其经济绩效，因此，经济绩效指标既是评价社会责任报告的重要部分，也是考核企业在社会可持续发展中所做贡献的方法。

（3）环境绩效指标。环境绩效指标侧重分析企业自身行为是否会对空气、土地、资源、水、能源等环境带来影响和威胁，以及企业是否有相应的改进措施，如包括能源和物料的消耗及节约等。

（4）社会绩效指标。社会绩效评价指标主要包括：劳工措施、人权、社会发展及产品。具体如下：劳工措施方面主要涵盖劳动安全、劳动健康、劳动者培训等方面；人权方面主要包括劳动者的自由选择权、消除就业歧视，保护女职工和未成年人的合法权益；社会发展方面主要包括对贿赂贪污行为的披露及改进措施；产品方面主要包括是否影响消费者的健康、对个人隐私权利的保护和相关服务等信息。

上述指标作为评价企业绩效的重要标准，可以客观反映出现代企业的管理水平，更好地对企业发布的社会责任报告作出评价。

-------------------------------【 本章小结 】-------------------------------

企业社会责任报告是以明晰性、持续性和可比性为原则，反映企业自身价值和企业可持续发展能力，向利益相关者及社会公众披露企业在经济、社会、环境等方面的履责信息报告。

为保证企业社会责任报告发布信息的质量，报告的编写需要遵循一定的原则。GRI《可持续发展报告指南》中对企业社会责任报告的编写制定了六项原则：平衡性原则、可比性原则、准确性原则、时效性原则、清晰性原则和可靠性原则，使报告更为准确、透明，帮助利益相关者了解有价值的信息。《中国企业社会责任报告指南》将企业社会责任报告的编制分为组织、策划、界定、启动、研究、撰写、发布、总结八个阶段。

政府及社会作出资源配置决策时，投资者作出投资决策时，甚至消费者作出购买决策时，都需要参考企业对外提供的社会责任报告评价。社会责任报告的评价内容主要包括信息含量和信息质量两个方面。企业社会责任报告评价的方法包括大众评估和专家评估、专题评估和全面评估、原则评估和内容评估。企业社会责任报告评价指标包括：参与性指标，经济绩效指标，环境绩效指标和社会绩效指标。

---------------------------【关键术语】---------------------------

企业社会责任报告　　GRI　　SA 8000　　AA1000　　企业社会责任报告评价

---------------------------【复习思考题】---------------------------

1. 什么是企业社会责任报告？企业社会责任报告的作用有哪些？
2. 企业社会责任报告的编写流程是什么？
3. 怎样进行企业社会责任报告的编写和评价？

---------------------------【推荐阅读】---------------------------

[1] 沈洪涛. 国外公司社会责任报告主要模式述评[J]. 证券市场导报，2007(8): 7-13.
[2] 中国石油化工集团有限公司社会责任报告 2021．（中国石油化工集团官网）

第 5 章
责任投资与责任消费

> **学习目标**
>
> ◇ 理解责任投资、伦理投资、绿色投资的含义
> ◇ 掌握责任投资的主要策略
> ◇ 理解责任消费的狭义内涵和广义内涵
> 了解社会责任消费行为的测量
> ◇ 掌握责任消费与责任投资对企业社会责任行为的影响

开篇案例　　　　　　　责任驱动：让金融更有温度

2021年1月，兴业银行在2020中国企业社会责任云峰会上获"2020中国社会责任杰出企业奖"。

在获奖的背后，是兴业银行将社会责任纳入集团发展战略的核心布局。兴业银行以可持续发展作为公司的治理理念；在企业社会责任实践中，又创造性地提出了"寓意于利"的模式，以期在提升企业经济效益、实现社会环境效益两个方面实现共赢。2019年底，MSCI公司（Morgan Stanley Capital International）——全球最大的指数公司明晟公司发布的ESG（Environmental，Social and Governance）指数显示，兴业银行当年的评级由之前的BBB级上升为A级，而A级是中国银行业的最高评级。2020年，兴业银行再获评A级，连续两年位列中国银行业最高评级。

兴业银行是中国绿色金融的引领者，自2006年就开始在中国开拓绿色金融市场，每年都会主动披露节能减排等与环境责任有关的指标。截至目前，经过10多年探究，兴业银行已建立了一套品类齐全的绿色产品服务体系，环保理念、社会责任理念已经深入兴业银行经营、业务、客户服务等各个领域。

兴业银行一手打造的银行平台商业模式，将金融与科技深度融合并加以创新，为中

小金融机构建设信息系统提供运营维护服务，并将金融服务延伸到农村地区，为农村金融机构解决支付的难题。

近年来，兴业银行还致力于"绿色扶贫"，探寻出一条绿色生态脱贫之路。2018年，兴业银行贵州分行为位于贵州省东南部的天柱县提供了11.7亿元的授信支持，用于鉴江小流域治理，一方面通过拓河道、固堤坝、种绿植、扩建污水处理厂等方式防治水土流失，改善生态环境；另一方面依托治理好的鉴江，打造露营、漂流、水景等旅游项目，发展文化旅游业，为当地贫困人员提供就业机会。除贵州外，江西、新疆、甘肃、青海、云南等贫困人口较多的省份也是兴业银行的绿色生态脱贫战略实施的受益者。到2020年年末，兴业银行已累计投放126.9亿元绿色资金用于脱贫攻坚和乡村振兴。

资料来源：
兴业银行七年蝉联"年度最具社会责任金融机构奖"[EB/OL]. 中国新闻网，2017-06-29.
兴业银行获得"2020 中国社会责任杰出企业奖"[EB/OL]. 大众网·菏泽，2021-01-27.

5.1 责任投资的内涵

5.1.1 伦理投资

1. 伦理投资的内涵

伦理投资（Ethical Investment）是一种基于伦理精神的投资方式，是由价值观驱动的投资。在经济和社会的发展历程中，人们不断地探求经济、社会和伦理道德之间的相互关系和相互作用，进而产生了伦理投资这一投资模式。

早在18世纪，伦理投资就在美国和英国出现，一些有宗教信仰的投资者，如贵格会（The Quakers）和卫理公会（The Methodist Church）的教徒会在他们的投资组合中剔除与烟草、酒精等相关的投资，以反映他们对社会和政治问题的道德观点或信仰，形成了现代社会责任投资的萌芽。到20世纪60年代至90年代中期，环境保护、反种族主义、反越南战争等一系列社会运动让公众的视线转移到社会问题上，投资的社会影响得到了广泛的认识与重视，并掀起了一股社会责任投资的新浪潮。

1971年，一些投资者因对越南战争持反对态度而走到了一起，他们在投资中选择规避所有与越南战争有关的企业，此举直接催生了世界上第一支真正意义上的责任投资基金——帕斯全球基金（Pax Word Funds），并首次系统性地提出负面筛选标准。此后，世界范围频繁出现致使环境遭遇破坏的事件，如印度的博帕尔毒气泄漏、苏联切尔诺贝利核爆炸、美国"埃克森·瓦尔迪兹"号油轮漏油，加强对环境的保护日益引起人们的关注。受其影响，与环境保护有关的基金开始问世，如美国于1982年推出了第一支真正将环境指标明确纳入考核标准的绿色投资基金，英国于1988年推出了第一支可持续发展基金。

20 世纪 90 年代末，随着经济全球化的发展，环境变化、社会问题和社会责任问题日益突出，投资者开始有意识地规避那些具有较差环境和社会信用记录的企业，转而关注环境、社会和企业内部治理等非财务指标，以确保企业的可持续发展。这一时期内，投资者更多根据个人偏好或特定的价值需求进行投资，并未形成一套完善的理论体系或执行体系。进入 21 世纪，投资者对改善风险或收益结果的渴望促使其开始关注伦理投资。2006 年，联合国责任投资原则组织（The United Nations-supported Principles for Responsible Investment，UNPRI）成立，令伦理投资原则开始成为全球伦理投资领域内的基本行为准则。这一时期的特点是伦理投资逐渐向专业化转变，受到主流投资界的普遍认可。

伦理是指一系列处理人与人、人与社会的相互关系所应遵循的行为规范。从宏观的视角来看，伦理就是处理全社会各类关系的一般原则。大部分金融相关理论的提出者都认为金融学是一门科学，不应当要求其做什么基于伦理规范的价值判断。然而事实上，诸多金融行为不仅仅具有技术上的特征，而且也能凸显金融相关人员在处理金融关系时是否具备良知。伦理投资的出现与发展，能够梳理并调整社会中现存的投资理念，正确认识和理解投资行为中的"义"与"利"，并进而在全社会推动伦理规范水平的提升。

学者们从不同的角度界定了伦理投资的内涵。有些学者认为应当将伦理投资与一般的金融投资区分开来，伦理投资是以基于伦理价值的判断而形成的投资理念为指导来设定投资组合，也就是在选择将哪些企业的股份或股票放到证券投资组合时，要基于伦理规范或社会标准作出判断。有些学者认为伦理投资就是在做投资决策时，同时考虑经济收益、社会影响以及个人的价值判断。有些学者从伦理投资的意义或目标出发来界定这一投资模式，认为能够推动实现社会和谐发展的投资行为就是伦理投资。在此基础上，另外一些学者对比了伦理投资与其他新出现的投资术语，认为这些称谓从内涵上来讲并没有太多区别，如英国倾向于使用伦理投资这一概念，但是在美国更常用的术语是社会责任投资。除伦理投资和社会责任投资外，与之相类似的术语还包括社会事业投资、绿色投资、目标投资、发展和战略性投资等，可将它们视为伦理投资的别称。其中，最常用的是社会责任投资和绿色投资。

进一步理解伦理投资的内涵，首先需要对伦理投资和常规投资加以区分。西方学术界普遍认为常规投资主要是指金融投资，而金融投资的主要特点就是在做投资决策时，仅考虑利润最大化这一单一目标，而忽视了投资项目和金融产品是否符合伦理道德规范。与之相对应，伦理投资当然也要考虑投资回报，但同时会更加关注投资决策的伦理诉求，除实现利润目标外，也会对投资项目和金融产品的环境效应、社会效应进行通盘考量，体现出伦理投资者对整个社会环境和自然环境的伦理关怀。在实际操作中，伦理投资更容易获得社会大众的价值认同，即使价值观有所不同的人也能够在具体的投资项目或投资方向上达成一致，如出于加大环境保护力度、扶助低收入群体、禁止毒品等目的而进行的投资往往更容易得到各方的认同。

总结来说，伦理投资是一种新型的投资模式，它追求的终极价值目标是以投资决策为驱动力改变这个世界，致力于创造更加美好的社会。伦理投资依托于伦理道德规范，综合考量经济、社会和伦理之间的相互关系，在投资过程中践行伦理精神，既关注投资的经济效应，追求长期投资回报，同时又以实现利润目标为基础，关注人与自然的和谐共生，推动实现社会公平公正。伦理投资是一种科学的投资模式，既能够保证实现长期的投资收益，确保投资的可持续性，又能加大对生态环境的保护力度，提高人们的生活水平和生活质量，促进社会公平正义的实现。

2. 伦理投资的特征

（1）伦理投资反映了投资主体的价值观。当前社会是一个多元化的社会，尽管经济全球化拉近了各国各地区的距离，但是各国的传统道德观念仍有较大区别，因此在伦理判断方面很难完全达成一致。一个社会由不同群体构成，而每个群体都有自己的价值观，来自不同群体的投资主体基于不同的价值判断，会作出不同的投资决策，而这些投资决策能够反映出投资主体不同的伦理投资动机，体现出投资者有差异的伦理偏好。例如：海洋资源组织认为，投资决策应当有助于支持环保事业；从事教育事业的人员则认为赌博、酒精制造以及烟草类企业是他们在选择投资目标时一定要回避的，因为这些企业所从事的生产经营活动有损于学生的身心健康；宗教机构则会拒绝投资和自身信仰有冲突的企业。每一类群体基于不同的价值理念会有不同的投资选择，但是他们都认为自身的投资行为是正确的伦理选择，有助于推动构建一个经济可持续发展、生态环境和谐、实现公平正义的未来社会。

（2）伦理投资着眼于创造长期价值。伦理投资追求的并非眼前的短期利益，而是考虑长线投资，着眼于长期的投资回报，将经济利益、社会发展、个人权益结合起来进行考量，追求投资的可持续性。正是由于追求可持续性的长期投资，伦理投资才能够拥有获得长期回报的前提和基础。伦理投资者在作出投资决策时，不仅考虑当前的投资收益，而且着重考虑社会公众的长远利益，考虑投资项目对整个社会的作用，全盘考虑投资者的个人收益和全社会的收益，做有助于社会可持续发展的投资。在此过程中，社会的可持续发展就能带来投资项目的可持续发展，个人的经济收益和整个社会的收益都能够得到长期保障。

（3）伦理投资以解决社会问题作为初衷，关注个人的自由发展，更关注整个社会的可持续发展。一般意义上的金融投资往往不会考虑社会问题，也不会考虑个人发展的需要。然而，任何一个投资项目都是在社会大环境中进行的，涉及方方面面的个体行为，因此，社会问题的存在以及人与人之间的矛盾冲突，不可避免地会严重威胁到常规金融投资的安全。经济的快速发展往往伴之以无法回避的社会问题，如悬殊的收入水平、遭受破坏的生存居住环境、不稳定的地区局势等，而所有这些问题都在不同程度上影响着投资项目的经济收益。在这一背景下，伦理投资在进行投资决策时，会全盘考量社会大环境，考量个人基本权益的保障，致力于创造一种经济与社会双赢的投资模式，既能够获得投资收益的回报，又能尽量解决社会存在的问题，助力于个人实现自由发展。在伦理投资者看来，每个投资者都应当承担推动个人和社会协同发展的义务。与此同时，作为资本的拥有者，投资主体们也拥有承担相应义务的能力或条件。

基于伦理投资的以上特征，可知伦理投资者是以长期价值作为追求的目标，致力于实现经济、社会、生态和人的协同发展。伦理投资主体希望借助于手中所拥有的资金，依托于自身的伦理价值判断，作出与伦理相符的投资决策，以期达到化解社会问题的目标。

5.1.2 绿色投资

1. 绿色投资的内涵

绿色投资是一种不同于传统投资的新型投资模式,这一投资模式以可持续发展的要求为指引,同时考虑可持续的社会发展、良性循环的生态系统以及人与自然的和谐共生,致力于实现人类社会与自然环境的共赢。绿色投资模式之所以诞生,主要是因为人类经济活动与自然资源及环境保护之间的矛盾冲突日益加剧。一方面,人类在发展经济的过程中,对自然资源进行了或进行着掠夺性、破坏性的开采,缺乏对生态自然环境的保护,致使不可再生资源加速衰竭、自然环境和气候不断恶化;另一方面,许多国家已经具备社会责任意识,环境保护的理念也开始深入人心,与此相适应,大部分国家开始建立并逐步完善相关的制度体系,以加强对环境的保护,促进经济的可持续发展。在具体措施方面,各机构及市场主体也开始在不同领域探究如何履行社会责任,实现对环境和自然资源的保护,投资领域中的绿色投资就是其中的重要举措。这一投资模式的实施将会对各国或地区的经济增长方式的转变、自然生态环境的保护以及人类社会的可持续发展带来积极影响。

我国学者通常将其理解为环境保护投资,建议建立绿色投资制度,保护环境,发展生态产业,实现经济社会的可持续发展。我国学者通常将绿色投资与绿色税收、绿色流通以及绿色消费放到一起进行讨论,认为绿色投资就是"在一定的社会条件下,投资主体以环境保护观念为指导,以追求预期的经济收益和环保收益为目的而进行的一种投资活动"。西方学者则主要从企业的社会责任角度考量,将绿色投资等同于"社会责任投资"(Socially Responsible Investment,SRI),认为它是同时遵循社会准则、环境规则以及利润回报原则的投资模式,在进行投资决策时会同时考量经济、社会和环境这三重底线。

2018年,中国证券投资基金业协会发布了《绿色投资指引(试行)》,对绿色投资进行了如下解释:"绿色投资是指以促进企业环境绩效、发展绿色产业和减少环境风险为目标,采用系统性绿色投资策略,对能够产生环境效益、降低环境成本与风险的企业或项目进行投资的行为"。就投资范围而言,绿色投资应致力于环境保护、资源循环利用以及低碳型经济发展和社会生活模式,以达到提能增效、降低能耗、减少排放、节约资源、治理环境等目标。

综上所述,可知绿色投资有三层含义:①投资者的投资决策以保护环境为目标,力求达到经济、社会、环境的协同发展以及人与自然的和谐共生;②在保护环境的同时,绿色投资也关注降低失业率、增加就业岗位、增强人类身体素质、提升健康水平等投资决策的社会效益;③在确保环境收益和社会收益实现的基础上,追求经济利益,提升绿色GDP(Gross Domestic Product)。相较于伦理投资,绿色投资追求的目标或者是进行投资决策的动机较窄,主要与减碳、减排等环境保护的举措有关,在选择投资项目和投资目标企业、设计投资组合时,投资主体主要考虑的是对项目和目标企业的环境效应进行评估。

2. 绿色投资的目标

绿色投资的主旨在于通过环境保护实现经济、社会和环境的可持续发展，其投资策略的确定有着很深刻的伦理层面的思考。绿色投资的主要目标有如下几点。

（1）发展绿色环保产业。投资主体将资金优先导向那些具有较高环境效益的项目、企业或产业，在节能环保领域打造产业链条，提升清洁能源的开发和利用水平，提升环保标准，发展节能环保型产业。

（2）循环利用资源，促进可持续发展。开发生产可再生能源以及着力提升资源循环利用水平的企业和产业是绿色投资者优先选择的投资目标，其目的是推动产业结构沿着可持续发展的方向转型。

（3）促进清洁高效的低碳产业的发展。将碳排放水平作为选择投资目标的重要依据，优先选择具有更高资源利用率、碳排放水平更低的企业。

（4）打造负责任的企业。绿色投资者利用手中的资金，督促投资目标企业从环境保护、清洁能源的利用、资源的循环使用等方面来提高环境绩效，同时提升环境责任方面的信息披露水平。

3. 绿色投资的原则

为实现绿色投资的目标，投资主体需遵循以下原则。

（1）保护环境的原则。绿色投资主体在进行投资决策时，要将环保因素充分考虑在内。在具体进行投资开发时，要关注投资项目对环境的影响，避免威胁或破坏生态环境。当然，绿色投资者进行的投资项目也属于人类的经济活动，在开发和生产过程中难免对环境造成不同程度的影响。但投资者不能任由这种影响扩大化，而是要在开发和生产之前进行科学、精确的预测，尽可能减少对环境的影响，且要做好后期助力生态环境自我恢复的预案。

（2）节约资源的原则。绿色投资要按照减量化（Reducing）、再利用（Reusing）、再循环（Recycling）的循环经济的"3R"原则进行投资决策，综合利用物质资源，提高利用效率，节约资源，保护资源，实现可持续发展的目标。在资源利用方面，要考虑代际公平，不仅要考虑当代人经济发展和社会生活的需要，还要考虑当代人对资源的利用不能对后代人满足其需要的能力造成威胁。遵循节约资源的原则，就是要求投资者在进行投资决策、选择投资项目时，要将资金导向较少耗费不可再生资源、以较少投入获得较高产出、资源利用效率高的产业，并尽量选择致力于开发和使用可再生资源的项目。

（3）三重效益原则。三重效益是指经济效益、环境效益和社会效益，绿色投资要通盘考虑这三重效益。经济效益是指投资应能取得一定量的经济收益，这是绿色投资的基础，经济收益得不到保障的投资是难以持续的。社会效益是指绿色投资项目应能促进社会公平正义，推动社会发展和人类进步，达到经济增长和社会发展齐头并进的目标，这也是绿色投资者拟达到的最高目标。环境效益是指在投资项目实施的过程中，关注对人类所生存的自然环境的保护，提高生态环境的质量，发展环境友好型的投资。实现环境效益是绿色投资者的基本任务，也是投资活动所产生的社会效益的重要一环。

（4）公平正义原则。基于这一原则，投资者应避免将资金投向那些损害人体健康、引致社会割裂、加剧社会不平等、易造成社会冲突甚至引发战争的项目或领域，而是要投向那些致力于促进公正公平、维护社会和平安宁的项目。只有在一个公平正义的大环境下，投资者才能长期获得稳健的投资回报；只有投资活动致力于促进社会的公平正义，才能得到社会公众的普遍认可和支持，否则就将失去生命力、缺乏持久性。

5.1.3 社会责任投资

1. 社会责任投资的内涵

社会责任投资是在追求投资的经济效益的同时关注社会福祉，同时兼顾"利"与"义"。作为一种特别的、新型的投资理念，社会责任投资在选择投资企业时不仅关注其财务、业绩方面的表现，同时还要关注企业履行社会责任的情况。在传统的投资模式上增加了对企业环境保护、社会道德以及公共利益等方面的考察，是一种更加全面的投资方式。与追求经济利益为单一目标的传统投资模式相比，社会责任投资不仅考虑经济效益，同时也考虑环境效益和社会效益，基于三重效益原则来选择投资方向，以期真正实现企业的长期价值（表5-1）。

表 5-1　社会责任投资与传统投资模式的对比

对比事项	社会责任投资	传统投资
投资主体	关注社会责任履行的个体或机构	关注投资收益的经济人
指导原则	经济、环境和社会的协同发展	利润最大化
发展理念	可持续发展	投资回报和经济增长
投资目标	经济、社会、环境等三重效益	经济效益
投资对象	履行社会责任的企业	追求经济利益的企业
实现方式	在履行社会责任理念的指导下选择投资组合筛选、股东倡导、社区投资等方式	以经济利益为指引选择投资项目
投资效益	在经济、环境和社会各领域实现共赢和可持续发展	经济效益

社会责任投资理念随着历史的发展不断演进，其内涵也在不断丰富。与社会责任投资类似的有关概念还包括上文提到的伦理投资、绿色投资，也包括可持续投资。虽然伦理投资比社会责任投资起步早，但由于社会责任投资不再局限于伦理范畴，加入了新的元素，因此具有更加宽泛的含义，得到了广泛应用。到20世纪80年代，社会责任投资已经逐渐取代伦理投资。而绿色投资主要指与环境问题相关的投资，与之相比社会责任投资的概念也更为宽泛。进入21世纪以来，可持续投资被普遍接受。社会责任投资既考虑投资活动的收益，也考虑财务目标是否实现。同时，投资者在投资过程中还关注企业的环境、社会和公司治理（Environment, Society and Governance，ESG）绩效，而可持续投资是在投资决策时考虑企业ESG方面的风险与机会的投资，其目的不是获得短期资金回报，而是以实现环境、社会和企业可持续发展为前提，从企业的不断发展中获得资金回报。以慈善捐赠为例，虽然慈善捐赠是企业承担社会责任的良好手段，但是如果企业仅仅为了社会形象而捐

赠，对企业的存续和社会环境的可持续发展作用不大，那么社会责任投资者就不会将此对象纳入投资的考虑范围。

2. 社会责任投资的发展历程

社会责任投资的前身是道德投资或伦理投资。早在数百年前，犹太人就制定了许多建立在伦理道德规范基础上的投资原则，用来指导和约束商人的商业行为。16世纪40年代末，乔治·福克斯（George Fox）在英国创立了贵格会。该教派的教徒倡导自由，信奉人性本善，反对宗教迫害，反对暴力，主张包容，欢迎所有教派的教徒加入贵格会。贵格会也用这些规范或标准来约束教徒的投资活动，要求教徒不能参与武器交易和奴隶贸易，不能从不道德的交易中渔利。贵格会教徒被视为第一批道德投资者。18世纪中叶，美国卫理公会创始人约翰·卫斯理（John Wesley）号召"使用金钱的人不应该参与罪恶的交易"。不过，社会责任投资的发展历程见图5-1。当时的社会责任投资理念对主流投融资活动并未造成显著影响。

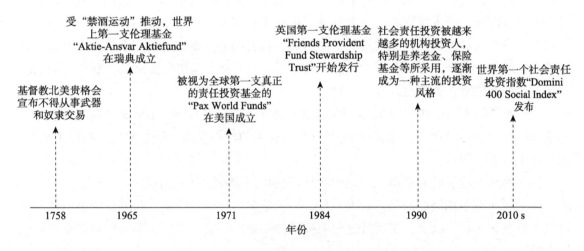

图5-1 社会责任投资发展历程

资料来源：社会价值投资联盟（China Alliance of Social Value Investment, CASVI）

现代社会责任投资出现于20世纪60年代的欧美国家。当时欧美国家开始出现环境问题加上越南战争、南非种族隔离等社会政治事件，一部分思想进步的投资者开始通过投资行为来表达自己的政治诉求和价值取向，社会责任投资也在较狭窄的范围内由受宗教教义或戒律约束的宗教教徒来施行转向在更广的范围内更多的个体或机构参与，且社会责任投资者的视线也转向了对更宽泛的社会问题的关注，如越南战争和南非种族隔离。1965年，"禁酒运动"盛行的瑞典成立了安森维尔基金（Aktie-Ansvar Aktiefund）。该基金的核心策略是将酒精、烟草企业从资产组合中剔除。此外，为反对越南战争，投资者积极抵制化工等相关行业，出售或拒绝购买那些"发战争财"企业的股票。美国帕斯全球基金是第一个将那些利润来自越南战争的企业剔除在投资组合外的伦理基金，并在西方投资市场中掀起了一股发展社会责任投资基金的新潮流。不难看出，在社会责任投资的早期实践中，其指导思想仍与道德投资秉持的"筛选与剔除"理念一致。

20世纪70年代,西方投资者日益关注社会责任,教会、大学、个人纷纷通过投资战略向当时实行种族主义统治的南非白人政府施压,发起并倡导"南非撤资运动"。这场运动的关键成果是形成了日后的"苏利文原则"。里昂·苏利文(Leon Sullivan)是非洲裔美国传教士,也是当时美国通用汽车的董事会成员。里昂·苏利文提出的"苏利文原则"要求企业经营的条件之一是应当保证所有肤色的员工获得平等待遇,且无论是否在工作场所,资方都不得设立隔离环境。该原则直接违背了种族隔离时代南非政府所实行的种族歧视与隔离政策,因此企业如果遵循"苏利文原则",就不能在南非继续经营。1986年,要求企业从南非撤资的行动已上升到联邦立法的层面,大批企业从南非撤资,这迫使南非政府不得不着手解决种族隔离问题,并最终废除了种族隔离制度。

此后,随着波帕工业灾害事件、切尔诺贝利核电站泄漏事件、"埃克森·瓦尔迪兹"号油轮泄油事件的接连发生,以及全球变暖和臭氧层破坏等信息的发布,投资者越来越关注环境问题。而随着发达国家生产基地向发展中国家转移,发展中国家工人的人权、健康、工作环境等问题也进入投资者的思考范围。来自发达国家的投资主体在作出投资决策时,已经对经济利益和社会责任一视同仁,认为二者具有同等重要的地位。大量养老基金和共同基金开始将"苏利文原则"作为一种投资指引,对在南非从事商业活动并获取利润的企业限制投资或剔除在投资组合外。

"苏利文原则"在1977年初步制定,此后逐步完善,到1999年形成了新的"全球苏利文原则"。其总体目标是"使企业在经营时同时带动经济发展、社会发展和政治正义",包括以下9条原则:

(1)尊重人权,特别是员工、附近社区居民以及合作伙伴的人权。

(2)对企业不同层次的员工一视同仁,不分肤色、种族、性别、年龄、宗教信仰,提供公平就业和升职的机会;在运营过程中杜绝使用童工,禁止体罚、不公平对待女性和强制劳役。

(3)员工有自由结社的权利。

(4)帮助员工达到基本生活水平,为员工提供提升技能的机会和条件,以帮助员工获取经济和社会地位的提升。

(5)提供健康安全的工作环境,保护员工身体健康,维护所处环境,实现可持续发展。

(6)提倡公平交易,尊重和保护知识产权,禁止贿赂。

(7)从教育、文化、经济、社会幸福感等方面提升所在社区的生活质量,为弱势群体提供培训和就业机会。

(8)与商业伙伴一起共同提倡和执行全球苏利文原则。

(9)提高透明度,及时向外界披露相关信息。

时至今日,社会责任投资已经蓬勃发展,根据哈佛大学肯尼迪研究中心的报告,截至2018年年底,全球社会责任投资规模达到26万亿美元。其中,美国社会责任投资金额为12万亿美元。中国的社会责任投资则刚进入初步成长期。截至2019年年底,中国基金市场共有社会责任投资主题相关的基金 95 只，总规模约 74 亿美元。

5.2 责任投资策略

社会责任投资者包括个人、企业、学校、医院、基金会、养老退休基金、宗教团体及非营利组织等。这些投资主体一方面希望获取应有的投资回报，实现财务目标；另一方面则希望通过自身的投资活动推动经济社会的可持续发展，创建一个更加美好和平、公平正义的社会。在这些目标的指引下，社会责任投资可采用三类投资策略：筛选、股东倡导和社区投资。这三种策略各有优势，但都能促进投资者实现预期社会目标。目前责任投资使用最频繁的方法是筛选策略。此外，因为三种方法并不相互独立，所以投资者在实现社会责任投资时，可以同一时间采用多种不同方法。

5.2.1 筛选策略

依据英国和美国等西方国家的标准，筛选策略是指投资者在设计投资组合时，按照社会和环境层面的伦理道德标准来选择或评估公开交易的股票，作出是否买进、剔除的决策。筛选策略的主要依据是投资领域应受到道德监督这一准则影响，投资主体在设计投资组合时，应当把社会责任作为重要的指标。一般而言，筛选可以分为负面筛选和正面筛选两种方法。

1. 负面筛选

负面筛选也可以称为消极筛选。负面筛选一直都是社会责任投资中非常重要的投资策略，是指在筛选投资对象时，根据投资者的剔除标准，最大可能地剔除对社会产生负面影响的投资项目。传统的社会责任投资主体主要是一些宗教团体，在进行社会责任投资时，这些团体通常会采用负面筛选的方法，也就是根据本团体的宗教信仰及价值取向，将一些他们认为不道德的企业剔除在外。负面筛选的对象最早主要集中在烟草、酒精等行业，后来逐步扩大到侵犯人权、侵犯动物福利、破坏环境等方面。目前，各国各地区的社会责任投资者所使用的负面筛选标准一般包括酒精、烟草、博彩、生态环境、可再生能源生物技术、动物实验、人权、公司治理、劳工关系和工作环境、雇员多元化等。根据2016年美国发布的社会责任投资趋势报告，美国有30多个筛选标准可供社会责任投资者选择。同年，欧洲相关研究机构罗列了 7 类在社会责任投资实践中最为常用的负面筛选标准，同样包括烟草、酒精、博彩、动物实验等。

在社会责任投资发展初期，负面筛选是投资者采用的主要投资策略，且至今一直在使用，在社会责任投资中发挥着基础作用和把关作用。综合来看，在负面筛选标准下，社会责任投资者会主动回避以下类型的企业，在投资时将这些企业列入"黑名单"：烟草类产品的生产和经营企业；生产、买卖含酒精类饮品的企业；生产有毒物质以及生产经营活动会加剧全球变暖的企业；违反反托拉斯法、欺诈消费者或发生市场丑闻的企业；串通合谋侵犯人权的企业。

2. 正面筛选

正面筛选又称作积极筛选,是指在给定的范围内,以"白名单"的形式将那些关注员工权益、环境影响、社会影响、专注提升公司治理水平、致力于可持续发展的企业作为投资对象,将这些符合伦理道德标准的企业的股票选入投资组合中。

研究表明,负面筛选标准仅仅是使投资者将不符合标准的企业从投资组合中剔除掉,这在一定程度上确实能够表明投资者已经履行了基本的伦理道德责任。但是负面筛选往往难以使责任投资者主动把握符合标准的产品、企业,从而有可能错失好的投资机会,因此有必要引导并鼓励责任投资者关注正面因素,进行正面筛选。正面筛选能够使责任投资者主动依据经济、社会和环境的三重效益原则来筛选股票,将那些具有较高经济效益且同时在社会、环境等层面符合伦理标准、表现较好的企业的股票选入投资组合中。与负面筛选相比,可供正面筛选的企业数量会更多,且投资者能够更深入地了解和掌握这些企业在经济、社会和环境方面履行社会责任的具体表现。因此,欧美等西方国家认为正面筛选是最好的社会责任投资策略,机构投资者通常也会采用这一策略。

正面筛选的投资动机是"维护利益相关者"的利益,责任投资者会积极将资金投向那些对社会及各利益相关方有益的企业。在正面筛选策略的发展过程中,也形成了一套正向的选择标准。①关于如何识别和选择能够促进社会及环境可持续发展的企业,可采用如下标准:企业是否致力于发展新能源、研发可再生能源技术;是否关注和研发资源循环利用技术、废物处理技术、排污降尘技术以及水源清洁技术;是否致力于发展绿色公共交通。②关于如何识别和选择能够促进经济发展和人类健康的企业,可采用如下标准:是否致力于发展移动通信技术、互联网新技术;是否关注经济类和社会类基础设施的建设;是否致力于医药及医疗器械的研发和生产。

正面筛选已成为现代社会责任投资者更常采用的投资策略,他们往往会采用正面的、积极的筛选标准来选择投资对象。在实践中,正面筛选通常与行业最佳法结合起来使用。所谓行业最佳法,是指分别将不同行业中的企业的财务指标、社会和环境指标进行对比,在各行业中选择履行社会责任较好的企业并将其归类,在进行投资决策时,优先选择这些来自不同行业的有较好社会责任表现的企业。综合来看,在正面筛选标准下,社会责任投资者会主动选择以下企业,在投资时将这些企业列入"白名单":具备完善的联合工会制度、劳资关系良好、注重员工发展的企业;参与资源再回收再利用、降低垃圾产出、清洁环境的企业;在董事会独立、审计独立、执行索赔、选举权以及其他公司治理实践中有良好表现的企业;加大研发投入、提高产品质量、关注产品安全的企业;雇用少数民族员工、女性员工以及残障人士,并为这些员工提供参与企业管理机会的企业;重视人权保障的企业。

正面筛选策略的应用包括四个步骤:①确定投资市场或投资领域;②运用 ESG 方面的筛选标准来选择投资对象,构建投资组合;③运用传统的财务分析方法来分析投资组合中各企业的经济绩效;④调整投资组合中各企业或投资对象的权重。

上文提到的负面筛选标准和正面筛选标准通常被分别称为社会责任投资筛选的第一

代标准和第二代标准。而第三代筛选标准是将负面标准和正面标准结合起来进行投资对象的选择，这类标准被称为"可持续性标准"或"三重底线"标准，其核心是同时关注人类社会、地球环境以及经济利润，在做投资决策时，依据经济、社会和环境三重原则，选择社会责任履行情况良好的企业，剔除表现差的企业，以资金的流向来引导企业更好地履行相应的社会责任，为投资者和整个社会创造可持续的价值（表5-2）。2005年，美国使用投资组合筛选策略选出来的社会责任投资基金中，有超过60%的基金使用了5个以上的筛选标准，这些标准既包括正面筛选标准，也包括负面筛选标准。

表 5-2　最广泛使用的社会责任投资筛选标准

大类指标	具体指标
温室气体排放	以吨计的温室气体排放
	温室气体排放强度（温室气体/销售额）
水资源利用	用水量（立方米）
	循环利用水量占比
	用水强度（用水量/销售额比率）
能源利用效率和组合	能源消耗总量（千兆瓦），可再生能源使用比例
	能耗强度（能耗量/销售额）
废弃物（水、固体、危险品）	生产废弃物（吨）、危险废物占比
	循环利用废弃物占比
	废弃物强度（废弃物总量/销售额）
劳动力构成和多元化	劳动力性别构成
员工健康和安全	正式工和合同工的工伤事故率及致死率
招聘和人员流动	按主要员工类别划分的自愿及非自愿流动率
集体谈判协议	被集体谈判协议覆盖的活跃劳动力占比

3. 社会责任投资指数

投资组合筛选策略尽管得到投资者的普遍应用和一致认可，但在实践中仍然存在许多问题，如正面标准没有得到普遍认可、筛选标准无法统一、评估所需数据不够等。因此，企业在评估投资项目时能够有可供选择的一致标准就显得非常重要。为解决这一问题，一些国际知名的研究机构和投资企业创立了各类社会责任投资指数，一方面可以满足社会责任投资者在设计投资组合时挑选企业股票的需要；另一方面有助于反映社会责任投资基金的总体市场表现和履行社会责任的情况。社会责任投资指数实际上是以社会责任为主题的指数化投资，其最基本的功能就是反映成分股股价的变动趋势，为社会责任投资提供参考和依据。越来越多的投资者开始关注社会责任投资，然而单个投资者和投资机构往往不具备评价企业社会责任绩效的能力，也就难以筛选出社会责任表现良好的投资对象，更难以考察社会责任绩效良好的企业是否真的具有更好的市场表现和投资价值。这就需要专业机构开发社会责任绩效评估方法，并对企业的社会责任表现进行评估，然后筛选绩优者并计算指数,为社会责任投资者提供指导。经典的社会责任投资指数包括多米尼400社会指数、道琼斯企业可持续发展指数、卡尔弗特社会指数、FTSE4Good指数等。

1)多米尼400社会指数

多米尼400社会指数(Domini 400 Social Index,DSI)由KLD研究分析公司创立于1990年,是美国第一个以社会和环境主题为筛选标准的指数。该指数旨在为社会责任投资者提供一个比较基准和选择依据,并帮助投资者了解基于社会责任筛选标准选择出的企业财务绩效表现如何。DSI使用标准普尔500指数的传统社会性筛选准则,筛选出具有广泛代表性且有强烈企业社会责任性质的400家企业。这400家企业均不涉及酿酒、烟草等行业,且在平等机会、雇员关系、社区、产品安全及环境保护等方面有良好表现。此外,该指数不包含股价低于5美元的企业。

2)道琼斯可持续发展指数

道琼斯可持续发展指数(The Dow Jones Sustainability Indexes,DJSI)颁布于1999年,由道琼斯指数和永续资产管理公司联合发布,是目前世界上运行时间最长的可持续发展指数,被多个国家的投资者和资产管理者使用。DJSI在全球范围内追踪在可持续发展方面表现优秀的企业,从经济、社会及环境三个方面来筛选指数成分企业,为投资者或资产管理者设计可持续性的投资组合提供客观可靠的依据。入选DJSI的企业必须达到各项严格的评选标准。道琼斯可持续发展评价体系中的评选标准分为通用标准和与特定产业相关的标准,两类标准权重各为50%。其中,通用标准适用于所有产业,主要是选择那些能够影响到产业可持续发展的指标,如企业管理、环境管理绩效、供应链管理、人力资源管理、风险管理以及人权保障等。与特定产业相关的指标选择主要是考虑特定产业会面临的挑战及其未来发展趋势。

道琼斯可持续发展指数已发展成为一个指数系列,包括一个全球指数和三个区域性指数,即道琼斯可持续发展性群组欧洲指数、道琼斯可持续发展性群组北美洲指数、道琼斯可持续发展性群组亚太指数以及一个美国国家指数。每一个指数都包括酒类、烟草类等四个范畴较窄、特定化的可持续发展指数,形成一套完整的追踪全球企业可持续发展绩效的方法。目前有数十家基金管理企业使用DJSI作为其社会责任投资基金的管理依据。

3)卡尔弗特社会指数

卡尔弗特社会指数(Calvert Social Index)是由卡尔弗特集团创立的,用于衡量股票市场上大企业运营是否具有社会责任感或是否符合道德标准尺度的指数。目前,卡尔弗特社会指数纳入641家企业,这些企业主要是根据其市值从美国1000家最大的在纽约证券交易所、纳斯达克和美国证券交易所上市的企业中筛选,并以卡尔弗特社会指数的标准进行第二次筛选方可被纳入。社会指数标准涵盖了环境保护、工作场所、产品安全、社区关系、武器交易、国际运作及人权等要素。

4)富时社会责任指数

FTSE4Good指数(FTSE4Good),即富时社会责任指数,创立于2001年,旨在衡量企业的ESG实践绩效。透明的管理和明确定义的ESG标准使FTSE4Good指数成为投资顾问、资产所有者、基金经理、投资银行、证券交易所和经纪人的重要工具,帮助他们评估或创建符合社会责任价值观的投资产品。

富时社会责任指数是一个系列，在全球范围内得到广泛认可和应用，包括 FTSE4Good 英国指数、FTSE4Good 欧洲指数、FTSE4Good 美国指数、FTSE4Good 全球指数等基准市场指数，以及 FTSE4Good 英国 50 指数、FTSE4Good 欧洲 50 指数、FTSE4Good 美国 100 指数、FTSE4Good 全球 100 指数等交易指数。

5.2.2 股东倡导

股东倡导是第二种实现社会责任投资的策略，是指企业股东作为企业的所有者，利用对企业管理的特定权利和应承担的相应责任，通过提出建议、代理股票、提交股东决议书、签署企业协议、与企业管理层直接对话沟通的方式，对企业承担与和环境方面的责任的承担与履行施加影响，以提升企业的公司治理水平，并推动企业更好地履行社会责任。其中，公司治理主要体现在股东会、董事会、监事会及经理层，既能各司其职又能相互协调和制衡；保护股东权利，平等对待所有股东；与利益相关者积极合作，尊重保护各利益相关者的合法权益；及时准地确披露相关信息。企业所应履行的社会责任主要体现在环保、劳工、种族和性别平等、卫生健康、安全等方面。

相对于筛选策略，股东倡导能够更加快速、有效地解决问题，达成目标，是非常重要的社会责任投资策略。许多社会责任投资基金在设计投资组合时，往往综合使用股票筛选和股东倡导这两种策略，以便更好地促进企业履行社会责任。据统计，2007 年美国的社会责任投资中，使用股东倡导这一策略的资产规模达到 3790 亿美元，占当年全部社会责任投资总额的 27%，而这其中 20% 的资产是运用股票筛选和股东倡导相结合的方法。股东倡导不但不会给企业带来不利影响，反而还能推动企业价值的提升，因为投资者在对上市公司进行估值时，会将企业履行社会责任的情况作为重要依据。如果股东没有通过各种方式倡导企业重视社会责任的履行，投资者就有理由担忧投资该企业可能会遭遇潜在法律诉讼、利益输送、污染赔偿等风险，并进而影响投资者对企业的估值。股东倡导可以在公司治理和社会责任履行方面督促企业有更好的表现，这一方面能帮助企业避险；另一方面也能降低或消除投资者的顾虑，使企业估值得以回归，股票价格得以提升。

股东倡导主要包括股东对话、股东提案和代理投票三种形式。

1. 股东对话

企业管理层在其股东提交正式提案之前都会主动与投资者进行沟通交流。初期，股东会提出他们极其重视的社会责任议题。直接对话因其具有节约时间和成本等方面的优势，得到了许多投资者的认同。当沟通议题涉及比较敏感的社会责任，需要以不公开的方式进行沟通时，股东对话往往会被优先选择。不断壮大的机构投资者对企业产生了重要影响，因此，企业管理层都十分重视机构投资者关注的社会责任议题。如果双方就有关议题未能达成一致意见，该议题就会由股东代理人提交至企业年度股东大会上，以投票的方式确定最终方案。

2. 股东提案

股东提案是指在股东与管理层进行对话与沟通后正式提交的方案。以美国为例，股东提交涉及社会和环境方面议题的提案是非常普遍的，其主旨是向董事会施压，迫使他们重视社会和环境方面的议题。

仍以美国为例，股东提案主要有三类：①社会责任提案，主要涉及环境、健康、安全、平等就业机会、劳工标准、烟草、动物福利、企业政治贡献、国防安全领域的贡献、可持续发展等与企业有关的社会问题；②公司治理提案，主要涉及董事会、投票、赔偿、反接管以及股东价值最大化等与如何进行治理有关的问题；③交叉提案，也就是社会问题与公司治理问题相互叠加的提案，包括董事会多样性、管理人员薪酬与社会基准相结合等提案。

股东提案相较于股东对话有以下优点：第一，更公开、更透明，是一种民主行为；第二，符合公司的相关规章制度，严格按照公司治理的程序来解决问题；第三，投资者会充分利用自己的投票权实现公司治理和社会责任的目标。

3. 代理投票

股东提案要想得到普遍重视，不仅需要股东来提交提案，而且需要关注提交该提案的股东在年度股东大会上的投票权。美国证监会于1992年实施的改革政策准许股东之间进行联系，并给予股东一定的征集代理投票权。该政策一经推出，许多社会责任投资者就联合起来进行游说活动，通过各种途径征集代理投票权。这种征集活动给企业管理层带来很大压力，因为它既能确保无法出席股东大会的股东能够继续行使自己的权利，也加强了投资者之间的联系，以手中的投票权来支持与企业社会责任履行有关的提案，从而真正对企业的行为施加有力影响，促使企业有效履行社会责任。很多机构投资者和公共基金会为了能使投资者更加了解代理投票的操作过程，会定期在网页上发布代理投票信息，公布代理投票政策。

5.2.3 社区投资

社区投资是将资金投向那些传统金融服务难以覆盖的社区，如提供金融服务给低收入住户，提供资金给中小企业；社区服务，如婴幼儿保健、福利住宅和卫生保健等。社区投资旨在利用现有资源为某一特定社区创造更美好的未来，这一过程可能涉及大企业、当地商界人士甚至是公民和基层组织的财政投资，成功地投资于社区需要综合所有的资源。社区投资提供了一个平台，使社区对潜在居民更有吸引力，总体上提高了每个人的生活质量，更有利于人与人建立信任和平等，保证社会和谐发展。

从时间上看，社区发展金融机构的现代架构可以追溯到20世纪六七十年代，一直未被传统经济政策及发展援助重视的现代微型信贷在这一时期开始受到关注。在这一时期，社区信贷组织在许多国家开始陆续出现。例如：美国于1973年在芝加哥建立了南岸银行，成为美国社区银行的先驱；英国于1974年成立了MP（Mercury Provident）银行，这是英国第一家支持关注社会利益项目的银行；发展中国家孟加拉国于1976年也成立了格莱珉银行，也称作乡村银行，该银行通过无抵押小额信贷，使数百万孟加拉贫困人口受益，为孟加拉解决贫困问题提供了一个可行方案。在此期间，发生了许多社区倡导的运动。与前两种投资方式相比，社区投资方式起步和发展较晚，在整个社会责任投资中所占比重相对较小，其形式也与前两者有一定差别。进入 21 世纪后，社区投资资产规模增长非常迅速，从 2001 年的 80 亿美元增长到 2005 年的 195 亿美元，到 2007 年进一步增长到 258 亿美元。除规模迅速扩大外，社区投资的产品数量和种类也在持续增加，如为当地居民提供就业机会、提高社区居民识字率、以极低的租金向工人提供住房、为普通民众提供新的娱乐项目、在社区种植新鲜蔬菜、为失业者提供衣物和食品、向社区居民传授就业所需的技能等。不只大企业可以进行社区投资，商会、公民个人、当地企业以及非营利组织都可以发挥重要作用。

社会责任投资者以向社区发展金融机构提供资金的方式，为低收入家庭、小型企业提供金融服务和技术支持。社区发展金融机构包括社区发展贷款基金、社区发展银行、社区发展信用合作社等，这些社区金融机构的资金往往来自具有特定价值观、重视社会责任履行的个人或机构，并且十分重视与其他金融机构、地方政府的合作。其中，社区发展贷款基金可以为没有能力或条件通过其他方式获得贷款的群体提供贷款机会，并在还贷后具备向其他常规金融机构贷款的资格后，社区发展贷款基金还可以帮助他们寻找常规商业金融机构接管贷款从而退出项目，将资金用于服务新的困难群体。社区发展银行也被称为社区发展机构，主要贷款给低收入群体聚集的社区，用于教育、健康等方面的社区基础设施建设，改善社区环境。社区发展信用合作社的资金来自会员、社会责任投资者、政府等，主要向会员或非会员提供小额贷款和技术支持。

历史时刻　　　　　　　　　小额信贷批发基金"普惠 1 号"

中国第一家从事社区投资的小额信贷批发基金"普惠 1 号"在 2011 年 10 月成立。"普惠 1 号"基金的全称是公益性小额信贷批发基金，旨在支持公益性小额信贷组织，其方式是以债务或赠款的形式引导国内外资金流向零售型小额信贷机构，并提供技术援助作为辅助，以解决公益性小额信贷组织的资金瓶颈问题。2012 年，"普惠 1 号"基金向五家小额信贷机构发放了 500 万元的投资额。其中，为经济基础薄弱、自然条件恶劣的甘肃省定西市安定区的民富鑫荣小额信贷服务中心投资 100 万元。民富鑫荣小额信贷服务中心是一个非盈利的民办非企业法人机构，主要职能是为当地低收入群体提供小额信贷和相关技术、培训、信息等方面的服务。到 2012 年，有超过 200 个贫困县拥有公益小额信贷机构，但这些小贷机构在资金方面基本上都遇到了瓶颈。为解决这一难题，"普惠 1 号"基金以社区投资的方式，帮助公益小额信贷组织建立多元化的融资体系，以助力这些小贷机构更好地开展助农扶贫活动，从而间接帮助更多的贫困群体或弱势群体。

上述社区发展金融机构在投资者和社区基层急需资金的群体之间建立了沟通的桥梁。通过社区投资，社区基层能够切实感受到社会责任投资对弱势群体的关注和帮助。社区投资既扩充了筛选策略，又为社会责任投资者们主动投资开辟了一条新渠道。

在社会责任投资不断发展的过程中，投资组合筛选、股东倡导以及社区投资这三种社会责任投资的基本策略都得到了迅速发展。相对于其余两种方式，投资组合筛选更为常用。社区投资的规模虽然相对较小，但近年来发展速度很快。三种策略优势不同，各有特点，相辅相成，对社会责任投资的快速发展起到了重要的促进作用。

5.3 责任消费的内涵

消费作为社会再生产的重要环节，与生产、分配、交换一起构成了一个循环的有机整体。消费者是市场交易过程的重要参与者，消费理念和消费方式的革新反映了消费者的价值取向，从而改变社会的生产方式，引导社会、经济可持续发展。积极引导消费理念、倡导责任消费，是实现经济社会可持续发展的必要一环。长期以来，无论是法律还是社会舆论，都强调对消费者权益的保护，而往往忽略一个问题，那就是消费者也应承担相应的社会责任。这导致包括消费者自身在内的社会各界都对消费者理应履行的社会责任认识不清，不够重视。事实上，消费者不应仅仅是被保护的对象，在环境遭受污染、资源浪费严重甚至枯竭、假冒伪劣产品层出不穷的当下，为了实现可持续发展，打造一个和谐共生的社会环境，消费者也应当自觉践行责任消费，在消费的各个环节上承担起相应的社会责任。

5.3.1 责任消费的起源和发展

1. 责任消费的研究现状

早期对责任消费有很多提法，如社会责任消费、社会意识消费、生态意识消费、伦理消费。社会责任消费的概念最初由小弗雷德里克·韦伯斯特（Frederick Webster, Jr）在1975年提出，指出消费者在进行消费时要考虑其消费行为对整个社会的影响，在作出消费决策和购买行为时要将社会因此可能会发生的变化考虑在内。1995年，在这一观点的基础上，詹姆斯·罗伯茨（James Roberts）将责任消费界定为在消费者作出消费决策时，除满足个人需求外，还要以手中的购买权利表达对社会问题的关注，需要考虑个人消费行为对自然环境的影响。这就明确表明社会责任消费应当包含"社会意识消费"和"生态意识消费"两个方面。2001年，路易斯·莫尔（LoisMohr）依据菲利普·科特勒（Philip Kotler）的社会营销观点也对责任消费进行了界定，认为责任消费应体现在购置、使用和处置商品的各个消费环节，在每个环节上，消费者应当尽量降低或消除消费行为给社会带来的不利影响，尽量扩大或强化有利影响。20世纪80年代中后期，学术界越来越重视消费伦理的研究。有学者提出了道德消费者的概念，即消费者在购买和消费过程中考虑企业的道德问题，如不购买和使用雇用童工生产的产品，不购买和使用剥削不发达国家人民的、非公平交易的产品等。

进入21世纪后，我国也逐渐开始关注责任消费方面的研究，主要研究对象包括消费领域的环境伦理问题、公民责任消费意识的觉醒以及责任消费的内涵。在中国学者看来，责任消费就是消费者为保护自然环境和自然资源、维护社会伦理道德规范，在进行购买决策时，会有意识地选择那些积极履行社会责任的企业的产品，同时自觉抵制那些对社会可持续性发展会产生直接或间接危害的产品或企业。消费者对不同企业或产品的选择或抵制，既是对负责任企业的认可和回报，也是对不负责任企业的回避和惩罚。当越来越多的消费者开始主动践行责任消费时，责任消费行为就能成为促动企业主动履行社会责任的重要力量。

2. 责任消费的实践

早在 20 世纪 70 年代，有一批消费者开始践行责任消费。这批消费者开始有意识地思考个人消费行为会对社会产生何种影响，但当时考虑得更多的是对环境的影响，如购买和使用无磷洗衣粉是否会减少对水的污染，实施垃圾分类和回收是否有利于环境保护等。从这一角度来看，可以将早期的责任消费称作"绿色消费"。20 世纪 90 年代以后，随着社会公众对社会责任的认识日益深刻，消费者不再仅仅关注环境保护这一领域，而是将视野延伸至更广泛的道德消费问题，部分消费者开始对企业的具体经营行为进行思考，如企业是否雇用童工、是否切实保障员工的权益、是否进行公平交易等。此外，消费者逐步将支持国货、适度消费视为消费过程中应当承担的社会责任。

21 世纪以来，随着责任消费实践的发展和深化，消费者社会责任意识开始觉醒，在我国，广大消费者开始践行责任消费行为，大量企业开始以负责任的企业形象吸引消费者，引起消费者的共鸣。例如，中国铁路通信信号集团有限公司（简称中国通号）积极参与扶贫工作，累计捐款 1500 多万元用于改善定点扶贫地区的教育、生产条件；位于浙江省的大型民营企业正泰集团，以践行绿色可持续发展理念以及在抗击疫情、助学扶贫、乡村振兴等诸多领域的亮眼表现，高居"2021中国民营企业社会责任 100 强"榜首；百事可乐（中国）有限公司则因将百事薯片的原料产地布局到沙漠化十分严重的内蒙古达拉特旗解放滩而赢得了消费者的支持。大部分消费者会因企业积极履行社会责任而优先选择其产品或服务，而那些因履责不力具有不良形象的企业往往会被消费者抵制。这说明我国消费者在消费实践中已经开始具备社会责任消费意识。

▶ 5.3.2 狭义社会责任消费

学术界目前尚未形成对责任消费的统一界定，不同研究者从不同的角度来理解责任消费。早期的社会责任消费是指消费者在进行消费时，不仅考虑满足个人需求，而且要关注自身消费行为对环境及社会可持续发展的影响。这一时期的责任消费概念仅把保护环境、合理节约利用资源、维护生态平衡作为责任消费的动机，因此，被称作狭义社会责任消费。

由于责任消费主要关注环境保护和资源利用，因此也可将狭义责任消费称作"绿色消费"。践行绿色消费的消费者起初仅是抵制那些在生产和使用过程中会对环境和生态造成污染和破坏的产品，随着"绿色运动"（也称"生态运动"）的推进，绿色消费意识深入人心，消费者的绿色消费行为已经由有选择的"环境友好型"购买发展到通过消费行为影响企业经营活动甚至经济发展模式上。其中，具有较大影响力的是国际环保专家提出的"5R"概念（图 5-2），包括节约资源（Reduce）、环保选购（Reevaluate）、重复使用（Reuse）、分类回收（Recycle）、保护自然（Rescue）五个部分。"5R"也被称为绿色消费。

除"绿色消费"这一含义，另外一种关于狭义社会责任消费的定义是将责任消费和企业履行社会责任的绩效联系起来，将责任消费理解为消费者利用手中的选择权，通过主动购买那些能积极履行社会责任的企业的产品，摒弃不能承担社会责任的企业的产品的方式，来达到敦促企业主动履行社会责任的目的。从这个角度来看，所谓责任消费，就是指消费者在选择商品和服务的供应商时，应自觉抵制那些生产经营活动不利于社会可持续发展的企业，以维护社会整体和长远利益。这一界定的核心是消费者仅是消极地摒弃那些履行社会责任不够有力的企业。

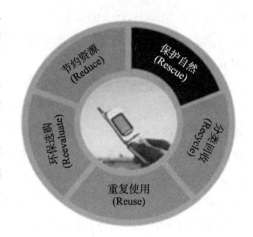

图 5-2　5R 环保概念

总的来说，狭义社会责任消费可以从两个方面来理解：①关注消费行为对生态环境的影响，将社会责任消费理解为环境责任消费；②认为社会责任消费是消费者消极地抵制未履行社会责任或履行力度不够的企业所提供的产品和服务，未能体现出消费过程中消费者的主观能动性。

▶ 5.3.3　广义社会责任消费

广义的社会责任消费有两层含义。

一方面，消费者在做消费决策时，不仅会考虑产品的性能、外观、价格等因素，也会考虑提供产品的企业在产品的开发、采购、生产、存储、运输和销售等各个环节，是否关注自身经营行为对环境的影响，是否关注员工权益的保护、是否积极参与公益慈善事业。消费者会有意识地考量个人消费行为对他人、环境以及社会的影响，希望通过优先购买负责任的企业所提供的产品和服务，来促使社会向好的方向发展。

另一方面，消费者的责任消费不仅局限于购买决策阶段，还会纵向拓展到产品或服务的使用、保存、消费后处置等环节。在所有这些环节上，责任消费的践行者都会考虑自身的消费行为对他人、环境以及社会的影响，考虑是否有助于促进资源的节约、环境的保护以及社会公德的维护。由此可知，广义的社会责任消费概念相对于狭义的对责任消费的界定更加完整。

从狭义的界定到广义的界定，关于责任消费的定义在范围上从生态环境责任逐步扩大到关注企业社会责任，再扩展到考虑消费行为对整个社会的影响；在消费阶段上，从消费决策阶段延伸到购买、使用、处置等消费全过程（表 5-3）。因此，社会责任消费应该是将多种消费行为囊括在内的多层次结构,人们对这一概念的认识日益深入,其体系正在构建且不断完善。

表 5-3 狭义的责任消费与广义的责任消费对比

狭义的责任消费	广义的责任消费
(1)关注消费行为对生态环境的影响,将社会责任消费理解为环境责任消费("5R"概念)。 (2)社会责任消费是消费者消极地抵制不履行社会责任或履责不力的企业所提供的产品和服务,未能体现出消费者在消费过程中的主观能动性	(1)消费者在作出消费决策时,会考虑自己的购买行为是否将会影响到他人、环境和社会,优先选择负责任的企业所提供的产品和服务,希望通过购买权力促使社会发生改变。 (2)把责任消费从仅局限于消费决策阶段扩展到产品或服务的使用、保存、处理、使用后处置等环节,在所有这些环节中考虑自身行为对他人、对环境、对社会的影响

资料来源:根据公开资料整理。

无论是狭义的还是广义的,社会责任消费都是一种消费态度和心理。消费者的购买意愿无形中就是对企业产品的投票支持,消费者是否投票,从根本上来说取决于企业对社会责任履行的状况。换句话说,通过采取有正面效应的购买行为,消费者对遵循可持续发展的企业给予了积极的回应,同时对不负责任的企业进行了惩罚。当前责任消费意识越来越深入人心,有越来越多的消费者参与到社会责任消费的实践中,因此,无论是出于自愿还是出于为吸引消费者而不得不作出选择,企业都会更积极地履行社会责任。

5.4 责任消费行为的测量

5.4.1 社会责任消费行为测量的演进

西方学者从 20 世纪 50 年代开始对社会责任消费行为的量表和测评进行研究。不同学者从不同的角度来界定社会责任消费的定义,相应地对社会责任消费行为的研究也就有不同侧重。在前人的研究中,与社会责任消费相关的量表开发可以分为以下三个阶段。

1. 20 世纪五六十年代

对社会责任消费行为的测量最早开始于 20 世纪 50 年代,初始研究成果主要包括:①针对学生这一主体进行测量后提出的社会责任量表;②基于社会学知识开发的社会责任量表,从八个维度来测量消费者对国家、社区、社会公众以及朋友的态度;③针对消费者的社会责任意识进行测量的量表,认为消费者在消费时会受到社会责任意识的指导,会考虑自身消费行为对生态环境以及整体社会福祉的影响。然而,这三种量表都不是专门用以测量社会责任消费行为,而是一般的社会责任。不过,这些研究为之后专门针对社会责任消费行为的测量打下了坚实的基础。

2. 20 世纪七八十年代

20 世纪七八十年代以来,随着环境保护主义的兴起和发展,社会责任消费的主要关注点开始趋向于生态环境保护、可持续发展，社会责任消费的测量也开始向生态环境保护行为及资源循环使用等领域集中。在这一时期，对责任消费的测量逐步精确和完善，量表的设计也更加科学、有效。托马斯·金尼尔（Thomas Kinnear）和詹姆斯·泰勒（James Taylor）于 1973 年开发的量表首次对消费者的消费行为和态度进行了区分，从消费者的行为和态度两个方面来测量社会责任消费行为。相对于以往仅测定态度的量表而言，这一量表内容的设计上有很大的突破，基于这一量表的测定结果将能更好地反映实际情况。除量表设计更加科学、内容更加全面外，这一时期也开发出多种检验量表有效性的方法，对量表信度和效度的检验也日趋完善。

3. 20 世纪 90 年代至今

20 世纪 90 年代至今，西方国家需要面对的社会问题日益多样化，社会责任消费涉及的领域也越来越广泛，与之相适应，对社会责任消费的测量维度也趋向多元化，测量内容也更加丰富和完整，量表的设计也更加周密。詹姆斯·罗伯茨在 1995 年开发的量表将着眼于生态环境保护的责任消费行为和着眼于解决其他社会问题的责任消费行为区分开来，从两个维度对责任消费进行测量。此后的学者将自身的研究与前人的研究相结合，并在实践中不断改进，开发的量表测量的维度更加细化、具体，涉及消费者在进行责任消费时所考量的产品层面、营销层面、企业层面和国家层面等道德因素，逐渐形成了一个五维度的责任消费量表，这五个维度分别是基于企业履行社会责任行为的消费、基于供应方善行的购买、以购买行为支持中小企业的产品、以购买行为支持国货、适度消费。另外，这一时期也有学者从商品的消费前购置和消费后处置两个方面对社会责任消费进行测量，开发出社会责任购买和处置量表（Socially Responsible Purchase and Disposal, SRPD）。

近年来，我国学者在社会责任消费行为（Socially Responsible Consumer Behavior, SRCB）的测量上取得了丰硕的成果。其中，最具代表性的是阎俊等在 2009 年以我国消费者作为研究对象，结合我国的实际情况，从生态、正义、善因消费行为等角度开发出的九维度社会责任消费行为量表（SRCB-China）。相对于西方学者开发的量表，SRCB-China 更适用于测量我国的社会责任消费行为。在 SRCB-China 量表的九个维度中，"监督企业和维权"这一维度是西方学者的研究成果中没有提到的，一定程度上反映了我国在社会责任消费行为测量方面所具备的独特性。以 SRCB-China 量表为基础，辛杰于 2011 年从利益相关者责任、环保、节约与循环经济、维权与监督、适度消费、品质保证与感知质量、保护动物与消费禁忌等方面展开研究，将消费者划分为不同类型。

综合来看，社会责任消费行为的测量从 20 世纪五六十年代的一般社会性意识的研究发展到七八十年代的生态和环境责任行为研究，再到 90 年代以来的社会问题研究，呈现出明显的多元化趋势。经过几十年的发展，消费者社会责任消费行为的测量研究角度更加多元、全面，研究内容也更加丰富、科学。随着人们对企业社会责任以及责任消费的认识逐步深入，社会责任消费的内涵和特点也会有不同表现，因此，量表的测量维度与内容也应当与时俱进，需要持续性地对新的社会责任消费量表进行探索和研究。

5.4.2 社会责任消费行为量表

1. 社会责任消费行为量表概述

社会责任消费行为量表是用来测量与评价消费者社会责任消费行为的因子结构,也是测量社会责任消费行为的重要工具。构建责任消费行为量表,首先是对消费者的责任消费行为进行研究,总结其表现维度,其次,通过因子分析对消费者群体进行聚类分析和对应分析,探究不同消费者群体在责任消费行为方面的差异。责任消费行为量表旨在综合评价消费者的社会责任消费意识和社会责任消费表现,同时基于评价的结果,可以对不同年代以及不同国家的消费者的责任消费行为进行追踪研究,开展纵向和横向的对比分析,借以了解消费者责任消费行为的变化趋势。社会责任消费行为的测量结果具有重要意义,对于企业而言,评估结果有助于企业更好地掌握消费者行为趋势,对消费者进行更科学的市场细分,制定企业的社会责任战略;对政府而言,评估结果可帮助政府更好地了解民意、体察民情,在制定政策、完善规章制度时更有针对性。

20 世纪 70 年代至今,国内外具有代表性的社会责任消费行为量表见表 5-4。

表 5-4 代表性社会责任消费行为量表

测量时间	测量维度	评价
1974 年	2 个维度:社会责任意识、回收行为(8 个项目)	针对回收行为的社会责任意识
1988 年	1 个维度:环保意识	仅涉及环境保护议题
1995 年	2 个维度:环境意识、社会意识(18 个项目)	由消费态度发展到消费行为,特别涉及负责任企业
2006 年	5 个维度:基于企业责任的消费、基于善行的产品购买、适度消费、支持国货、支持中小企业	测量内容全面,由注重生态环境发展到注重社会环境
2008 年	3 个维度:基于企业社会责任的购买、回收行为、避免或减少使用对环境造成危害的产品(26 个项目)	视角较新颖,着重产品购买、使用、回收的消费全过程
2009 年	9 个维度:环境保护、能源节约、动物保护、监督企业和维权、支持企业的负责任行为、抵制企业的反责任行为、适度消费、支持中小企业、支持国货(34 个项目)	针对中国消费者设计,包括适度消费、支持中小企业、支持国货,内容新颖
2011 年	6 个维度:利益相关者责任、监督与维权、环保、节约与循环经济、适度消费、品质保证与感知质量、动物保护与消费禁忌	通过问卷调查确定量表的 6 个维度
2012 年	6 个维度:支持企业善因营销、支持履行高级社会责任的企业行为、惩罚不履行基本责任的企业行为、购买习惯环保、回收再用、生活习惯低碳	量表分地区进行调查研究,得出不同结果,具有可比性
2014 年	3 个维度:责任公民意向、企业社会责任标准的购买、企业社会责任活动认知	基于社会责任消费者的界定进行研究,企业社会责任权重较大

资料来源:根据公开资料整理。

2. 中国消费者的社会责任消费行为量表(SRCB-China)

21 世纪之前,中国尚未展开对社会责任消费行为的研究,当时已有的 SRCB 量表都是以欧美消费者为对象。即便是已经开发出的欧美 SRCB 量表,也会因为社会责任内涵及消费者本身的变化而缺乏时效性,需要及时更新。考虑到这两点,阎俊和佘秋玲在 2009 年编制了针对我国消费者的 SRCB 量表,即 SRCB-China。

SRCB-China 的开发分为两步:第一步是通过分析文献以及对消费者进行深入访谈来广泛提取测项,而后将提取的测项归纳总结为初始测项集;第二步是以探索性和验证性因子分析方法来对所开发量表的信度和效度进行验证。在此基础上,形成中国消费者的 SRCB 量表,各测项及归属的因子见表 5-5。

表 5-5 SRCB-China 量表测项及其归属的因子

序号	测项	因子
1	我总是重复使用购物袋	因子1:保护环境
2	我尽量避免使用会造成白色污染的一次性用品	
3	我购买洗衣粉时总是主动看是否含磷	
4	我经常劝说家人和朋友不买对环境有害的产品	
5	我从不购买用濒危野生动物为原料的产品	因子2:保护动物
6	我从不吃青蛙	
7	我从不吃珍稀野生动物	
8	我总是主动选择节能型家电产品(如节能灯、节能冰箱等)	因子3:节约能源
9	我外出时主动关掉电器的电源	
10	在日常生活中我重复利用水(如用洗菜的水冲马桶等)	
11	在购买产品时我总是索要发票以监督企业纳税	因子4:监督企业和维权
12	一旦知道某企业雇用童工我总是向有关部门举报	
13	发现大量排放工业污水的企业我总是向环保部门举报	
14	产品出现质量问题时我总是找商家要求赔偿	
15	买到虚假宣传的产品时我总是向消协或工商部门投诉	
16	企业的售后服务差时我总是向媒体投诉	
17	请客吃饭时我通常不讲排场、不点过多的菜	因子5:适度消费
18	日常生活中我总是坚持够用就行的原则,采取适度消费	
19	我从不为了炫耀而购买自己不会用到的产品	
20	我优先购买那些热心慈善事业的企业的产品	因子6:支持企业的负责任行为
21	我优先购买那些支持教育事业的企业的产品	
22	我优先购买那些致力于改善员工工作条件的企业的产品	
23	我优先购买那些雇用残疾人的企业的产品	
24	我优先购买那些参与环保事业的企业的产品	
25	我不购买那些压榨员工的企业的产品	因子7:抵制企业的反责任行为
26	我不购买那些歧视妇女的企业的产品	
27	我不购买那些对中国人态度傲慢的企业的产品	
28	我尽量避免在大型商场、超市购买所有的商品	因子8:支持中小企业
29	我经常照顾小型商店的生意(如杂货店、小卖部等)	
30	我主动选择来自偏远地区的产品	
31	我有意识地选择本地小企业或小商家的产品	
32	购买家电时我总是选择民族品牌而不是洋品牌	因子9:支持国货
33	购买运动鞋和服装时我总是选择民族品牌而不是洋品牌	
34	购买日化产品时我总是选择民族品牌而不是洋品牌	

资料来源:阎俊,佘秋玲. 社会责任消费行为量表研究[J]. 管理科学,2009(4):73-82.

3. SRCB-China 与其他社会责任消费行为量表的对比

SRCB-China 量表是针对中国消费者开发的责任消费行为量表，与国外学者开发的类似量表相比，既有相同之处又有差异。

（1）SRCB-China 量表新增了"监督企业和维权"这个能反映我国消费者实际情况的维度。我国对消费者权益的维护尚没有建立十分完善的法律制度，因此，消费者认为监督企业行为、积极维护消费者权益是重要的社会责任之一。在社会责任消费行为量表中纳入这一维度，将有助于促进我国完善相关法律制度。这一维度之所以没有纳入国外学者开发的量表中，很大程度上是因为国外学者认为对企业进行监督和维权是消费者的义务，而非道义责任。

（2）我国和国外的社会责任消费行为都包含节能、环保行为。无论是在理论研究领域还是在实践层面，节能、环保都是社会责任行为。但是 SRCB-China 量表没有包含回收行为，而这一维度在国外开发的量表中几乎都有涉及。究其原因，主要是在我国回收废旧物品，更多的是个人追逐经济利益的行为，其主要动机不在于节约资源或保护环境，而是获取经济利益。绝大多数被访谈的消费者认为回收行为并不能体现社会责任消费的真实含义，因此，在 SRCB-China 量表中并不包含这一测项。

（3）国内外的研究都将支持中小企业和适度消费纳入量表中。这两个维度在国外的研究中 2006 年才被提及，SRCB-China 量表也包含这两个维度，一方面说明消费者的社会责任意识在不断变化；另一方面表明国内外消费者在社会责任观念方面具有趋同性。

（4）对于发展中国家的中国而言，支持国货理应成为消费者的责任消费行为的一个测量维度。在国外开发的量表中，大多数并未包括支持国货，支持国货是否应该算作社会责任消费行为，一直是个有争议的问题。在开发 SRCB-China 量表时，研究者在访谈过程中也接收到不同的观点：一部分受访者认为支持国货有利于发展民族企业、发展国民经济，这对那些经济相对落后、产业竞争力相对较低的发展中国家来说尤其重要，因此应当被视为是社会责任消费行为；但是也有被访者认为对国货的支持会变相地容忍那些在产品和技术上无法与国外产品相匹敌的企业，令其无法感受到真实的竞争压力，并因为这种"支持"而不思进取，因此，支持国货不应成为社会责任消费的组成部分。但相关研究者仍然认为支持国货是社会责任消费的重要体现，因而仍将其作为一个重要维度纳入社会责任消费行为量表中。

4. SRCB-China 量表的作用

SRCB-China 量表的开发，无论是对企业的经营活动还是对学术界关于社会责任的研究，都具有重要意义。

（1）SRCB-China 量表为评估消费者责任消费行为的实际情况提供了一个有效的工具。该量表囊括了九个维度，可以对消费者的社会责任消费的具体表现进行全面综合的评估，也可以基于该量表对责任消费行为进行长期连续的跟踪研究，还可以将测量的结果在代际之间进行纵向比较，在国与国之间进行横向比较。基于测量的结果，可以分析社会责任意识或观念的具体表现和变动趋势，并可利用评估的结果为政府相关政策的制定和调整提供依据。

（2）为企业提供了一个新的细分市场的工具。传统的细分市场的工具一般包括年龄、性别等人口变量，个性、动机等心理变量，自然环境、地理位置等地理变量，品牌忠诚度、利益诉求等行为变量，而 SRCB-China 量表提供了一个新的基于消费者的价值观来进行市场细分的变量，是对传统细分市场工具的有益补充。这一工具有助于企业把握消费趋势，在细分市场后有效识别目标市场。通过对量表各维度的研究，企业也可以更细致地了解影响消费者消费行为的具体维度，并有针对性地制定营销策略，开展营销活动。

（3）为理解社会责任消费行为的动机提供依据。利用 SRCB-China 量表，可以进一步研究不同群体的社会责任消费行为及其影响因素，揭示责任消费行为的主要动机。由此可以在全社会营造社会责任消费的氛围，且能为如何切实促进责任消费建言献策。

（4）为正确解析消费者行为提供论据。影响消费者行为的因素多种多样，为更好地了解消费者行为，需要探究这些影响因素之间的关联以及哪些因素影响更大。利用 SRCB-China 量表，可以将影响社会责任消费的因素与价格、质量、可获得性等影响其他消费行为的因素进行对比分析。

（5）SRCB-China 量表与中国责任消费的实际情况更加吻合，能够为中国社会责任消费行为的本土化研究、情景化研究提供坚实基础。

5.4.3　社会责任消费行为测量的有效性

社会责任具有内隐性特征，因此在观察和测量消费者的社会责任消费行为时就难免会遇到一定困难。目前，研究消费者社会责任消费行为的主要方法是问卷调查法，所收集的信息主要来自消费者的自我报告。然而，仅仅使用单一的问卷调查法或通过消费者的自我报告来测量社会责任消费行为，会产生一个难以回避的问题，那就是测量结果的有效性很容易受到"社会期许"的影响。

1. 社会期许式作答

由于受到过去积淀的经验以及已有态度的影响，个体会无意识地对社会课题产生情感倾向、认识和行为反应，在对调查问卷作答时，往往会产生社会期许式作答（Socially Desirability Responding，SDR）。SDR 又可称作社会期望性作答或社会需要性作答，目前并没有一个得到一致认可的定义，一般可从狭义和广义两个角度来理解。狭义的"社会期许式作答"是指在回答关于自我评价的问题时，倾向于用社会认可的方式去作出反应，以便使自己或别人看起来更符合社会需要或社会期许，这时被访谈者主要倾向于"装好"。广义的"社会期许式作答"则既包括"装好"也包括"装坏"。所谓"装坏"，就是被调查者在回答相关问题时有意识地与社会期望的方向背道而驰。无论是"装好"还是"装坏"，都会使被调查者提供虚假答案，从而导致测量结果出现偏差。

2. 社会期许对 SRCB-China 测量结果带来的影响

若被调查者不愿或不能诚实回答调查问卷中的问题，那么利用量表测量社会责任消费行为的信度和效度就会降低。在使用自陈量表对被调查者进行测量时，这一问题是难以避免、普遍存在的。若测试对象是一个规模较大的团体，"社会期许式作答"就更容易出现。由此可见，想要确保测量的有效性，提高测量的信度、效度和区分度，首先要解决的难题是将那些进行社会期许式作答的被调查者以客观公正的方式筛选出来。

社会期许式作答同样会影响到 SRCB-China 测量的有效性。在作答时，受访者会产生一种心理倾向，期望自己看起来与社会准则相一致，这主要表现为被调查者会尽可能地表现自身与社会倡导相一致的一面，同时尽量隐藏与社会倡导相悖的一面。在社会期许效应的作用之下，被调查者在对不同维度下的社会责任消费行为的测项进行回答时，会有美化自己、将自身包装成一个负责任的消费者的倾向，这就很容易使其给出的答案偏离自身的实际行为或真实感受，并由此导致社会责任消费的"态度—行为"偏差，也就是消费者对责任消费所表达出的态度与其实际行为不一致。从态度上来看，由于受到社会期许效应的影响，受访者的社会期许式作答使其在表面上具备了负责任的消费态度，但其真实的行为未必一定是社会责任消费行为。由此可见，在测量社会责任消费行为时，社会期许效应容易降低测量的有效性和可信度，使变量之间的关系扭曲。

3. 提升社会责任消费行为测量有效性的方法

提高 SRCB-China 测量的有效性，需要对社会期许效应进行控制。针对自陈量表式测试，可以采用的方法主要有推理法、因子分析法、共变法以及减少压力法。推理法是通过调整量表的测项构成，减少或消除受访者基于社会期许来作答的可能性。因子分析法是指在构建量表时选取负荷最高的测项纳入有关因子，尽量弱化甚至消除测评工具中的社会期许效应。共变法不是防止受访者按照期许的方式来作答，而是在测量有关测项时也同时测定社会期许效应，以提高测量结果的效度。减少压力法是向受访者明确表明会确保测试结果的保密性，这是最简明有效地降低社会期许效应的方法。研究表明，用电脑来测量受到社会期许效应的影响比面对面访谈受到的影响小。

对社会期许效应的研究结果表明，预防社会期许式作答、降低社会期许效应的方法主要有匿名测试和计算机化测试。也有研究表明，匿名对于降低社会期许效应的效果并不明显，因为社会期许式作答是无意识的，受测量环境的影响比较小。计算机化测试又可称作计算机辅助心理测验，是运用计算机技术将心理测试编程，而后在计算机上来完成心理测试的全过程，由计算机直接计分并分析结果，形成测试报告。计算机测试具有计分准确、操作方便、容易引起被测试者兴趣这些优点，在实践中越来越多地被人们使用。

5.5 责任投资和责任消费对企业社会责任行为的影响

5.5.1 责任投资对企业社会责任行为的影响

1. 投资组合筛选的投资方式促使企业积极履行企业社会责任

投资组合筛选是社会责任投资最常采用的策略。投资者会基于预先设定的与企业社会责任履行情况有关的标准去进行负面筛选或正面筛选。达到投资者标准的投资标的会被选进投资组合，未达到标准的则被剔除。基于社会责任投资准则筛选投资目标的投资基金组合被称作社会责任投资基金。在作出投资决策时，社会责任投资基金会同时设定财务标准、社会标准和环境标准。Portfolio21（证券投资组合）全球股权基金在社会责任投资的过程中，其筛选标准之一就是其潜在投资对象在环保方面是否履行了社会责任。

若想成为社会责任投资基金的投资目标，企业就会主动按照社会责任投资基金的标准，积极主动地履行企业社会责任，作出符合要求的改变。这种转变主要从四个方面着手：观念转变、资本转变、目标转变和经营模式转变。从观念上来讲，投资组合筛选会敦促企业将传统的注重局部经济利益的观念转变为经济、社会、生态和谐发展的观念。资本转变是指企业的生产经营活动所依赖的资本不仅包括直接的经济资源，也包括社会资源和生态资源，如人的情感、道德、良好的社会风气、丰富的社会文化以及企业之间基于伦理的诚信合作等。这些资源的合理配置在企业的经营过程中都起着至关重要的作用，企业赖以生存和发展的资本已经由一维的经济资本向多维的财务资本、人力资本、生态资本、社会资本转变。为符合社会责任投资基金的投资组合筛选标准，企业的经营目标也会趋向于多元化，不仅追求经济利益，而且同时考虑经济利益、社会利益和环境利益，在经济、社会和环境等方面获得"多重盈余"。为实现"多重盈余"的目标以达到社会责任在投资组合筛选标准，企业就需要建立"负责任的经营模式"，在产品设计、开发上，在技术应用和生产方式上，在营销策略的实施以及文化建设方面，都能够奉行企业社会责任理念，积极履行社会责任。

2. 股东监督和倡导促使企业履行社会责任

社会责任投资的主要目的是对企业的经营行为施加影响，引导或促使企业向负责任的方向转变，能够积极主动地履行社会责任。来自股东的监督和倡导会对企业履行社会责任产生重要的影响力。股东通过对其所投资企业的经营管理的监督，能够及时发现其存在的不符合伦理规范的、与企业社会责任相悖的行为，督促企业加以整改。在此过程中，股东可以首先选择直接对话的沟通交流方式，在沟通效果不佳时可以采用在股东会上提出议案的方式。如果企业对股东的倡导和提案无动于衷，或者阳奉阴违，股东就可以选择退出投资，也就是可以决定在任何价位上都不会购买他们认为不道德的、未履行社会责任的企业的股票，或者直接将该企业的股票售出。股东的这些行为必然会影响到企业的业绩，对企业的社会责任行为形成市场压力，同时提供市场信号，引导企业行为。为留住资金或进一步拓展新的资金来源，企业必然会尽力满足股东的要求，积极履行社会责任。

▶ 5.5.2 责任消费对于企业社会责任行为的影响

随着消费者对社会责任消费的认识日益深刻，越来越多的消费者开始践行负责任的消费，社会责任消费的影响力也在逐步扩大。在此背景下，企业开始作出反应，普遍开始重视自身在履行社会责任方面的表现。消费者的责任消费行为推动了企业积极地履行社会责任，并最终实现社会、消费者和企业的共赢。

1. 社会责任消费推动了企业的社会责任营销

社会责任营销是指企业通过在保护生态环境、支持教育、支持慈善事业等领域承担一定社会责任，建立负责任的企业形象来吸引消费者，提升顾客忠诚度，以最终实现市场份额扩大、销售额提高等目标的营销模式。

当市场经济从"卖方市场"转变为"买方市场"后，消费者在市场中的选择权和话语权增大，而企业之间的竞争越发激烈，产品同质化也不断加剧。留住顾客同时提升其对本企业的忠诚度，对企业而言就成为一个十分棘手但又势在必行的任务。在此背景下，企业越来越关注社会责任消费的市场效益。对于那些功能基本相似、具有同质化特征的产品，企业在营销过程中更加关注消费者的反馈，营销重点开始由功能诉求转向消费者的心理诉求，通过树立积极履行社会责任的企业形象来提升消费者的认同感，从而有效促进消费者对其品牌的忠诚。

目前，在开发潜在市场时，企业越来越倾向于使用以企业社会责任为导向的营销策略。当然，企业实施社会责任营销并不必然有效。若企业承担社会责任的目的仅仅是以"善"示人，仅仅是为了留住或吸引消费者，那么消费者会对其社会责任营销策略的真实动机产生质疑，甚至会认为企业伪善。这说明消费者并不会盲目相信企业的社会责任活动，而消费者的"企业伪善感知"会令企业的社会责任营销效果大打折扣。例如：当企业的品牌形象受损，面临品牌危机时，其推出的社会责任营销活动很容易被消费者认定为实现特定商业目标的工具，消费者不但不会产生购买动机，反而会降低购买意愿。这就要求企业的社会责任营销必须真诚，从最基本的质量控制做起，要切实履行最基本的社会责任，再通过开展社会责任活动来提升企业形象，如此才能提高责任消费者的品牌评价和购买意愿。

2. 社会责任消费推动企业致力于增强消费者对社会责任项目的安全感知

企业所承担的社会责任项目要让消费者产生效益和安全感知。消费者与企业之间的信息不对称会令消费者失去安全感，对企业的行为也易产生质疑，这种质疑同样也会针对企业的社会责任行为。

现象反思

2008年，三鹿婴幼儿奶粉三聚氰胺事件爆发之前，该企业的一位高管曾宣称，婴幼儿奶粉关系下一代的健康和成长，关系中华民族的整体素质，每一个工艺要求都不能出任何差错，产品质量就是婴儿的生命，多年来三鹿集团一直以高度的责任感、使命感，确保每一袋产品安全优质。三鹿集团的行为与宣言完全背道而驰，这种言行之间的巨大反差让消费者备受打击，对三鹿集团的安全感也逐渐丧失，而三鹿集团也成为中国第一例由于食品安全问题受到刑事制裁的企业。

为了以社会责任行为来吸引责任消费者，真正提升企业声誉、增强顾客满意度和忠诚度，企业应主动帮助消费者建立信心和安全感。这就要求企业必须以切实行动来保证其承担的相关社会责任项目真实开展，要用规章制度保障其可操作性、连续性，同时也要对项目给利益相关者带来的收益加以证明和承诺，甚至可以采取措施将消费者吸引到企业的社会责任行动中来。

3. 消费者的消费选择促使企业积极履行社会责任

消费者的社会责任消费行为将影响其消费对象的选择，而消费者的选择能够督促企业改善其社会责任的履行状况。企业的社会责任履行情况会影响自身的声誉和品牌形象，进而影响消费者的购买选择及口碑传播。其中，口碑传播表现为消费者会首先选择积极履行社会责任的企业的产品或增加购买量，同时向他人推荐。消费者甚至愿意为该产品支付溢价，也就是愿意支付比竞争企业产品更高的价格。

企业的社会责任行为与消费者对企业及其产品的态度之间存在着正相关的关系，社会责任行为有助于建立消费者对企业的信任和认同。消费者的社会责任消费行为程度越高，对积极从事社会责任活动的企业产生的认同感就越强烈。欧洲研究企业社会责任的知名机构 CSR Europe 称其对 1 万多名消费者进行访谈后发现：是否履行社会责任将会影响到 70% 以上的消费者的购买决策；58% 的消费者关注企业是否保护环境，愿意为那些对环境和社会负责的企业所生产的产品买单；66% 的消费者曾因企业的道德问题而拒绝购买其产品。在中国，消费者也同样很重视企业是否切实履行了环境保护和社会公益方面的责任，对负责任的企业所提供的产品也持积极的支持态度。

综合来看，具有社会责任感并积极承担社会责任的企业，如果能够得到消费者忠诚度的提高和用货币实施的投票，并由此获得企业品牌形象的提升和无形资产的增加，企业的长远发展和长远利益就会因此得到更高程度的保障。由此，企业承担社会责任的积极性、主动性必将大幅提升，消费者的社会责任消费行为将成为推动企业提升履行社会责任水平的重要动力源，社会、消费者、其他利益相关者以及企业都将在长期中获益，实现共赢。

▶ 5.5.3 企业社会责任投资行为对企业绩效的影响

投资者在进行社会责任投资时，诚然会很关注投资对象履行社会责任的情况，在投资过程中体现出很强的社会责任感，但这并不表明社会责任投资者就不看重经济效益。像其他常规投资者一样，责任投资者也十分关注社会责任投资绩效，甚至可以说责任投资的长期回报率是他们最关注的问题。

与常规投资者相比，社会责任投资者的投资动机有两个特点：①投资者愿意将其资金投放到与自身价值观相一致的行业，认为这样会在投资方和被投资方之间产生双赢；②投资者愿意用自己的资本支持鼓励那些致力于改善环境、改善生活质量的行业和企业，相比经济利益，他们更关注投资行为能否带来社会整体进步。研究表明，为实现投资意愿，社会责任投资者愿意接受较低的投资回报。也有观点认为，若社会责任投资者所获得经济收益低于常规投资者，那么就意味着追求社会整体收益的投资行为会因为投资者的责任投资行为而受到"伦理处罚"。

有观点认为社会责任投资的绩效会低于常规投资，主要原因是与常规投资相比，社会责任投资为实现 ESG 等目标，必然会加大投入，导致运营成本增加，并由此给企业的财务绩效带来不利影响，降低对企业或资产的估值。另外，为实现社会责任的相关目标，责任投资以正面筛选或负面筛选的策略选择某些投资领域，或剔除某些投资对象，如剔除与酒精、烟草和赌博相关的企业，这必然会使责任投资的领域受到限制，潜在的投资收益机会也因此受到约束。然而，越来越多的关于社会责任投资的实证研究得出了社会责任投资基金与常规基金的绩效没有差别的结论，也就是说，责任投资者并没有因为责任投资行为受到所谓的"伦理处罚"。在有些研究中，社会责任投资基金的绩效甚至好于市场基准，至少会有助于长期回报。

现象观察

摩根士丹利对2008—2014年期间的10 228个开放式公募基金进行业绩分析，发现相对于传统基金，可持续投资基金表现更亮眼，回报率比传统基金略高。牛津大学也对200多份关于社会责任投资的研究报告进行分析，发现有90%的研究报告表明社会责任投资标准使得企业资本成本降低，88%的报告表明社会责任投资的实践可以带来企业经营业绩的提高。国外责任指数的投资回报数据也证明了责任指数的投资价值。例如：从1990年5月到2000年4月的10年间，美国的"多米尼400社会指数"平均收益率达到20.83%，而同期标准普尔500指数平均年收益率只有18.7%；日本的第一支社会责任指数MS-SRI在1993—2006年13年间的累计回报率也超出同期东证股价指数（TOPIX）近5倍之多。其中，MS-SRI指数涵盖了日本150家在履行社会责任方面有优秀表现的上市公司，而东证股价指数反映的是日本整体股票市场动向。

胡伟和许家林在2009年的研究中表明，我国的责任指数的累计收益率显著高于上证指数和基金指数的累计收益率。根据我国责任投资论坛的统计，截至2019年年底，我国基金市场共有社会责任投资相关主题的公募基金95只，总规模约512亿元（表5-6）。而根据《21世纪经济报告》的推算，截至2019年9月，我国基金市场内社会责任投资基金的规模约500亿元。以7只基金名称中明确包含"社会责任"的公募基金为例，基金规模最大的为兴全社会责任混合，市场规模为60.96亿元，该基金成立于2008年4月，累计净值增长幅度约为300%。

表 5-6 我国社会责任投资公募基金（部分）

基金简称	基金主代码	成立时间	基金类型	基金规模（亿元）	累计净值增长幅度（%）
兴全社会责任混合	340007	2008-04-30	混合型	60.96	292.88
建信责任 ETF	510090	2010-05-28	股票型	1.00	101.89
建信上证责任 ETF 联接	530010	2010-05-28	股票型	1.04	85.45
汇天富社会责任混合	470028	2011-03-29	混合型	27.00	53.40
建信社会责任混合	530019	2012-08-14	混合型	0.26	95.80
万家社会责任18个月定开混合（LOF）A	161912	2019-03-21	混合型	6.97	36.04
万家社会责任18个月定开混合（LOF）C	161913	2019-03-21	混合型	0.20	35.35

资料来源：根据公开资料整理。

社会责任投资的绩效之所以高于常规投资，是因为社会责任的筛选能够揭示出一家企业的管理水平及企业文化的情况，能够帮助责任投资者选择的那些致力于环境和产品安全、劳动力多元化以及治理良好的企业。这样的企业能够善待并尊重员工，从而激发员工的积极性和创造性，增强凝聚力；能够重视消费者和客户的权益，从而提高消费者和客户的满意度，并获得来自客户的信任与忠诚；能够重视社区利益，从而与社区建立融洽的关系，降低各种冲突成本，有助于企业产品市场的稳定扩展；能够积极参与社会公共事业，重视环境保护，从而维护和宣传了企业良好的品牌形象。此外，随着政府越来越重视企业社会责任，积极履行社会责任的企业也会享受一些优惠政策。我国社会责任投资相关政策见表5-7。例如，《中华人民共和国企业所得税法》有关税收优惠的项目基本涵盖了企业社会责任的所有内容，包括公益性捐赠、环境保护、节能节水、从事社会公益事业、投资国家重点扶持的公共基础设施项目等，都可以获得程度不等的"免征、减征企业所得税"的税收优惠；对于雇用残疾人的企业，我国财政部明确规定可以将支付给残疾人员工的实际工资加计100%在计征企业所得税之前予以扣除。所有这些都会极大地增强企业长期的可持续盈利能力，必然会提升社会责任投资的绩效。

表 5-7　我国社会责任投资相关政策

时间	机构	文件名	核心内容
2002.01	证监会	上市公司治理准则	对上市公司治理信息的披露范围作出了明确规定
2006.09	深交所	上市公司社会责任指引	鼓励上市公司自愿披露社会责任报告
2007.04	国家环保总局	环境信息公开办法（试行）	鼓励企业自愿通过媒体、互联网、企业年度环境报告等方式公开环境信息
2007.12	国务院国资委	关于中央企业履行社会责任的指导意见	有条件的企业要定期发布社会责任报告或可持续发展报告
2008.08.05	上交所	上市公司环境信息披露指引	强制要求上市公司披露对其股价有较大影响的环保信息；对环境影响较大的行业披露环境信息
2008.08.12	上交所	企业履行社会责任的报告编制指引	"上证公司治理板块"样本公司、发行境外上市外资股的公司及金融类公司应当披露社会责任报告
2012.09 2012.12	证监会	公开发行证券的公司信息披露内容与格式准则（第2号）与（第30号）	鼓励公司主动披露履行社会责任的工作情况并编制企业社会责任报告，企业社会责任报告应经公司董事会审议通过，并以单独报告的形式与年报在同一时间在指定网站披露
2013.04 2017.05	深交所	上市公司信息披露工作考核办法	按规定应当披露社会责任报告的，未按规定及时披露的，其信息披露工作考核结果不得是 A
2018.05	证监会	上市公司治理准则（修订）	增加了利益相关者、环境保护与社会责任章节、规定了上市公司应当依照法律法规和有关部门要求披露 ESG 相关信息

资料来源：根据公开资料整理。

以瑞银集团的低碳投资组合为例，总部位于瑞士的瑞银集团实施的低碳强度策略，将其资金投向每个行业和地区中碳密集度最低的50%的股票。自2010年以来，该策略的表现平均每年超过 MSCI 世界指数 0.9%，同时与基准指数成分股相比，碳密集度降低了 62%。瑞银集团的低碳强度投资组合表现之所以优异，是因为低碳强度的企业产生的产品/服务的碳排放量低于他们的同行，而碳排放是资源使用的代表。这就意味着低碳强度投资组合投资的企业资源使用效率高于其竞争对手。

5.5.4 社会责任视角下企业绩效的评价

社会责任投资和社会责任消费不仅改变了投资理念和消费理念，而且改变了企业的绩效评价体系和评价方法。所谓绩效评价，就是选定评价指标、评价方法、评价标准，对企业在发展中取得的成绩进行评定。传统的企业绩效评价仅重视经济效益相关指标，而社会责任视角下的绩效评价要对企业的经济、社会、环境等整体效益进行综合评价，既重视企业的财务效益，也关注其社会责任的履行情况，能够客观、准确地对企业绩效做出全面的评价，更能反映企业的可持续发展能力。

基于社会责任的视角，传统的企业绩效评价模式主要存在以下不足：

（1）理论基础不充分。传统绩效评价方法将企业看作是投入产出的生产单位，侧重于企业经济绩效的评价。这是典型的新古典经济思想。而现代企业理论则认为，企业的经营活动既要实现股东利益的最大化，也要关注其他利益相关者的权益，要让所有利益相关者的整体利益达到最大，因此在对企业绩效进行评价时，不仅要关注企业履行经济责任的情况，还要关注企业承担其他社会责任的表现。

（2）指标体系不完善。传统绩效评价指标主要是财务指标，而企业履行社会责任所产生的绩效主要基于非财务指标来进行评价。

（3）缺乏社会责任方面的内容。传统绩效评价结果仅能反映财务指标的表现，不能及时有效地反映企业履行社会责任的情况。

（4）绩效评价缺乏及时性和动态性。传统的绩效评价不利于决策者对企业绩效的连续判断和动态决策，因为它的绩效信息滞后，缺乏时效性，且是一种阶段性的静态评价。

（5）绩效评价缺乏前瞻性。传统绩效评价模式无法对企业的行为进行监测和预警，而社会责任视角下的绩效评价在关注企业绩效的同时注重分析其是否具有可持续性，能够起到良好的监测和预警作用。

进入 21 世纪之后，中国日益重视传统企业绩效评价模式所引致的问题，并尝试进行调整。为对中央企业进行规范的绩效评价，国务院国有资产监督管理委员会于 2006 年发布了《中央企业综合绩效评价实施细则》，从财务和管理两个维度来评价企业的综合绩效。其中，财务绩效定量评价指标选取了 22 个，管理绩效定性评价指标选取了 8 个。但这仍然是一种静态的评价方法，看重的仍然是企业自身的利益是否实现以及实现程度的高低。至于企业生产经营过程中所产生的资源消耗以及对环境可能造成的负外部性，评价体系中则根本没有包括。8 个管理绩效评价指标虽然涉及企业社会责任相关内容，但仅有"行业影响"和"社会贡献"这两个指标，不但数量少，而且排序靠后，权重也较低。若想在社会责任视域下对企业绩效进行全面、动态的评价，就需要构建更科学、合理的评价指标体系。

---------------------------【本章小结】---------------------------

社会责任投资是指与企业社会责任相关的投资，是近年来在全球发展较快的一种新型投资产品。与传统的以经济利益为单一目标的投资模式相比，社会责任投资综合考虑了经济、社会和环境等多重效益。社会责任投资者秉持社会责任理念，通过投资组合筛选、股东倡导和社区投资等策略，选择有助于社会公益、经济发展、环境保护的标的作为投资对象，其投资取向不仅考虑经济利益的回报，还考虑社会的可持续发展，在鼓励企业追求利润的同时，兼顾社会福利，即所谓"义利兼顾"。

社会责任消费是指具有社会责任感的消费者，主观、能动地将个人消费行为与社会可持续发展、国民经济增长、企业对社会责任的承担等联系起来，以手中所持有的货币进行"货币投票"，购买那些积极承担社会责任的企业所提供的产品和服务，以表达对这些负责任企业的支持，同时抵制或摒弃那些和社会责任理念背道而驰的企业，以表达对不负责任企业的谴责。社会责任消费不仅仅体现在购买环节上，责任消费者在产品的使用、处置等环节上也十分重视自身行为对环境及社会所产生的影响。社会责任消费能够推动企业产生积极承担社会责任的内在动力，并进而促进经济社会的可持续发展、人类与自然环境的和谐共处。

社会责任投资和社会责任消费符合社会的整体发展趋势，学者们的实证研究及对积极承担社会责任的企业真实表现的分析，都表明履行社会责任的企业绩效在大多数情况下好于常规企业。

为更好地发挥社会责任投资和社会责任消费对企业社会责任行为的引导作用，需要对责任投资和责任消费积极倡导，包括推动消费者树立"责任消费"的观念和意识，实现企业、媒体和政府的联动。企业首先要增强社会责任意识，转变发展模式，适应具有责任消费意识的消费者的需求。在履行社会责任的同时，企业也要致力于降低成本，以免让消费者承担"社会责任溢价"。媒体要向消费者大力宣传"责任消费"的相关知识，强调责任消费对推动企业履行社会责任、建立和谐共赢的社会秩序的重要意义，做好舆论引导工作。政府则要加强对产品和服务的监督检查，减少生产者和消费者之间的信息不对称，增强消费者对社会消费环境的信心，以释放更大的消费能量。

---------------------------【关键术语】---------------------------

伦理投资　　　帕斯全球基金　　　绿色投资　　　社会责任投资　　　可持续投资
环境、社会和公司治理（ESG）　　　苏利文原则　　　股东倡导　　　社区投资
负面筛选　　　正面筛选　　　多米尼400社会指数　　　社区投资
社会责任消费　　　社会责任消费行为
中国消费者的社会责任消费行为量表（SRCB-China）　　　社会期许式作答

------------------------------【 复习思考题 】------------------------------

1. 社会责任投资有哪些重要特征？社会责任投资模式与传统投资模式有哪些区别？
2. 简要介绍投资组合筛选策略中最常使用的正面筛选标准和负面筛选标准。
3. 从狭义和广义两个角度阐述社会责任消费的定义。
4. 以 SRCB-China 为例简要说明如何测量责任消费行为。
5. 责任消费和责任投资是如何驱动企业履行社会责任的？
6. 社会责任投资和社会责任消费所驱动的企业社会责任行为对企业绩效会产生什么影响？

------------------------------【 推荐阅读 】------------------------------

[1]   博特赖特. 金融伦理学[M]. 静也，译. 北京：北京大学出版社，2002.
[2]   Grant Micherlson. Ethical Investment Processes and Outcomes[J]. *Journal of Business Ehthics*, Vol.52, No.1. 2004(6): 1-10.
[3]   张济建，张为为. 浅析我国社会责任投资筛选体系的构建[J]. 商业会计，2011, (6): 13-14.
[4]   刘丽莉等. 消费领域中的环境伦理探讨[J]. 生态经济，2005(4): 51-54.
[5]   于阳春. 消费者社会责任研究初探[J]. 商业时代，2007(3): 14-15.
[6]   "品质·责任"消费大调查："随心消费"当选 2018 年度消费热词[EB/OL]. 消费者报道，2019-03-01.
[7]   黄光，夏文静，周延风. 消费者社会责任消费行为对企业社会责任行为响应的影响[J]. 广东财经大学学报，2014(6): 43-52.
[8]   常亚平，阎俊，方琪. 企业社会责任行为、产品价格对消费者购买意向的影响研究[J]. 管理学报，2008(1): 110-117.
[9]   Tippet J, Leung P. Defining ethical investment and its demography in Australia[J]. *Australian Accounting Review*, 2001, 11(25): 44-55.
[10] 中国责任投资论坛. 中国责任投资年度报告 2019[C]. 北京，2019.
[11] 王丹. 沪上最先引入社会责任投资，兴全、华宝接力闯关，先行者坦言三方评价短板[EB/OL]. 南方财经网，2019-09-20.

第 6 章
责任管理

学习目标

- ◇ 学习如何将责任管理融合到企业战略、组织、人员以及具体管理措施的各个层面
- ◇ 掌握责任战略管理流程中每个环节需注意的要点
- ◇ 理解社会责任的组织架构
- ◇ 理解社会责任的人力资源政策
- ◇ 掌握社会责任管理的具体管理举措
- ◇ 掌握企业社会责任营销实践的理论基础、实践内容、社会影响、决策依据以及改善对策

开篇案例 蒙牛——用高品质产品和服务满足人民群众对美好生活的需要

蒙牛乳业（集团）股份有限公司于1999年成立于内蒙古自治区，总部位于呼和浩特市，是全球八强乳品企业之一。蒙牛专注于为我国和全球消费者提供营养、健康、美味的乳制品，拥有特仑苏、纯甄、冠益乳等明星品牌，在高端奶制品领域的市场份额处于领先地位。蒙牛一流的品质与品牌价值在国内外得到广泛认可，是2018 FIFA 世界杯全球官方赞助商、中国航天事业战略合作伙伴、金砖国家领导人厦门会晤指定产品，在业界享有盛名。

蒙牛以实际行动助力实现联合国可持续发展目标（Sustainable Development Goals，SDGs），持续推进社会责任发展体系建设，在脱贫攻坚、环境保护、应急救灾、营养普惠、乡村教育等多个领域践行企业社会责任。在抗击新冠肺炎疫情中，蒙牛在武汉捐建"中华慈善总会（蒙牛）疫情防控应急物资中心"，并先后投入7.4亿元款物为全国医护工作者和其他抗疫一线人员提供营养支持。作为行业龙头，蒙牛以"强乳兴农"为己任，致力于通过奶业振兴带动乡村振兴，持续从资金、技术等层面对广大农牧民提供支持。

> 作为"国家学生奶饮用计划"主要参与者,蒙牛牵头发起的"营养普惠行动"已累计为全国欠发达地区1000多所学校捐赠2000多万盒学生奶。
>
> "十四五"期间,蒙牛将立足新发展阶段、贯彻新发展理念,助力构建新发展格局,致力于成为消费者喜爱、国际化、更具责任感、文化基因强大和数智化的世界一流企业。蒙牛将以"点滴营养,绽放每个生命"为使命,以"草原牛,世界牛,全球至爱,营养二十亿消费者"为愿景,用高品质产品和服务满足人民群众对美好生活的需要,推动中国乳业不断实现高质量发展。
>
> 资料来源:
> 蒙牛乳业. 2021 中国蒙牛乳业有限公司可持续发展报告[EB/OL]. 蒙牛官网.
> 蒙牛:深耕中老年消费市场 助力健康中国建设(人民网 2022-04-28)

6.1 责任战略

战略是从整体考虑,为组织一定时期的全局、长远的发展所作出的谋划。企业战略主要帮助企业回答以下几个问题:①组织在未来业务领域的发展模式是怎样的?②组织如何在市场中进行竞争并取得竞争优势?③怎样吸引更多的顾客,提高顾客的满意度,实现组织的目标?

战略管理作为企业经营活动的起点,其总体目标是让企业获得持续的竞争优势,使企业在竞争中能够立于不败之地。当社会责任作为企业经营活动一项不可忽视的要素时,如何将责任管理融入企业战略,保证企业在自身发展的同时为社会和环境创造价值,并最终实现可持续、健康的发展,是责任战略管理需要考虑的重要方面。

6.1.1 企业战略和社会责任

1. 战略和社会责任的关系

社会责任管理与战略的有效融合,是实现企业可持续发展的基础。在今天的营商环境中,社会、环境和伦理风险,以及由此给企业带来的影响,都是企业不容忽视和无法回避的客观因素,也提醒着企业在新的竞争格局中,必须将这些责任要素纳入企业战略中。从当前企业的经营实践中可以看到,更多优秀的企业愿意主动承担社会责任,并且在履责中实现了持续发展,为企业竞争优势的获取提供了新的发展思路。与此同时,在全球范围内,越来越多的企业日益重视企业社会责任的实现,将其视为企业可持续发展的战略目标,社会责任绩效逐渐成为评级机构衡量企业发展能力的重要参考指标之一。

迈克尔·波特(MichaelPorter)指出,企业的公益活动之所以没有促进经营绩效,是因为企业往往将经营活动和社会责任相对立,或者将社会责任简单地理解为公益慈善,没有同自身的战略需求相结合。事实上,社会同企业两者本身就是相互依存的,社会是企业生存发展的客观环境，成功的企业离不开和谐的社会；而企业蓬勃发展所构建的健康的营商环境，是社会稳定和良性发展的重要标志。在这样的关系中，企业只有找到经营活动和社会发展的契合点，才有可能实现可持续发展的目标。

战略是企业和环境间平衡的重要抓手，企业制定发展战略就是为了不断挖掘自己的内部优势，将自身优势与外部环境更好地匹配。社会作为企业管理的重要要素，同企业战略有着密切的联系：①企业战略与企业社会责任都有共同的关注点：重视组织与外部环境的关系，着眼企业的可持续发展；②企业战略与企业社会责任都蕴含丰富的系统管理思想。

企业并不是封闭的系统，为了生存和发展，必须和外部环境进行物质、能量和信息的交换。从系统论的角度看，企业是整个社会系统中的一个子系统，与社会中的其他系统相互作用、相互影响。企业只有致力于整个社会的和谐和可持续发展，才能更有效地实现高效运营。

名词解释　　　　　　　　　　系统论

系统论是研究系统的结构、特点、行为、动态、原则、规律以及系统间的联系，并对其功能进行数学描述的新兴学科。系统论的基本思想是把研究和处理的对象看作一个整体系统来对待。

现象观察

实践中，我们可以看到越来越多的企业将社会责任作为战略的重要部分。一项针对全球范围企业 CEO 的调查表明，他们非常重视企业社会责任同企业战略的融合。半数以上的 CEO 会将环境、社会问题等内容作为战略制定的重要考量；三分之一以上的 CEO 表示会在未来战略中，更多地补充社会责任的相关内容。而更多的企业已经将社会责任的相关内容纳入整个战略体系里，并深度嵌套在各个职能部门的日常管理活动中。

2. 责任战略及管理过程

社会责任战略是指将社会责任的理念全面纳入企业战略管理体系和日常经营当中，尽力满足社会期望和利益相关方诉求，使企业在中长期阶段实现经济和社会效益最大程度上的双赢。

社会责任战略的内涵主要包括以下三个方面：①社会责任战略是要培育可持续竞争优势，实现经济价值和社会效益最大化，然而这种优势需要在企业发展中长期才能发挥作用；②社会责任理念需与企业战略有机融合，并纳入企业日常经营之中；③战略的内容要回应社会期望和利益相关方诉求，获得持久竞争优势的同时，为社会和环境创造价值。因此，企业需要有意识地将责任管理融合在战略管理的整个过程中。

战略管理过程可以分为五个阶段：①设置组织的总体目标。具体包括企业的使命、愿景及总体战略目标的描述，以确定企业未来的发展方向。②对组织的内外环境进行分析。明确组织自身的优势、劣势以及外部环境中的机会和威胁（SWOT 分析），为后续战略制定提供分析依据。③为组织制定不同管理情境下的各个层次的战略。具体包括总体战略、竞争战略以及业务战略。④战略实施。企业需要将战略落到实处，如体现在组织结构、领导及员工政策以及具体的管理控制举措中。⑤战略管理绩效评估，也是战略管理过程的闭环阶段。这个阶段的主要工作为对战略实施的结果进行评估，并根据评估结果对战略进行调整。

战略管理通过计划各个阶段的活动，培育企业持续的竞争优势，战略管理的具体过程如图6-1所示。

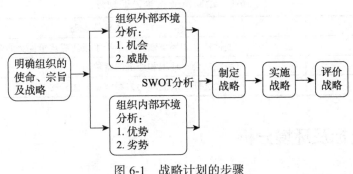

图6-1 战略计划的步骤

同以往的战略管理过程有所不同，责任型战略管理需要将社会责任的理念融入战略管理的所有环节中。责任同战略相融合体现在：一方面，责任的履行模式要和组织战略相适应；另一方面，社会责任在组织战略中应有合理的切入点。例如，如果企业战略强调"技术兴邦"，那么社会责任战略就要更多关注以技术为基础的环保性、可持续性等问题。责任战略和组织战略相融合、相适应，才能够更容易得到组织中的决策相关方，特别是业务部门的认同。

企业的社会责任同战略的融合，需要充分考虑战略管理的全过程，将责任管理渗透到战略管理的每个环节。同时，考虑到战略管理是一个闭环过程（图6-2），责任管理的融合还需要顾及各阶段之间的反馈，以确保这些阶段始终保持协同。

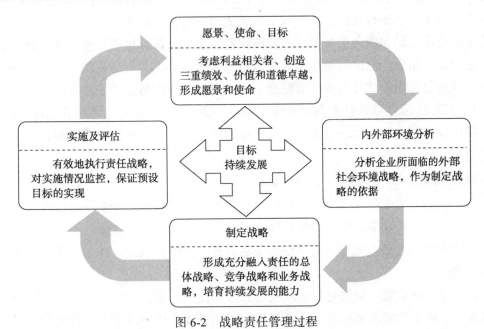

图6-2 战略责任管理过程

企业社会责任同战略管理的深度融合，旨在打造企业的责任竞争力。责任竞争力指的是企业既能够保持经济上的持续优势，同时又能够创造卓越的社会和环境价值，并在此基础上实现可持续发展。相关调研表明，超过半数的企业认为，承担社会责任，能够有效地增强企业的社会信誉度、帮助企业获取可持续的竞争优势。企业责任竞争力的划分见表6-1。

表6-1 企业责任竞争力的划分

责任竞争力分级	企业具体表现
零水平	牺牲社会和环境效益、不择手段达成竞争优势的企业
一级	兼顾社会、环境和经济的竞争力
二级	社会责任实践能够助力经济竞争优势的获取

6.1.2 目标及环境分析

1. 责任战略目标及意义

在社会不断进步和发展的大背景下，企业承担社会责任已经成为大势所趋。面对利益相关方的诉求，积极回应、主动部署已经在业界达成共识。在实践中，如果缺乏谋划，社会责任有可能成为企业的经济负担，产生矛盾，导致资源浪费。为了充分发挥企业社会责任促进社会和谐发展和助力企业持续发展的作用，需将责任融入战略目标，实现由"被动完成"向"主动融合，实现发展"转变。

责任战略管理的首要步骤就是要将企业社会责任理念融入企业的总体战略目标中，构建企业社会责任的战略观来指导企业的发展方向。其中，在愿景和使命中体现社会责任尤为重要。目前，已经有大量优秀的企业，将社会责任作为战略目标描述中最为重要的内容，在经营中一丝不苟地践行责任，并获取了卓越的可持续发展能力。

传统企业的愿景和使命更多关注于经济收益，而经过认真思考并合理融入社会责任型愿景和使命能够给更广泛的利益相关方带来更加积极的影响，创造积极的社会效应。在企业的总体战略目标中构建社会责任战略观，融入责任概念的愿景和使命可以促进企业重新思考存在的意义，真正从系统的角度来审视自己，指引企业的经营思维和管理理念的转变，重塑并强化体现社会责任的企业价值观，并在此原则下，进一步优化资源配置，指引企业的战略制定和执行。

2. 责任战略目标——愿景、使命、目标

企业是社会构成中的重要成员，以社会本位主义为出发点，企业的目标本身就是多元化的，除去谋求股东利润，还应维护其他利益相关者，增进社会总体利益。企业社会责任是对传统的股东利益最大化原则的重要修正和补充，战略目标中，社会责任主要体现为对利益相关者的关注。

一般来说，确定组织的战略目标从明确愿景和使命开始。

愿景是企业所期望达到的状态或者结果，表明企业希望通过努力，带领全体员工把企业发展成所要达到的样子。企业愿景由核心信仰和未来前景两部分组成。强有力的愿景能够推动组织向更高的目标进发，激发起组织全员上下坚持不懈的进取心和求胜意愿。当责任作为重要的要素加入愿景的陈述中时，会产生很强的激励作用，推动员工积极参与，促进企业战略意图的达成以及持续竞争力的获取。

考虑到长远发展，企业应至少做到以下两个方面：

（1）企业需要重视愿景中社会责任的体现，深度挖掘自身应承担的责任和对利益相关方应尽的义务，培育全员责任意识，并将这些内容明确地呈现在企业的愿景中。现实中，我们可以看到，很多企业的愿景中已经传递出积极承担社会责任的信号，充分体现了对利益相关者的关注。

（2）要从战略顶层设计中找到社会、环境和经济要素之间相辅相成的关系，并体现在愿景中。例如，当企业的愿景是希望通过持续积极的大力投入来恢复和保护自然环境时，愿景中企业就需要一定程度的牺牲成本和让渡股东的部分利益，这种相辅相成的内在联系是企业整体发展合理和协调的基础（图6-3）。

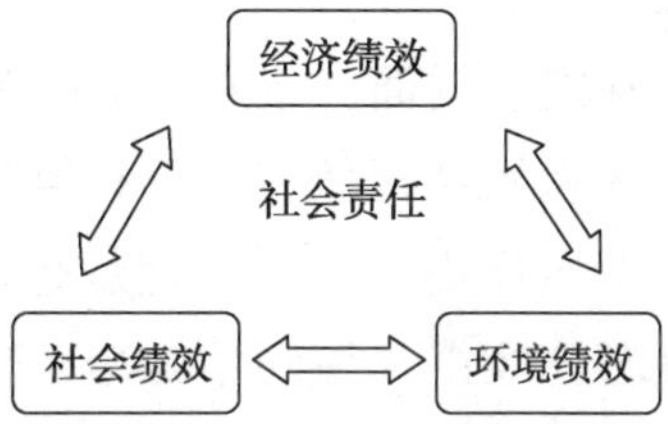

图 6-3　愿景的核心内容

使命是指企业对自身和社会发展所作出的承诺，体现了企业的根本性质和存在的理由。如果愿景是勾画企业的未来发展方向，使命则是表明企业目前如何行动。使命定义了企业在全社会经济领域中所经营的活动范围和层次，反映企业在社会经济发展中所应担当的角色和责任。具体内容包括典型的市场、客户、产品生产流程，以及企业在经营活动中所遵循的价值观等内容。

使命是企业生产经营的哲学定位，体现了企业的经营观念，是组织自我生命意义的定位，因而能够更深入、细致地反映企业的社会责任。现实中，使命的定义需要企业投入更多的思考和斟酌。

使命的内容中，应尽可能地考虑到利益相关者对企业的印象以及对企业应当如何经营的期望。现实中，企业要和各方利益相关者建立长期有效的对话机制，以便了解和评估利益相关者，并切实地反映在使命中。传统的战略管理过程中，使命的确定往往更多考察企业的高层管理者以及核心利益相关群体的利益。实际上，尽管上述做法能够赢得主要群体的支持，但由于忽视了非核心利益相关者，使得使命描述带有明显偏颇，不利于企业的长期发展。从社会责任承担的角度看，使命应当全面地反映企业对所有利益相关方的考虑，充分平衡各方利益，体现企业的正确定位和经营逻辑。企业使命中应关注的相关方不仅应包含核心利益相关群体，也应考虑到更广范围的其他群体（图6-4）。

图 6-4　责任型使命关注的利益相关方

战略目标是对企业战略经营活动预期取得的主要成果的期望值，通过对愿景和使命的内容展开并具体化，进一步阐明企业的经营目的和社会使命。考虑到企业社会责任，战略目标的设定不仅包含将责任观融入顶层目标，还需将其具体化到战略的每个层面，将笼统、抽象的陈述转化为中长期、短期、可以进行操作的目标。例如：在愿景和使命中对环境的关注，在短期目标中可以具体化为"选择100%无污染无公害的农产品作为原料"。

3. 环境分析

战略管理是一个闭环管理的过程，这意味着在这一过程中，企业需要随时关注环境和自身，并据此来调整战略。在这一过程中，对组织当前的状况作出评估是非常重要的环节。对当前状况的评估工作要围绕组织的外部环境（机会、威胁）和企业内部条件（优势、劣势）进行分析，并据此来制定具体战略。责任战略中的环境分析更需要企业将社会责任要素加入环境分析的各个部分中。企业的外部环境分析可以从宏观和产业两个层面进行。

在宏观层面，按照经典的政治、经济、社会和技术四个维度观察，当前企业面临的宏观环境在社会责任方面都有值得关注的点：在政策方面，环境保护等相关立法在数量上更多、覆盖面更广，对于违规企业的处罚也更加严格；在经济方面，"绿色"已经成为多数地区整体经济环境的主旋律，落实科学发展观，加快经济由粗放型向集约型转变，已经极大地改变了中国市场环境，特别需要引起企业的重视；在社会方面，公众对公正、伦理、环境保护等方面更加重视，各种公益和志愿团体的活动和影响力也更强；在技术方面，出现了大量针对环境保护、可持续发展的技术方案。所有这些环境要素及其所产生的影响，都是企业在制定责任战略时需要重点予以考虑的方面（表6-2）。

表6-2　宏观层面的企业外部环境分析

政治	环境保护等相关立法
经济	"绿色"经济已经成为多数地区整体经济环境的主旋律 落实科学发展观，加快建设经济由粗放型向集约型转变的市场环境
社会	公众对公正、伦理等方面更加重视 各种公益和志愿团体的活动和影响力更强
技术	环境保护、可持续发展的技术方案

在产业层面，运用五力模型的分析可以发现，企业社会责任要素在很大程度上改变着企业的产业环境。今天的顾客更愿意接受绿色产品，支持可持续发展生产方式下产出的产品。同时，对社会责任的关注也改变着价值链上企业同供应商之间的关系，产业中的优秀企业基本都采取了可持续的、集约型的发展模式。此外，依赖于绿色、可持续发展的新型创业模式对行业壁垒所产生的冲击也越来越引起产业关注。影响产业环境的责任要素（图6-5）。

价值链分析是企业内部环境分析的常用工具，通过将企业活动进行分解，考虑活动本身及其相互之间的关系以及各种活动的价值贡献度来确定企业的竞争优势。传统的价值链分析模型中，财务利润最大化是模型的预设结果，通过分析各职能活动所创造的价值来筛选企业的优势资源和能力。考虑企业的责任战略管理，原有的价值链分析可以将三重绩效（社会、环境以及经济）作为预设结果对企业的社会责任履行能力进行重新考察，新的价值链分析模型见图6-6。通过责任价值链分析，可以帮助企业分析自身的责任能力与优势，为下一步制定战略提供依据。

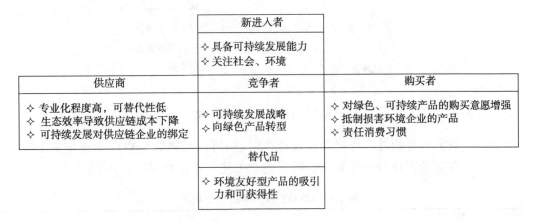

图 6-5　影响产业环境的责任要素

资料来源：奥利弗·拉什，罗杰·N. 康纳威. 责任管理原理[M]. 北京：北京大学出版社，2017.

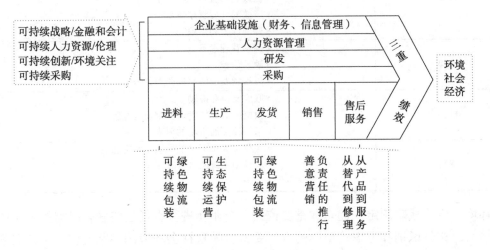

图 6-6　责任管理价值链

资料来源：奥利弗·拉什，罗杰·N. 康纳威. 责任管理原理[M]. 北京：北京大学出版社，2017.

与价值链分析有所不同，资源基础理论在分析企业的内部优势时，将企业视为一个完整的资源的结合体，以资源的基本特性来解析企业的可持续竞争优势。资源基础理论认为，企业拥有的资源的异质性决定了企业竞争力，而作为可持续竞争优势的资源应当具备以下几个条件：①资源有价值；②稀缺，竞争对手获取困难；③不能完全被仿制、其他资源无法替代。资源所具备的特点以及给企业带来的竞争优势情况（图6-7）。

从责任管理角度看，企业在制定战略时，还需按照上述分析框架来判断自身目前的责任能力资源的特点，以便在后续战略制定中有意识地发挥和利用优势，打造企业的持续竞争优势。

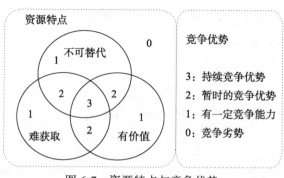

图 6-7 资源特点与竞争优势

当企业明确了自身的外部环境以及自身特点,即可在经典的 SWOT 分析框架下进行责任战略定位,在新的责任分析框架中,需要企业关注的责任要素(表 6-3)。

表 6-3 SWOT 分析中的责任要素

分析维度	责任要素
优势	• 理解社会环境,有相关的专家 • 社会责任的企业文化 • 健康的利益相关者关系 • 有效的环境管理体系 • 好的商誉和形象
劣势	• 高层管理者不重视 • 缺乏信誉 • 可持续发展的管理能力欠缺
机会	• 政府支持和鼓励 • 投资人对责任管理型企业有好感 • 可持续发展市场的形成
威胁	• 法律法规对不尽责的惩罚力度加强 • 利益相关者的监督及曝光 • 环境压力

环境分析是战略制定的起点和重要依据,企业在进行责任战略融合时需投入足够的时间和精力,充分识别和考虑环境中的责任要素。随着社会环境的不断变化,责任要素的内容和影响力也在发生快速的改变。随时关注这些变化,及时地预测对企业产生的影响,是企业责任管理的重要内容,也是企业提升自身责任管理能力的重要举措。

6.1.3 制定责任战略

在完成内外环境分析之后,企业开始进入战略制定阶段。按照企业战略所覆盖的范围和内容,可以划分为总体战略、竞争战略(业务单元战略)、职能战略三个层次(图 6-8)。总体战略是企业最高层次的战略,决定企业选择哪些市场以及在价值链上的哪个环节创造价值;竞争战略涉及各业务单元,主要任务是明确各业务单元的竞争与经营方式;职能战略涉及企业内各职能部门的具体运营手段,为各级战略服务。企业的责任战略管理则需要在制定战略时,充分考虑各层战略中的责任要素,形成责任履行同绩效实现之间的良性协调。

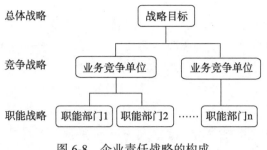

图 6-8　企业责任战略的构成

1. 总体战略

总体战略规定了企业未来的整体发展思路，主要类型包括增长型战略、稳定型战略、紧缩型战略。增长型战略意味着企业会扩大规模、进入新市场，具体方式包括多元化、一体化（横向/纵向）；当企业选择退出一些市场、关停一些业务单元时，表示企业在采用紧缩型战略；而当市场环境相对稳定时，企业也往往保持原有业务和经营模式，表示企业在使用稳定型战略。

总体战略本质上决定了企业未来做什么和不做什么，在市场和业务的选择和放弃上，责任要素的影响不容忽视。

企业榜样　　　　　　河北钢铁集团的"绿色发展"选择

提到环保，传统钢铁业一直是节能减排备受关注的焦点，节能减排作为钢铁企业应尽的社会责任，不仅是企业生存发展必须面对的现实，还是企业增强竞争力的必然选择。河北钢铁集团作为中国的特大型钢铁企业，在企业战略选择上，坚持了高质量发展、绿色发展，不断强化投入力度，加快发展方向转型步伐，努力实现企业从资源消耗型向资源节约型、环境友好型企业的华丽转型。

2019 年，河北钢铁集团开展 16 项节能减排改造项目，进一步加快全流程绿色制造技术研发与应用，河钢唐钢、河钢邯钢、河钢石钢超低排放改造基本完成；吨钢氮氧化物、烟粉尘排放量、吨钢耗新水量分别低于行业平均水平的 18%、8.2% 和 13.8%；自发电比例同比提高 4.3 个百分点。

河北钢铁集团秉持"绿色发展、生态优先"的理念，持续深化与中国铁路北京局集团的战略合作，开展"绿色物流行动计划"，在北京、雄安两地联合建立绿色物流基地，形成了"公转铁"新业态；携手东北大学、北京科技大学等院校在绿色制造、金属材料、智能制造等领域进行深度合作，进一步夯实行业前沿技术的研发能力，共同开发亚熔盐法高效清洁利用技术，打造钒渣产业化示范工程，成为全球首个拥有钒、铬资源高效同步提取技术的企业，攻克钒冶金"三废"产生量大、末端治理难等世界性难题。

河北钢铁集团贯彻落实绿色发展理念，努力发挥产品制造、能源转换和消纳社会废弃物三大功能，通过工业余热的方式供应生活采暖，其服务面积高达上千万平方米，年度发电量突破 100 亿千瓦时，实现从"绿色制造"到"制造绿色"的转型升级。

> 截至目前，河北钢铁集团积极响应压减产能政策的号召，累计淘汰炼铁产能820万吨、炼钢产能1272万吨；不断加强投入力度，开展460余个重点节能环保项目，累计投资金额近200亿元，构建了以能源、水资源、固体废物"循环圈"为核心的"绿色制造"体系，成为中国环保绩效和花园式工厂宜游景观领域的领跑者。
>
> 在践行绿色发展战略的过程中，河北钢铁集团在有效地履行企业社会责任中，实现了企业的品牌价值，也逐步形成了维系企业持续发展的竞争优势。

在责任管理的前提下，企业市场和业务领域的选择不能仅仅从经济效益来进行判断。在经典的经营业务领域选择分析工具——波士顿矩阵分析中，判断进入还是退出某个业务的两个维度标准是：市场吸引力（增长率）和市场地位（占有率）。当把责任管理纳入企业市场选择的考虑范围时，有必要对上述分析标准进行重新界定。企业在选择是否进入某个市场时，环境和社会的因素需要成为判定市场的必要条件。当涉及的业务有悖于社会和谐，甚至会破坏社会和谐时，无论其市场增长率和占有率的优势如何，企业都应该放弃这种类型的市场。

2. 竞争战略

竞争战略，即在总体战略的框架基础上，为经营单位的计划和行动提供指引，其核心问题是如何根据顾客需求、竞争者产品及该企业产品之间的关系，明晰该企业产品的市场特定地位并保持竞争优势。竞争战略的类型可以划分为三种：成本领先战略、差异化战略和集中化战略。

迈克尔·波特围绕企业竞争战略的选择提出了经典的分析观点。他认为，企业可以根据市场的范围，采用不同的竞争战略；同时，在选定的市场范围内，采用低成本低价格在市场上比拼，或者通过差异化的产品进行竞争。但是，无论采用怎样的竞争战略，企业最好不要"卡在中间"，即希望产品成本低廉，同时其差异化程度又很高。随着生产技术的进步，也有学者提出，可以实现低成本和高差异化两者兼得的战略。然而，在企业实践中，能够很好地解决两者矛盾的企业还不多。

成本和差异化是影响企业进行竞争战略选择的两个重要因素，责任管理对于上述两个方面都发挥着重要的影响作用，责任管理能力强的企业，会依赖责任融合提升和优化企业的市场地位。例如，有效提高自然资源的使用效率，可以帮助企业降低成本；由于顾客更愿意购买可持续的环保产品，使得企业产品获得"持续溢价能力"，从而解决波特提出的"卡在中间"的状态，帮助企业寻求到具有竞争优势的新市场。

3. 职能战略

职能战略是在总体战略以及竞争战略的指导下，对企业内部各个职能部门和单元的活动进行更为具体的谋划，一般可分为生产运营型职能战略、资源保障型职能战略和战略支持型职能战略。相较于总体战略，职能战略的时间跨度较短，内容也更具体、更专业化，有较强的行动导向性；同时，职能战略的制定和实施需要有基层管理人员和员工的积极参与和支持。

职能战略作为企业整体战略中的落地部分，同利益相关者有着更为紧密的联系，是渗透责任理念和意识的重要通道。

（1）各职能部门的战略举措涉及大量的企业员工，员工既是企业责任管理的主体，又是责任管理中重要的利益相关者。

（2）员工还肩负着责任管理的执行人和推广者的责任。工作中，基层员工直接面对顾客、供应商；生活中，员工是社会群体的重要构成部分。只有使责任理念能够惠及员工，并成为员工日常工作的行动指导，才能保障责任管理的落地。

（3）作为社会成员，由企业传递给员工的责任感，能够有效地传递给社区，在更广泛的利益相关者范围中发挥积极的影响作用。

此外，职能战略的多样性和针对性，能够广泛且有效地覆盖企业各个单元，对竞争战略和总体战略给予有力的支持。责任理念在总体战略中的体现可能是一小段描述，甚至只是几个词汇，怎样依据不同职能部门和工作任务的自身特点，将责任管理融入日常业务，则需要职能战略的精确设计、有机配合。例如，在海尔"绿色"发展这一大的责任理念下，具体到生产制造部门，就体现为废旧家电的回收拆解；而具体到设计部门，则体现为产品生命周期的管理。正是所有部门各有特色的责任融合，才支撑起海尔卓越的可持续发展能力。

▶ 6.1.4 责任战略的执行及评估

1. 责任战略实施

确定了责任战略并不意味着战略管理工作的结束，如果战略不能转化为实际行动和业绩，再好的战略规划也没有用处。因此，企业还需进一步制定相应的实施方案和行动路线，指挥和协调企业内的业务活动，清晰地告诉企业中所有的部门和员工做什么以及怎样做。

在战略规划阶段，如果企业更加重视具有共性的理念挖掘和理论上合理性的探讨，那么到了执行阶段，就需将目光关注在战略的可操作性上。很多文字上严密、合理的战略蓝图，当落到执行层面时，就会暴露出相关的问题。一项就企业管理者关于"在实施责任管理时，什么因素会阻碍贯彻落实事先规划好的战略"的调研表明，超过40%的CEO认为，由于对任务的优先顺序把握不当，导致战略的执行受阻；近40%的CEO认为，让所有的职能部门全面推广实施责任管理战略，存在一定的难度。该调研结果反映出在实践中责任战略的落实和执行存在一定的问题。责任管理越是能够有效地整合到核心业务和企业的主要经营流程中去，企业就越能够从中获得回报，培育起强大的持续发展能力。因此，尽管存在着困难，企业也应该不遗余力地将责任管理推行到底。

将企业在纵向上所有层次、横向上跨所有职能部门的战略构想有机地连接起来，是执行战略的主要任务。战略实施和责任管理横向挂钩时，需要依托以下两个方面：①将责任管理战略和企业的基础设施、资源以及组织结构进行连接，找到责任管理赖以推行的实物基础。②在责任推行中，引入知识、文化等软性要素，通过人力资源以及沟通等管理机制，建立责任管理的软环境。

在实践中，企业通常会出现重视"实物"忽视"软环境"的情况，具体表现为：从企业的组织结构设计、生产环节来看，既有责任管理推行的部门，也有节能减排等更为具体的流程和设施。然而，企业在责任管理的推行上成效并不显著，产生的环境和社会效益也不明显。进一步观察可以发现，在这种类型的企业中，往往缺乏责任管理战略执行的软环境。在针对50多个国家1000多家企业的一项调查中，半数以上的企业认为，导致本企业战略不能有效执行的因素在于信息沟通不畅；近半数的企业认为决策机制设计不完善是影响战略执行的重要因素；此外，人员动力不足也是影响因素之一。因此，促进战略实施最有效的因素不仅包括企业的设备、组织结构等硬性资源，还需要有好的软环境。

在战略实施方面：①企业要有可靠的治理机制确保企业行动同责任战略的目标相一致。在上市公司的治理机制中，不仅仅是所有者的利益，其他利益相关者的利益也需要给予足够的关注。合理的董事会构成，能够有效地平衡各利益相关方的诉求，也是目前上市公司采用的主要的组织治理机制。②除去结构上的保障，在机制上也需要有相应的配合。企业的责任决策、沟通以及控制，都是让结构真正发挥作用的关键。目前，多数企业的做法是在组织结构中，专门为责任管理设置岗位，以推进责任战略的实施。此外，责任管理的实施还需要企业有意识地在企业中营造责任氛围，通过企业文化、奖惩机制、领导方式等，调动全员的积极性，形成责任战略的软环境。

2. 责任战略评估

在战略实施的过程中，企业需分阶段、及时地对执行的效果进行评估，以检查组织是否朝着既定的使命宗旨方向行进、目标的完成度如何，并根据评估结果对战略进行调整，实现战略的闭环管理。在评估战略的有效性时，不仅要考察前一阶段具体目标的实现情况，而且要关注责任竞争优势的培育与获取。如果评估结果表明战略的实际执行情况同目标有较大的偏差，企业就需要判断是哪个环节出了问题，在必要的时候需重新进行目标的规划和调整。

平衡计分卡是经典的绩效评估工具，具体评估维度包括财务、客户、内部运营、学习与成长四个方面，主要用于评价组织的战略落实情况。由于可以通过建立"战略指导"的绩效管理系统，保证企业战略得到有效的执行，因此，平衡计分卡是目前公认的加强企业战略执行力的最有效的管理工具。传统的平衡计分卡更注重以财务为主要目标的绩效评估，随着发展，不断有新的目标和量化指标被加入计分卡中。责任管理平衡计分卡更侧重评价指标中的责任要素，是目前评价责任战略实施效果的常用工具（图6-9）。

责任管理平衡计分卡将企业的责任战略目标落实到每一个事业部、职能部门、员工甚至供应商，很好地兼顾了三重绩效，能够有效地帮助企业培育责任竞争优势，获取持续发展的能力。

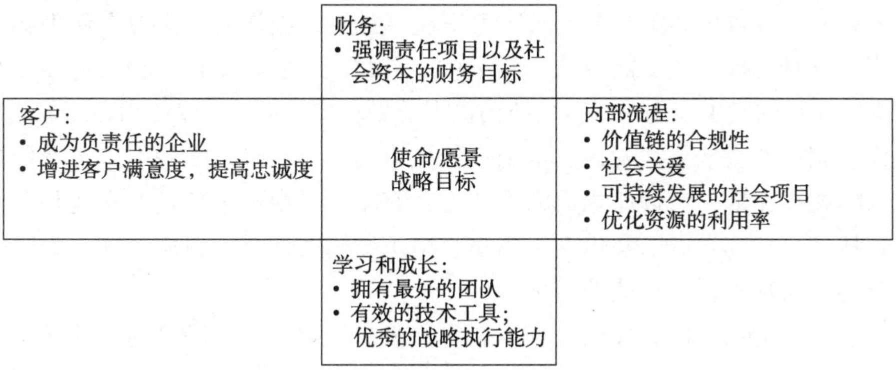

```
       ┌─────────────────────┐
       │ 财务：              │
       │ • 强调责任项目以及社 │
       │   会资本的财务目标   │
┌──────┴─────────────────────┴──────────────┐
│ 客户：          │           │ 内部流程：       │
│ • 成为负责任的企业│使命/愿景  │ • 价值链的合规性 │
│ • 增进客户满意度，│战略目标   │ • 社会关爱       │
│   提高忠诚度     │           │ • 可持续发展的社会项目│
│                  │           │ • 优化资源的利用率│
└──────┬─────────────────────┬──────────────┘
       │ 学习和成长：        │
       │ • 拥有最好的团队    │
       │ • 有效的技术工具；  │
       │   优秀的战略执行能力│
       └─────────────────────┘
```

图 6-9　责任管理平衡计分卡

6.2　组织及人员保障

组织结构和人力资源是企业战略达成的重要保障。结构作为企业运行的重要承载，其设计的有效性对于企业的运行效率以及可持续发展能力的获取至关重要。人力资源管理则会根据企业发展战略的要求，有计划地对人员进行合理配置，为企业达成目标提供最基础的资源。责任型企业中，合理的组织结构和人员管理是保证可持续目标实现的基础。

▶ 6.2.1　责任型组织结构

组织结构设计是根据组织目标和组织活动的特点，对组织构成要素和它们之间的连接方式进行设计，主要包括划分管理层次、确定组织系统以及选择合理的组织结构形式。现代管理理论认为，组织结构的设计和调整实质上是一个组织变革的过程，通过这一过程，企业的任务、流程、权力和责任可以得到更加有效的组合和协调。

1. 责任要素与组织结构

从组织结构所涉及的内容看，组织设计是一个理性的过程。组织各项要素的设计与连接所要达成的结果就是优化组织的产出。然而，当责任管理理念成为企业运行的必要情境时，组织设计这一理性的过程，乃至组织结构这一理性的结果就必须进行重新思考。从理性的角度看，企业可以通过组织扩张等手段，解决和改善资源获取和使用方面存在的问题。但是当这种扩张有可能带来区域经济问题，或者带来环境和生态问题时，单纯依靠理性的决策手段很难帮助企业找到答案。正如学者所提出的：组织理论和商业伦理是硬币同时存在的两面，前者反映合作中的实然性问题，而后者反映了应然性问题。

名词解释	实然性和应然性

实然性是指事物事件的现实状态，可作真假之事实判断，而不能作是否合乎目的、是否正义的价值评价。应然性指的是应该的样子，指事物事件的应该存在的状态。

那么，如何理解责任型组织结构？①考虑企业的责任要素时，需要重新理解组织这一概念。在责任管理的环境下，需要从三重绩效、利益相关者以及伦理视角重新审视企业，当企业的本质和目的发生变化时，组织结构也需要做相应的调整，以便满足新的要求。②组织设计中需有明确的责任要素融入。根据责任战略的规划，组织结构中应有责任要素的体现，如设置哪些责任部门？责任相关的工作任务有哪些？由谁来负责？在此基础上，进一步思考在责任、可持续发展以及伦理视角下，组织结构的调整和适应方式，为责任管理搭建相应的结构，实现责任型企业的目标。

良好的责任型组织结构能够保证企业产生积极的三重绩效，满足内外部利益相关者的价值达到最大化。同时，组织结构中的各项责任决策都能很好地融合在企业的经营过程中。

构建责任型组织结构，需要解析责任管理同组织结构相结合的内在机制。责任管理在企业中的推行和实施，需要有负责决策和执行两类活动的岗位，相应地，组织结构中也需要有决策职能和执行活动的岗位设置。决策职能是责任管理的"大脑"，承担总体设计及指挥的作用，在组织结构中设置在高层管理职能中；执行活动则是责任管理的"四肢"，分布在各层级的组织里，并且需要有运行机制予以保障，在组织结构中设置在基层管理职能中。

2. 明确组织结构的现状

权变理论认为，不存在最好的、标准化的管理模式，只有最适合于企业实际的管理，组织结构亦是如此。优秀的责任型企业，几乎没有完全相同的组织结构，不同的企业有着各自不同的架构和机制。企业如何将责任管理融入自己的企业结构中，构建适合自己的责任型组织结构，需要知道自己的"起点"，明确组织的目前状况。

组织结构显性特征的判断和理解相对容易，如组织的结构类型、分工程度、管理幅度等，了解这些特征给组织结构产生的影响，是构建合理组织架构的前提。理解和认识组织现状的难度在于，对组织本身所包含的隐形特征予以辨识和理解。

组织的内隐特征是指组织中源于管理者以及组织成员的社会特性、对组织的理解认知，并由此反映到组织结构运行中的不同管理理念以及机制设计。例如：当组织的管理者的社会属性倾向于个人主义时，他所构建的组织结构会更重视员工个体，相应的管理考核机制也偏向于个人业绩。在这种类型的组织中，责任管理的推行也会更注重鼓励每个人发挥各自的责任影响力。

对组织的内隐特征的认识和理解不能用是与非的标准来判断。从现有的分析视角看，用来观察分析组织结构上述特性的视角包括"个人主义和集体主义""现实主义和建构主义"以及"工具化和制度化"三个方面。结合责任管理情境，上述三个视角下看待和构建责任型组织结构存在着差异，这些差异也是企业认识组织"起点"应予以关注的重要内容。

1）个人主义和集体主义

是个人主义还是集体主义，本质上是从企业文化的视角来观察组织。重视个体的组织强调个人目标和员工需求的重要性，在组织层面的表现为"道德和责任是个体最重要的品质"，员工需要对自己的行为负责。组织如果整体上是认同个人主义的基调，那么责任管理的推行方式就更强调认真对待每一位员工，相关的管理要求倾向于体现在每个人的岗位描述中，相关培训和沟通更多为技术和业务型，旨在让每个员工都能够独立地为责任型企业贡献力量。

相应地,集体主义的组织中更关注社会规范以及组织作为一个整体的绩效。这种类型的组织认为集体行为不能简单地理解为个体行为之和,组织是要对行为结果负责的实体。现实中很多企业由于不当的行为受到谴责,但组织中的多数个人并没有承担具体的责任。在信奉集体主义的组织中,责任管理的焦点是打造一个可持续的、伦理的和负责的企业文化。典型的做法包括团队决策、集体协商、责任经营绩效的总体会议,关注组织内的整体氛围以及和外部利益相关者广泛的合作。

2)现实主义和建构主义

现实主义认为,企业中行为的对错应当由是否符合普适的标准和规则来判断。员工应当遵守相应的法律、规则,在社会责任管理情境下,组织行为应符合主要的道德原则和伦理。因此,现实主义的企业中非常重视管理规则和控制机制,推崇道德伦理守则以及量化工具(如平衡计分卡)等措施的采用。

与现实主义不同,建构主义否认既定的规则和框架,认为固有的认知框架会影响组织的价值判断。伦理决策是通过社会共同的认识和信仰形成的,人际互动也是基于期望而产生的结果。因此,建构主义的企业会更崇尚建立开放、互动式的沟通方式,通过这种方式激发组织活力。建构主义的企业在实践中体现为同利益相关者频繁、机制性的交流,以及开放创新的文化氛围。

3)工具观和制度观

工具观倾向于将组织看作理性的、为达成目标而构建的工具。工具观的思维模式容易导致企业纯粹商业化,认为组织就是盈利和达成目标的手段。实践中,这些企业承担社会责任的目的仅仅是给企业带来经济回报,且在责任推行上,也更有可能采用功利性的公益活动以及被动的责任承担。

制度观则认为,组织本身具有资产价值之外的内在价值。随着组织的发展,其本身会形成"制度",组织中的成员也会产生认同和依赖,这一制度化的过程会影响企业的伦理决策。组织本身的道德认同、集体恪守的规范和价值观是组织结构构成的重要因素,也是责任管理推行需考虑的先决条件。

将三组相对立的观点综合考虑,可以在一定程度上决定责任管理的"起点",判断企业的初始状态,并在此基础上选择相应的责任推行方式(表6-4)。

3. 建设责任型组织结构的原则及要素

组织结构是为了达成企业目标,由分工与合作以及不同层次的权力和职责配置所形成的正式框架,它反映了组织中的任务、权力、职责运行的流程和规则,所有这些规则旨在让企业运作更为顺畅和高效。

企业的责任管理推行可以落实在组织结构中的任何一个层次和任何一个部门:从CEO办公室到最基层的工作小组和团队,由人力资源、营销部门到生产制造、采购;此外,负责责任管理职责的部门和岗位名称众多,包括企业信誉管理、公民行为、环境风险监控等。同组织结构本身一样,责任管理同组织结构的融合方式众多,很难找到统一的、标准化的

表 6-4 组织的初始状态及责任组织构建要点

初始状态判定	责任组织构建要点
个人主义和集体主义： • 组织应将责任管理和可持续发展责任落实到每个员工 • 责任管理应当由组织层面思考，个人行为应纳入集体中	让员工坚信，责任首先存在于每个人自己的内心，每个人都应该为道德和伦理行为负责，在此基础上，形成责任管理的集体合力
现实主义和建构主义： • 员工的社会责任行为是一种义务，需有相应的法律、法规和标准 • 员工会本着让组织发展更好的精神，形成共享的信仰和价值观，进而自发地组织社会责任活动	应当有道德行为规范和依据；企业社会责任的行为主体是组织，企业应当是社会责任的主体并对自己的行为负责
工具观和制度观： • 企业由一小部分关心可持续发展的管理者主导，他们会推动员工完成任务 • 可持续发展是企业的共同目标，在可持续发展、伦理以及责任管理方面已经形成了一定的道德标准	为达到组织目标，组织结构中的人际互动和社会共享价值有利于伦理决策的形成。组织结构要有助于建设"责任、可持续发展和伦理"的文化氛围

做法。责任型组织结构的建立涉及很多问题：责任管理的岗位设置在哪里？这些岗位具体发挥什么样的作用？以及组织内的责任沟通及协调机制如何设置？上述问题的回答，本质上也是在回答责任要素如何同组织结构相融合，如何形成可持续发展的职责和制度结构。

实践中，很多企业通过责任管理提升了竞争力并获得了可持续发展能力。当责任管理上升到战略层面时，按照结构跟随的观点，构建责任型组织结构是实现战略意图的基本保障。由于组织的规模和结构类型各有不同，企业在融合责任管理时的方式也各有不同。有的企业会采用小幅度、渐进式的调整，也有企业会采用"大刀阔斧"式的改革。事实上，不同方式都可能达成责任型组织结构，但需要格外注意的一点是，无论采用怎样的方式，企业必须随时锚定自身的战略，结合现有的组织结构状态进行结构调整。除去组织结构设计的一般原则，责任型组织结构的建构还需要考虑其他问题（表 6-5）。

表 6-5 责任型组织结构的建构需要考虑的问题

- ◇ 部门的新增与删减：当企业处于责任管理的初始阶段时，需要考虑设置新的部门或岗位来专门承担责任管理相关工作的部署，负责对相关政策、机制和流程进行总体安排；同时，现有流程、岗位甚至部门可能会由于不能支撑新的责任目标要求而进行取消或合并。
- ◇ 责任同现有流程的整合：责任管理的相关要求要具有明确的表述，并将其合并到现有的组织结构相关文件中（组织结构图、流程说明、岗位说明等）。
- ◇ 保持组织自治：责任要素、组织的流程要同企业的责任战略目标相一致；同时，要考虑组织的文化建设，保持文化对目标的支撑性，维持组织的自治性。
- ◇ 利益相关者的沟通机制：一般组织结构对于内部沟通都有较为成熟的流程和要求，当组织向责任型转化时，需要格外关注企业同利益相关者之间良好的沟通机制，尤其是外部利益相关者。

组织结构的类型有所不同，在进行责任管理时，需要具体问题具体分析，采用适宜的管理方式。例如，当现有组织结构为高耸型时，在信息沟通上则可能存在信息过滤以及上传下达时的效率问题，这时，责任型组织结构设计的重点就是对原有的沟通结构和机制进行调整。

在构建责任型组织结构时,每种类型的组织都有其优点和缺点,需要企业管理者予以甄别,并在此基础上,根据企业的实际情况,因地制宜地进行设计。常见的组织结构类型中融入责任要素时,需要注意的问题包括以下几个方面:

(1)科层式的组织结构。由于生产运营不需要过多的外部支持,组织结构对内部控制的程度较高,在同外部利益相关者合作时容易产生障碍;科层式的组织结构具有高度的稳定性,这也会一定程度地阻碍组织内部变革的开展。

(2)扁平式组织结构。这种类型的企业往往拥有自己的核心业务,责任要素嵌套进核心业务中,充分发挥团队作用,如通过构建"绿色团队"等方式,将责任要素同结构相结合;扁平式组织结构本身具有较高的灵活度,组织结构内部更容易实施变革。

(3)外包式组织结构。采用外包式的组织结构会将自己的部分业务由外部企业来完成。在这种类型的组织结构中推行责任管理,需要了解外包后可能会产生的责任问题,如工人的工资水平、环境以及伦理问题。此外,企业还可以利用外包,将自己的责任管理经验积极地传递分享给作为利益相关者的外包方,促进合作型责任管理架构的形成和优化。

(4)模块化组织结构。模块化企业的主要生产方式为,组装来自不同企业的零部件,同生产方式相适应,企业的组织结构也具有模块化的特点,这种类型的企业在改善自身产品的社会和环境绩效方面有非常大的潜力。由于企业采用和其他模块生产者一起打造可持续的创新生态系统的策略,因此,企业可以在不放弃整个产品和服务的前提下灵活地改造和替代不符合责任管理要求的模块。

在了解不同类型的组织结构形态和业务特点的基础上,除去传统的组织结构设计所包括的内容,责任型组织结构的构成要素还包括其他一些方面(表6-6)。

表6-6 责任型组织结构的构成要素

规范文件	涉及组织各个层面的文件,体现责任管理的愿景、使命和价值观的描述;政策以及伦理守则等
责任项目流程	责任型组织结构需要在原有业务流程中融入责任管理类任务及流程,如涉及员工平等、生态和环境保护、有利益相关者参与或志愿服务等项目。流程需要有明确的主题、目的、任务以及具体的行动要求
责任部门	在责任型组织结构中,需要有具体的组织机构来负责相关工作,包括责任办公室、可持续发展部门等专设的部门负责开展责任管理相关的活动或项目
责任岗位	如首席责任执行官、"绿领"员工等,专人负责开展相应的活动,履行职责
利益相关者沟通机制	建设开放或创新平台、责任报告等方式促进企业同外部利益相关者之间的对话和信息交流沟通

4. 责任型组织结构的领导力及文化

责任型组织的建立需要来自领导层的支持与推动,更需要管理者能够认同社会责任对推动企业发展的作用。现实中,很多企业不负责任的行为,源头往往是高层管理者的忽视。因此,从高层管理者开始培育企业社会责任意识,养成责任型管理思维,是建立责任企业的重要内容。

责任型领导是帮助企业推行责任管理，达成战略目标的最有力的领导方式。责任型领导应具备三个方面的能力：责任领导力、可持续领导力和伦理领导力，三者有交叠，但各自有侧重点，见表6-7。

表6-7　责任型领导应具备的能力

可持续发展领导力	领导推动可持续发展，他可以带领着团队、整个组织以及整个区域行业向着可持续发展的方向发展
责任领导力	创造利益相关者的价值，其影响力远超出传统组织内部的层级关系，可以在利益相关者群体中发挥领导作用
伦理领导力	激励他人遵守伦理规则，能够带领追随者建立更高的行为道德标准，又称道德型领导

责任型领导的主要任务包括以下四个方面（表6-8）：①指明方向，引领变革。领导必须能够准确有效地传递愿景和目标，积极传递可持续发展给企业带来的好处，调动员工的积极性，激发内在动力；同时，能够发起和推动变革。②执行责任管理职责，建立责任联盟。管理者要承担起责任管理的职责，保证内部管理机制健全到位，建立可持续发展的硬件环境，办公设备、产品和服务，发现企业运营中实施可持续发展的盈利点，为可持续发展打好经济基础，增强员工对可持续发展在企业推行的信心；同时，对内能够明确地发现可用之人，并团结在自己周围。对外则可以让更广范围的相关者参与企业的经营实践，建立长期伙伴关系。③增加员工信心。坚持可持续发展战略，将员工看作长期资产，是企业长期发展的知识、技能和文化的载体。员工对可持续发展抱有坚定的信心，是可持续发展活力的保证。④建立企业信誉。一旦企业建立起伦理、可持续发展和负责的好形象，会给企业建立起强大的品牌力量，增加利益相关方对企业的信任和信心。

表6-8　责任型领导的主要任务

指明方向	执行职责
增加信心	建立信誉

此外，组织结构中的另外一个不可忽视的重要因素就是组织文化。组织文化是由价值观、信念、仪式、符号、处事方式等组成的特有的文化形象，体现在企业日常运行中的各方面。文化也被称为组织的"DNA"，它从根本上影响着组织的状态、行为方式以及未来的发展，是组织结构成功调整和转变的先决条件。在打造责任型组织结构时，组织文化及其影响尤其需要重视。构建责任型企业的全过程中，需要对可持续发展的、负责经营的、伦理的文化给予支持。

打造责任型企业文化需要关注的方面包括（表6-9）：①责任性企业文化建设的关注点需聚焦于可持续发展、责任和伦理。需要格外关注利益相关方，特别是员工所关心的问题，通过多种机制和手段传递责任文化。②重视危机应对。企业在危机面前所呈现的状态，会反映企业的责任管理能力和道德伦理态度以及组织文化。责任型企业由于面对更为开放的环境，需要应对的危机事件也会相应增加，因此，培育企业在危机面前的文化应对能力，也是责任文化建设的重点。③树立责任榜样。管理者的行为比任何制度的说服力

表6-9　打造责任型企业文化需要关注的方面

可持续、责任、伦理	危机应对
责任榜样	机制的支持引导

和影响力更强，责任型文化应当通过打造各种平台和活动，充分发挥榜样的力量，在企业中传播责任和道德行为。④机制的支持引导。文化氛围的建设需要机制予以支持，如企业的绩效考核和奖惩机制会直接传递持续发展绩效管理的理念。企业可以通过对道德行为伦理决策给予精神和物质奖励，推动企业文化向责任型转化。此外，招聘机制也是帮助企业建立责任型文化的有效手段。企业招聘具有可持续发展工作经验的员工，就是在向组织内外宣布向责任型组织转型的信号，同时也表明了伦理标准的重要性，对责任文化的形成可以起到有力的推动作用。

6.2.2 责任型人力资源管理

一份针对毕业生的调查显示，超过 2/3 的学生表示在选择企业时，会将企业的声誉放在首位。可以看出，具有良好信誉和社会责任履行能力的企业更容易吸引优秀人才，建立责任型人力资源管理的工作不容忽视。

1. 责任型人力资源管理及目标

随着社会责任在企业运营中影响力的日益增加，责任要素正在改变着企业内部管理的各个方面。从制定战略、作决策、执行任务，到员工融合、应对来自企业外部的团体和社区，这些都给人力资源部门的职责增加了新的内容。人力资源部门能够积极有效地履行责任管理职责，是社会责任在企业内部推行最为有力的保障。

同传统人力资源相比，责任型人力资源管理工作涵盖内容众多，包括从尊重员工基本权利到推行和执行责任政策，以及帮助员工自我提升，实现员工生活与工作的平衡。责任型人力资源管理的主要特点有以下几个方面。

（1）责任型人力资源不仅要关注工作效率和业绩的增长，还要注重企业决策对环境、社会以及更广范围人群的关注。在效率提升、组织发展和效益增长的同时，将可持续、责任和道德伦理等方面的考量融入管理的各个环节，帮助企业实现三重绩效的目标，为利益相关者创造更多价值。

（2）协助企业建立和推广责任型企业文化。尽管企业最终的绩效是由责任战略决策所决定的，但作为企业文化的守护者，人力资源部门在贯彻承担企业社会责任这一思维模式上，对促进企业最终绩效的达成起到至关重要的作用。责任型人力资源部门需要积极主动地引导并建立责任型管理文化，将传统的人力资源管理转变为基于社会参与、环境保护等平台的开放型管理平台，并将责任管理贯穿在人员招聘、员工保留、培训发展、薪酬福利以及凝聚员工等各项工作中。

（3）人力资源工作与责任管理的协同。责任管理和人力资源管理的协同体现在：两者要能够为组织提供协调一致的规范和工作流程，培育支持负责任的企业文化，并在各个层面贯彻落实责任管理。一方面，人力资源部门需要以负责任的态度履行本部门的职能，为企业实施责任管理提供相应的人才解决方案；另一方面，需要在企业的各个层次推进企业的责任目标，了解各项举措可能产生的社会影响。只有人力资源同责任管理产生协同效应时，才能让两项工作相互受益。

实践中，做到两项工作的协同应该关注以下几个方面。

（1）人力资源必须通过多种途径，支持企业的责任管理目标。例如，大多数责任型企业已经认识到气候变化对企业可持续发展带来的负面影响；已经在将低碳运营作为企业的战略目标；已经在技术层面进行改革，如采用新技术、降低企业的碳足迹等。除了技术上对目标的支持，人力资源部门还将目标拓展到每个员工的日常工作中，引导员工用实际行动支持和参与责任目标的实现，如办公室节能、废物循环利用、减少出差、以更加节能环保的出行方式上下班等。

（2）人力资源部门应当从自身企业做起，推行社会责任管理。责任型人力资源管理应当将责任管理贯彻到企业内部。责任型人力资源的首要职能是确保企业对员工负责。在此基础上，再要求员工负责任地对待工作、同事以及外部利益相关者。有效的人力资源工作会很大程度地影响员工的生活质量，当企业在压力疏解、身心健康、工作同生活的平衡、长远的技能发展及就业能力等方面制定有效政策时，会在企业内部建立起责任氛围。

（3）责任型人力资源工作需将决策视角提升到社会层面。任何与人力资源相关的决策都会产生社会影响，而不仅仅局限于企业内部。开展人力资源管理意味着人力资源经理应当站在社会的角度考虑战略决策的影响，聘用政策、薪酬水平、裁员管理等都会对企业所处的地区产生重大影响，因此，人力资源部门有必要在决策时予以认真考虑。除此之外，企业内部所采取的责任行为，也同样会产生外溢效应。例如，员工将在工作中的节约理念、绿色生活方式同家人和朋友分享，使人力资源工作有效拓展到工作以外。

2. 责任型人力资源管理同传统人力资源管理的差异

企业人力资源管理的职责是通过管理人才相关的事务和流程，开发相应的管理工具，提升组织和个人能力，建立有助于企业实现目标的企业文化，提升企业价值。人力资源的职能体现在系统的事务管理上，如企业层面的战略伙伴开发，吸引、招募、发展并保留人才，保持良好的劳资关系，评估员工绩效，以及构建合理的薪酬体系，使之既能保证企业成本又能吸引并保留住人才。

责任型人力资源管理除了上述传统人力资源工作以外，还包括以下方面：①深入开发和提升企业整体的人力资源实力，确保人力资源基础可以支撑企业的可持续发展；②妥善处理人力资源战略对员工以及外部利益相关者的影响，着眼于企业的长期发展；③坚持在人力资源社会合法合规的基础上，深刻领会人力资源开发、管理、更新的特定条件，发展充满互信的"资源伙伴关系"。

在责任管理情境下，人力资源管理的关键在于：对外部利益相关者给予足够的关注，在企业内部建立责任文化。这些工作对于人力资源工作者提出了相应的技能要求。

（1）人力资源部门的领导必须拓宽工作视野。如果只关注内部利益相关者，就会极大地限制人力资源管理向责任型管理方式的转变，进而束缚企业，造成短视，使企业无力寻求潜在的利润增长点。责任型人力资源要着眼于企业的社会影响，推动企业承担"企业公民"的角色。在开展工作时，既要在企业内部担负起伦理与道德责任，又要考虑企业外部更加宽泛的社会与利益相关者的需求。将利益相关者融入人力资源管理，意味着企业必须考虑人力资源工作对整个社会的影响。例如：当企业面临重组或裁员时，责任型人力资源就需考虑更广范围的利益相关者,在制定方案时尽可能地减少由于裁员带给社会的负担,为离职员工提供援助,提升他们在再就业市场上的竞争能力等。采用不同思路会产生与原有方式不同的结果,即便是在裁员的情况下,也会给企业带来积极的影响。

(2)提升与内外部利益相关者沟通的能力,在制定政策时充分考虑他们的诉求。企业如何对待利益相关者,会很大程度影响责任目标的实现,通过与利益相关者建立对话和沟通机制,了解他们的诉求,是开展相关工作的基础。例如,当企业在新址设立机构时,当地居民和某些机构很可能会由于新企业对环境以及同当地企业产生竞争等因素而采用抵制的行为。传统的人力资源管理一般不会涉及这些问题的处理,而这些问题恰恰需要责任型人力资源管理部门通过与利益相关者的有效沟通和理解来进行解决。

(3)人力资源部门还需提升自身的工作能力,采用新的技能和方法,营造和贯彻负责任管理理念的企业文化。责任型人力资源工作应做好工作跟踪,并评估部门工作与环境绩效,将相关工作有效地整合在责任战略中并发挥作用;同时,还应根据实际情况,因地制宜,改变考核指标,适应新的管理情境。

3. 责任型人力资源管理工作的开展

责任型人力资源管理工作在企业中的主要任务为:以负责的、道德的、可持续发展的方式开展工作,保持同企业总体目标相一致,为企业提供称职的、上进的、积极参与社会发展的资源平台。传统人力资源管理的工作模块包括:招聘、培训与发展、绩效管理、薪酬福利与员工健康、员工关系与沟通,责任型人力资源管理工作则需要在原有模块的基础上,补充新的工作内容和工作重点。

1)招聘

大部分企业的招聘环节都比较固定,人力资源部门会预先制定岗位职责,明确岗位所需的知识、技能和态度,细化录用标准,发布招聘信息。之后,进行简历筛选、面试,最后对符合企业要求的人员发出录用通知并进入录用流程。这一过程的工作要点为,将责任观念融入招聘的所有环节中。

(1)在制定岗位职责这一步骤中,传统人力资源管理者会征求招聘岗位的职能经理的意见和建议,并以他们的意见为主来制定岗位职责。考虑责任管理的组织情境,这种做法可能会带来一定的问题。例如,职能部门领导可能会只从部门和岗位的角度考虑,只对岗位技能提出要求;可能将年龄、性别甚至毕业院校设置为隐含在岗位职责后的隐形"歧视"条件,并在后期面试过程中对招聘活动产生影响。而这些因素有可能带来求职者乃至社会对企业的诟病,影响企业责任形象的树立。责任型人力资源管理不能仅考虑职能部门经理对岗位的要求,而应在制定岗位职责前对职能经理进行培训,拓宽他们的用人思路和招聘范围,为企业招募到德才兼备的员工。

(2)在招聘渠道的选择上,要尽可能地拓宽发布范围,在满足基本要求的情况下放宽招聘条件。企业还可以同政府以及一些特殊机构,如残疾人协会、妇女儿童保障机构等合作,为这些特殊群体提供就业和培训的机会。对于通过中介机构招聘的企业,还需要对这些机构进行前期培训,将责任型人力资源的理念传递给合作单位。

(3)人才筛选是招聘环节中一个非常重要的步骤。通过筛选,企业找到适合所需岗位的员工。这一过程中，人力资源部门要充分了解求职者的能力、价值观、志趣以及性格特点，并判断求职者同岗位的匹配度，为企业招到最合适的人才。责任型人力资源管理部门将人才筛选看作是和利益相关者进行双向沟通和选择的过程，企业不仅要寻找有业务能力的员工，还要寻找到在发展目标上和企业的责任战略目标相融的人才。通过这个过程，让求职者充分了解企业的工作模式和工作氛围，以便使之能够在对等的信息下，作出正确的去留决策。这对责任型人力资源部门提出的要求是，相关工作人员要维护企业形象，准确地传递本企业的用人原则，恰当地回应求职者提出的问题。

（4）在录用环节，责任型人力资源管理部门务必公开透明，在签署合同时，确保求职者充分了解合同的各项条款，在合同内容上保证公平，能够代表企业和员工的共同利益，充分传递和体现企业的社会责任观念。

2）培训与发展

培训和发展是人力资源部门的核心职责。对于责任型企业而言，企业的目标会超越传统目标的范围，企业的经营活动涉及低碳运营、环境保护、社会公益等事项。因此，责任型人力资源管理部门在完成传统职责的基础上，需要补充新的工作内容，保证员工拥有正确的价值观和道德行为准则，在工作中始终履行企业责任。

在责任型企业中，培训和发展要反映企业持续提升员工"就业能力"的责任，使员工得到成长并不断进步，使他们不仅能出色地完成当前的工作，而且能够胜任今后在其他企业的工作。这就需要企业既关注短期需求，又要关心员工的长远发展。当企业的业务模式、产品生产等环节进行革新时，会带来企业短期需求的变化，员工的现有技能可能跟不上变革，这就需要人力资源部门有能力预判并提供相关培训。关注员工的长远发展犹如购买保险一样，可以帮助更多利益相关者抵御由环境变化，如失业、社会动荡等带来的风险。按照招聘流程，培训和发展工作可以从入职引导、工作培训以及员工发展三方面来进行。具体做法见表6-10。

表 6-10 责任型人力资源的培训和发展

培训和发展	责任管理要点
入职引导	①指导员工掌握企业的社会责任和商业伦理，了解所在企业可能对社会产生的各种影响 ②组织同化，让新员工深入了解企业、同事、企业的使命、愿景以及可持续发展目标 ③减少新员工焦虑，明确员工对企业的期望
员工培训	①对所有管理人员进行责任企业理念培训，明确管理者的责任管理职责 ②将责任管理理念传递给全体员工，对新入职员工专门培训
员工发展	①通过多种渠道，指导培训员工为社区和社会作贡献 ②鼓励并提供渠道，让员工参与非营利组织，提高社会参与度 ③通过职业培训、职位晋升来提高员工的个人价值与职业能力，为企业、为社会培育人才

3）绩效管理

人力资源管理工作中一项非常重要的项目是确定绩效评估的机制与方法，保证所有部门、所有人员的工作同企业目标一致。在责任型企业中，绩效评估的目的包括：①提供劳资双方的对话基础，确保双方一致认同企业的使命与目标。绩效评估本身为员工思考和规范自己的行为提供了一个参照，对于责任型企业，需要通过绩效评估强化责任理念，将绩效评估的要点拓展到员工的行为是否有利于三重绩效的达成。②通过有效的评估方法，了解员工的态度以及改进建议，保证评估对企业可持续发展的支持。

绩效评估并非凭空产生，而是需要建立在预先相互认同的考核标准上。责任型企业中，绩效考核标准中需包含员工为三重绩效作出的贡献，有助于增强企业的责任感和道德操守，实现可持续发展目标。同时，绩效评估过程专注于业绩的改进及双方一致认可的贡献和标准，这种劳资之间的承诺在实质上强化了责任感。绩效考核一般由过程和结果两部分构成，前者更关注员工的工作方式和手段，后者关注员工的工作目标和结果。责任绩效评估则需要将符合企业价值观和可持续发展的行为和目标纳入绩效评价指标中，包括道德行为、团队合作、关注利益相关者等。上述指标的核心是展现责任、道德以及信任等一切有益于可持续发展的指标元素。同时，责任型人力资源管理需要将上述指标具体化在考核体系中，将责任管理的具体目标落实到考核中。考核指标会明确地释放企业责任管理的信号，表明可持续发展的绩效指标是企业运营的核心内容。

责任型人力资源管理所倡导的新的工作和活动，不仅可以为员工提供更多自我发展的机会，还可以给社会带来更为积极的影响。例如，企业参与志愿者活动和社区服务项目，不仅可以让员工体验不同类型的组织中的运营方式，还可以获得日常工作中不能得到的实践经验。此外，一项成功的志愿者项目离不开企业明确的政策支持以及人力资源部门精心的计划和贯彻落实。而类似活动有助于提高员工的工作积极性，使企业成为最终的受益者。相关研究表明，参与类似的活动，有助于提升员工的忠诚度、责任心和工作绩效。

现象观察

企业有义务回馈社会，无论出于哪种意图，建立积极的社群关系是责任型企业的重要特征之一。以提升技能为目的的志愿者服务现在已经为很多责任型企业采纳，员工可以将工作技能运用在社区服务，如运用自己的法律知识服务社区等方式，通过在实践中发挥自己的特长，为社区短缺的技术提供服务。作为新型的员工发展手段，人力资源部门可以通过这种方式获得内部和外部的双重效益。

减少企业活动对环境的负面影响，是企业面临的一项巨大挑战，人力资源在推动企业节能减排方面的作用也非常关键。在相关法律法规日益严格的背景下，碳排放日益受到各界关注，人力资源工作在环保领域有很大的施展空间。2020年，我国在第七十五届联合国大会上提出："中国将提高国家自主贡献力度，采取更加有力的政策和措施，二氧化碳排放力争于2030年前达到峰值，努力争取2060年前实现碳中和"。可以预见，未来责任型人力资源管理应当抓住这个契机，在企业推广节能减排的激励措施，积极回应政策，减少能源支出，减少碳排放。人力资源部门可以积极发挥主观能动性，动员全体员工开展大范围的节能减排活动，有效地减少水、电、办公用品等方面的支出费用，为企业降低运营成本作出贡献。更为重要的是，员工在工作中养成的节能减排意识有利于他们自主地节约其他资源，减少废弃物，增加资源的循环利用。在企业节能减排的同时，身体力行地参与保护环境的活动，回馈社会的同时也提高自身的满足感。

4）薪酬福利与员工健康

薪酬福利指的是企业根据员工工作绩效提供的报酬。企业的薪酬体系一般包括：基本工资、短期激励、长期激励以及福利。

企业的薪酬福利水平体现了对可持续发展的理解。由于薪酬福利与员工的健康和幸福感有着密切的关系，其政策设计会产生一定的社会影响。责任型企业中，薪酬福利更侧重于鼓励员工参与社会奉献和可持续发展的行动，管理要点包括建立薪酬福利体系原则、最低生活工资以及员工健康。

在薪酬体系设计中，责任薪酬体系的最重要原则是：公平公正，具体内容见表6-11。

表 6-11 责任薪酬体系的设计原则

①薪酬需合法合规
②薪酬需公平公正，不以任何原因歧视员工。企业内要同工同酬、政策明晰，操作规范，提高员工的幸福感，增进忠诚度
③以人为本。薪酬体系的设计以人为出发点和中心，围绕激发和调动人的主动性、积极性、创造性展开，从而实现人与企业共同发展
④激发主人翁精神。企业应当把一个员工视为合伙人，共同为事业奋斗。激发员工主人翁精神，提高工作积极性，提升工作效率
⑤薪酬必须具有吸引力。具有竞争力的薪酬能够帮助企业招募并留住人才，实现企业可持续发展的目标
⑥灵活性。充分考虑员工的个人情况，根据他们的财务、健康、教育等方面的不同需求，给员工一定的自由选择的机会。人力资源尽可能做到为每位员工量身定制，达到长期激励的效果
⑦薪酬调整要适时到位。企业每年应根据企业经营情况和生活成本的情况，主动调高薪酬，如确保各种保险的个人支付部分占薪酬比例的比重不要太高。人力资源部门需随时保持和内外部利益相关者的联系，根据情况适时调整
⑧薪酬应适度透明。责任型企业的薪酬应经过人力资源部门认真综合分析，适度地向员工、社会等利益相关者公开。适度公开薪酬有利于企业内外的公平感和信任度的提升

可持续发展理念强调薪酬一定要满足员工的最基本生活需求，保证高于当地要求的最低水准。如果企业支付的工资无法保证员工的基本生活和健康需求，就会影响社会环境的安宁稳定，企业的生存环境也会恶化，不利于企业的声誉和可持续发展。获得合理报酬的员工将更加认真投入工作，更加高效地安心工作。因此，最低工资可以是企业发展需要做到的底线，而人力资源部门有责任在企业内部带头倡导，尽可能改革薪酬机制，使各方长期获益。

责任型人力资源部门需要格外关注员工身心健康，健康方面的投入不仅能提高员工的健康水平，由此给企业产生的回报远大于投入。关注员工健康，一方面可以有效地提高员工的工作满意度，带来绩效的改善；同时，还可以减少相应的医疗费用，降低成本，这些都是企业可持续发展目标中的重要方面。因此，责任型企业应当关心员工的工作与生活的平衡，可以采用弹性工作、居家办公等方式，加大这方面的投入。

5）员工关系与沟通

相关研究表明，人力资源如果能够同员工建立良性的伙伴关系，有效地搭建劳资双方的合作桥梁，可以极大程度地提高员工在工作和生活上的满意度和幸福感。员工满意度越高的企业，获取可持续发展的可能性也会越大。

广义上的员工关系管理是指企业各级管理人员依托企业人力资源体系，采用拟订和落实各项人力资源政策以及其他的管理沟通手段，调节企业和员工、员工与员工之间的相互联系和影响，达成企业的目标并保证为员工和社会增值。狭义的员工关系管理是指企业和员工之间的沟通管理，这种沟通更侧重于选择柔性的、激励性的、非强制的方式，为了进一步提高员工的满意度，助力企业达成其他管理目标。员工关系管理的主要职责涵盖三个方面，分别是：协调员工与管理者、员工与员工之间的关系，引导建立积极向上的工作环境。

责任型企业中，要有畅通的员工诉求通道，保证员工的声音能够为企业听到。这就要求人力资源部门需尊重员工的建议，以积极乐观的态度应对来自员工的质疑，采用建设性的方案解决劳资双方产生的问题和矛盾，确保企业稳定运营，维护企业的形象。

传统企业的内部沟通一般为单向沟通，管理层将信息传递给员工，提出明确的工作指令，员工按照指令完成工作。责任型企业中，员工是企业最为重要的利益相关者，当他们将自身看作企业的一分子时，会产出更多的成果。因此，责任人力资源部门应当注重内部沟通渠道的构建，尤其是打破原有的单向沟通渠道，建立更加开放、高效的双向沟通。在企业中，既有正式地由上至下的命令链，也有由下至上的员工诉求机制。这样的沟通平台更有助于员工主动地投身于工作，提出合理化建议，提升工作积极性和自我价值感；同时，也可以使员工成为企业的拥护者、可持续战略的执行者。企业只有加大责任理念的推进力度，才能更深入地将其根植在企业文化和沟通机制中。

6.3　责任落地

责任管理在企业内落地的具体管理手段非常多，本章选取两种具有代表性的管理方法进行讨论，包括涵盖外部利益相关方最为全面的供应链管理以及责任企业应对关键事件的危机管理。此外，营销管理涉及企业最为重要的利益相关方——顾客，对于责任型企业而言至关重要，本书将在下一节进行更为深入的探讨。

▶ 6.3.1　供应链管理

1. 基于企业社会责任的供应链管理

供应链是以核心企业为中心，连接供应商、制造商、分销商、零售商和最终消费者的一个整体功能性网链结构。在供应链结构中，通过对商流、信息流、物流和资金流的控制，实现从采购到生产再到销售各个环节的紧密连接。供应链上各企业的关系犹如食物链上动植物的关系，就像破坏食物链中的任一种生物会导致整条食物链失去平衡一样，供应链中各企业也是相互依存的。

供应链管理是为了使供应链每个环节都保持最佳状态而对其进行的计划、协调、控制和优化等一系列帮助实现整个供应链价值增值的行为。供应链管理的核心就是建立供应链合作伙伴关系，简单地说，就是协调各结点企业的设计、生产和竞争策略等以期共同满足最终客户的需求。如果将整条供应链看作一个虚拟企业同盟，各结点企业看作该虚拟企业同盟的各个部门，那么供应链管理就是企业同盟的内部管理。可以说，供应链管理具有敏捷化、集成化、系统化的特点，是一种先进的管理模式。

满足消费者需求是供应链上各企业建立伙伴关系的最终目的，而由于近年来消费者的消费观念和消费模式发生变化，商业模式发生改变的同时推动着供应链的上下游合作从单纯的商业合作转化为价值链合作，为企业社会责任融入供应链管理提供了新机会。现代市场竞争由以往的多企业之间的竞争逐渐过渡到供应链竞争，由此企业社会责任的实践也由单个企业逐渐延伸到整个供应链系统。处在供应链上的各个企业不仅要关注自身社会责任的履行，还要监督供应链上其他企业履行社会责任，通过企业之间相互合作，将企业社会责任实践融入供应链管理的各个环节中。供应链上核心企业应承担的社会责任如图 6-10 所示。

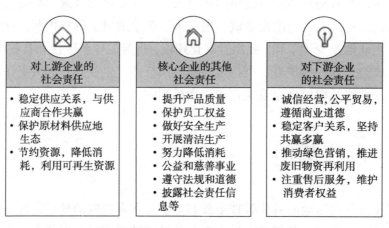

图 6-10　供应链上核心企业的社会责任

2. 责任管理融入供应链管理的必要性

企业不能单枪匹马地履行社会责任，需要供应链上的各企业相互协作。现代市场条件下的企业都处于一定的供应链系统中，提高整个链条的社会责任实践水平，需要每个节点企业的共同努力。供应链上各企业由于成长阶段不同、主营方向不同，企业的社会责任实践能力也不尽相同，因而企业间只有相互配合、取长补短，才能提高整条供应链的社会责任实践水平。

现代市场竞争由以往的多企业之间的竞争逐渐过渡到供应链竞争，企业可以通过将社会责任融入供应链管理来提高自身竞争力。产品已经不能完全决定当今企业的竞争力，对供应链的把控成为竞争胜利的关键因素。产品的质量和安全性以及企业的商誉、经营状况都受到供应商和分销商等商业伙伴的影响，因此供应链上各企业应当共同推进社会责任实践，并且核心企业理应肩负起监督其他企业社会责任履行情况的责任。

供应链管理和企业社会责任是相互影响、相互促进的。基于供应链管理的企业社会责任有助于降低单个企业履行社会责任的成本，而将企业社会责任融入供应链管理又有助于搭建企业与商业伙伴之间的对话平台、减少企业间的交易成本，增强供应链上各个企业的信任，为建立长期的战略合作关系打下坚实的基础。

3. 责任管理同供应链管理融合的路径

供应链是一个复杂的链式结构，涉及多方企业。这种复杂性使得企业社会责任融入供应链管理存在诸多障碍。供应链上各企业实力差异大，处于关键地位的企业假如缺乏对整个系统的影响力和控制力，那么将企业社会责任融入供应链管理就会比较困难。当今经济呈现全球化趋势，生产呈现社会化趋势，供应链上各节点分属于不同的地区甚至国家，不同环境下的企业对社会责任理念的理解也不尽相同，因而企业间难以达成社会责任的共识。此外，还有信息不对称问题以及企业间的信息传递壁垒等使得供应链上各企业之间很难有效地协调成本与利益。企业间成本和利益协调成为将社会责任融入供应链管理的关键。下文提出将企业社会责任理念融入供应链管理的有效路径。

（1）充分发挥供应链核心企业的作用。将企业社会责任理念融入整个供应链系统的前提就是要增强核心企业的社会责任意识。在市场竞争形势日趋多样化的今天，单个企业之间的竞争已经逐渐演变成整个供应链的竞争。如果要增强整个供应链的竞争优势，就需要核心企业较好地满足上下游企业的需求，将社会责任理念传播开来，进而形成核心竞争力。

（2）将企业社会责任上升到供应战略层面。随着国际合作的日益紧密，对企业的国际化能力要求提高。各国市场的准入规则不尽相同，对于我国企业来说，要想"走出去"且走得更好，就需要将企业社会责任上升到供应链战略的层面，以便更加快速地融入全球供应链管理体系。

（3）加强供应链上企业的社会责任信息披露。为促进以社会责任为导向的可持续发展能力整体建设，各企业都要通过规范化的社会、环境等信息披露机制，以公开、透明、诚信的企业形象取得商业伙伴以及其他利益相关者的信任。

6.3.2 危机管理

1. 企业危机的根源以及危机管理模式（表6-12）

危机是比较宽泛的概念，根据以往发生的危机性事件来看，大部分危机事件都具有相似的特征：突发性、破坏性、难以预料性和公众性等。

企业危机产生的根源可分为两类：一类是外部根源，另一类是内部根源。外部根源主要包括自然灾害、政治、经济、法律、科技进步等；内部根源主要包括质量问题、企业文化缺失、社会责任意识淡薄、公关危机等。

表 6-12　危机管理模式

类　型	详　述
五阶段模式	信号侦测阶段、准备及预防阶段、损失控制阶段、恢复阶段、学习阶段
六阶段模式	危机的避免、危机管理的准备、危机的确认、危机的控制、危机的解决和从危机中获利
4R 模型	缩减、预备、反应、恢复
四阶段模式	预防和准备阶段、反应阶段、恢复阶段、学习和强化阶段

资料来源：根据公开资料整理。

2. 企业社会责任与危机产生的关系

根据企业所承担责任的大小对企业危机性事件进行分类，具体分为五类：谣言、自然灾害、恶意行动、意外事故、犯罪行为。企业需承担的社会责任随着类型的递增而递增。近年来，多起涉及食品安全、环境污染、慈善虚假等的危机事件，从根源看，都与企业社会责任缺失有关。

1）企业社会责任与产品质量危机

产品质量问题是导致企业危机的原因之一，把由于产品质量问题造成的企业危机称为产品质量危机。降低产品质量可以给企业带来更大的利润空间，但是一旦这种质量问题超出了消费者的容忍程度，就可能会产生企业危机。产品质量危机产生的根本原因在于社会责任意识的缺乏。倘若企业只关注自己的经济利益而忽视消费者的利益，那么这种危机就是无法避免的。

2）企业社会责任与企业经营战略

企业经营战略的失误很可能造成企业危机，而经营战略的失误产生于企业战略制定和实施的过程中。在战略制定方面，如果企业高层管理人员缺乏社会责任意识，那么企业社会责任理念就不会融入战略制定中；在战略实施方面，如果企业缺乏社会责任意识，就会唯利是图，过度追求战略目标而不顾及利益相关者的影响。缺乏社会责任意识会使得企业战略决策失误，甚至导致企业危机。

3）企业社会责任和公共关系

社会公众、其他企业、政府机构等组成了企业的相关利益群体，如果处理不好与这一群体的关系（对外的公共关系），就可能导致危机的发生。公共关系危机的发生有些是可控的，还有一些是不可控的。由于企业不顾相关利益群体的权益、作出诸如对外公布虚假消息等行为而引发的危机是可控的，而由于自然灾害、政治变化和经济环境的变化等引发的危机则是不可控的。对于可控因素，企业应当深化社会责任意识、充分考虑相关群体的合法权益。而对于不可控因素，企业要保证对社会责任的坚守不动摇，假如企业为了弱化不可控因素的负面影响而采取一些不负责的行为来维持其现有的经营成果，将不可避免地产生公共关系危机。

总的来说，企业危机的重要根源之一是社会责任意识淡薄，企业社会责任意识的建设在很大程度上决定企业的发展前景。如果企业缺少社会责任文化，就很可能促使企业高层制定和实施错误的或是不完善的战略目标，由此导致损害消费者权益、损害劳工权益、散布虚假消息、破坏环境等行为的发生，进而企业的声誉、形象和公共关系恶化。长此以往，企业的市场份额逐渐下降、人力资源逐渐匮乏、消费额逐渐下降，最终导致企业危机。

3. 企业社会责任危机管理

本书将"企业社会责任视角下的企业危机管理"定义为企业社会责任危机管理，也就是将企业社会责任融入危机管理模式，进而提出能够化解危机的管理措施。以下结合上文的四阶段危机管理模式提出具体的危机管理措施。

（1）在危机预防和准备阶段，企业应当深化社会责任理念，将其融入企业文化。"企业"具有物质和精神的双重属性。从物质属性看，企业既是具有独立法人地位的法人实体，又是创造大量财富的经济实体；从精神属性看，企业是由有行为能力、有自由意志的人组成的道德实体。作为法人实体，企业必须承担起法律责任，法律责任要求企业行为必须以法律为准绳，它是企业社会责任的底线。作为经济实体，企业需要保持良性经营、保障生产发展需要，如股东要求的投资回报、员工要求的稳定收入以及客户要求的公道价格等，它是企业最基本使命。作为道德实体，随着现代媒体技术日益先进、公众维权意识不断增强，企业的一举一动都曝光于公视野，道德因素在企业可持续发展过程中起到至关重要的作用，伦理责任和公益责任也越发受到企业的关注。

（2）在危机反应阶段，企业应当直面危机、敏捷反应、敢于承担、积极处理。危机反应阶段是企业危机管理的关键，很可能决定其未来的走向，企业在该阶段务必牢固树立社会责任意识。企业危机常常难以避免，遇到危机必须积极应对。在应对危机过程中，应当站在长远角度看问题，不应当作出短视行为，因此主动承担企业社会责任尤为重要。积极承担社会责任可以提高企业声誉、激活潜在客户，有利于企业的短期和长期利益。例如：当企业发生危机事件时，应以低姿态通过媒体向公众表态、勇于承担应负的责任、充分考虑利益相关群体的利益，而不是避而不谈、视而不见、尝试封锁负面新闻。

（3）企业在恢复阶段，重振生产的同时，更要注重凸显负责任形象。危机过后，企业和利益相关者必然会蒙受损失。一般情况下，利益相关者若能得到相应的补偿，便不会再纠结于危机事件。但是对于企业来说，在弥补消费者等相关者的损失之后，还面临着调节生产、重振企业的任务，而在这个阶段主动承担社会责任可以极大地提升企业的形象和社会地位。在恢复阶段，很关键的一环便是赢得相关利益群体的支持，这等同于为企业注入强大的推动力。

（4）企业在学习和强化阶段应当从危机事件处理过程中总结经验、吸取教训，以防止危机的再次产生。大部分危机事件的根源是社会责任意识的缺乏。因此，企业应当不断强化社会责任，将其深入到企业的日常运营、战略制定和供应链管理，使企业社会责任理念深入每个员工心中。同时，企业还应积极参与社会公益事业，在社会中树立良好的企业形象。由于企业危机产生的根源之一就是企业社会责任意识的缺失，基于企业社会责任视角的危机管理过程如图6-11所示。

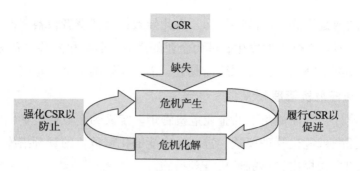

图 6-11 基于企业社会责任视角的危机管理

6.4 企业社会责任营销

6.4.1 道德营销的含义

进入 21 世纪，市场竞争日益激烈，社会真正需要的是具有道德和社会责任感的企业。因此，企业必须以营销道德观念来指导企业的营销活动，维护利益相关者的利益，并把企业的道德优势转化为竞争优势，实现企业的可持续发展。同时，社会也需要合乎道德的营销行为，因为只有符合道德的营销才能真正促进市场经济的有序发展，促进社会的不断进步，最终实现人类社会的可持续发展。

1. 市场营销中的道德问题

市场营销中的道德问题，实际上是一种"营销中的道德学"，强调道德在市场营销管理领域的功用和价值。在营销活动的各个阶段，如市场调研、产品设计、渠道建设、产品定价、促销等，以及与利益相关者的利益博弈中，存在着形形色色的道德问题，其广泛性和普遍性要求我们重视市场营销道德，真正把道德观念贯彻到企业的市场营销活动中来，从而实现企业对社会承担的责任。

市场营销中的道德问题涉及企业的领导者和全体员工，他们的道德观念将影响企业的营销道德性决策，包括营销策略的制定，目标市场的选择，产品策略、价格策略、分销策略以及促销策略中的人员推销、广告、营业推广等的制定和运用。

市场营销道德问题产生的原因，可以归纳为以下四个方面。

（1）参与营销活动各方存在的期望差异。企业的营销活动并非独立进行，它与许多利益团体发生着双向运作关系，每一方利益相关者都是站在自身利益角度对企业的营销活动抱有期望，因为利益相关者各自追求的最大化利益往往是不一致的。企业在营销活动中如何对待社会利益、顾客利益及其他利益相关者，称为"营销道德"问题。

（2）营销人员面临着更大、更直接的市场竞争压力。营销人员是企业与市场联系的桥梁，他们代表企业将企业的产品销售给顾客，为企业带来收益，但他们又经常面临着道德伦理问题的考验。当企业的产品销路不畅时，感受压力最大的是营销人员；当企业的市场份额下降时，最先被问责的也是营销人员。营销人员在企业所处的地位，决定了他们比企业中其他人员（如财务人员、生产人员、工程技术人员等）面临着更大、更直接的市场竞争压力。在激烈的竞争以及绩效压力下，他们需要判断和决定如何作出合乎道德的行为。一般情况下，竞争越激烈，营销人员感知到某种行为涉及的道德问题后果越不严重时，其营销行为的道德水平越低。营销人员在营销活动中会使用请客送礼等手段销售产品，有些做法虽然不违反法律，但违背了道德，所以广受各方的关注和质疑。一般说来，竞争越激烈，决策行为的道德水平越低。

（3）信息不对称带来的"市场失灵"导致市场诚信缺失。信息不对称指在市场经济活动中，市场的各类买卖主体对于同一经济事件拥有的信息量是不相称的，即一部分经济行为人拥有充足且良好的信息；而另一部分仅拥有少量而片面的信息。

信息不对称理论揭示了市场体系中的缺陷，即信息不对称状况会产生"逆选择"和"道德风险"问题。逆选择指在价格水平一定的条件下，由于交易双方信息不对称导致劣质品驱逐优质品，即信誉好、质量高的交易方会退出市场，而信誉差、质量低的交易方会大量进入。道德风险是指在信息不对称的市场条件下，掌握更多信息的经济行为人通过发布虚假信息，诈骗信息匮乏的经济行为人，以此获得自身效用最大化。在市场营销中，逆选择体现为假冒伪劣商品泛滥，而道德风险体现为卖方对买方的欺诈行为。

（4）营销活动受关注程度高。营销活动由于涉及社会经济生活的各个方面，与消费者的切身利益息息相关，因而受到社会的广泛关注。营销活动中出现的不道德行为更容易被其他利益相关者察觉。因为各方利益相互冲突，企业若通过采取不道德行为获利的话，势必会损害到其他方的利益，进而引发重视和探讨。

总之，利益相关者之间各自不同的利益诉求，使得营销道德问题在市场经济中经常发生，信息不对称也为企业的不道德行为提供了机会。因此，企业的市场营销道德问题就必然受到社会的关注。企业市场营销道德的建设必将为经济建设提供动力支持和价值支撑。目前，我国企业的营销活动面临着巨大的发展机遇，拥有光明的发展前景。因此，制定道德营销战略，实施道德化的营销方式，不仅有助于我国企业树立起负责任的经营理念，获得市场消费者和其他利益相关方的认可，还能缩小与发达国家同行企业之间的差距，更重要的是能够形成基于道德价值的我国企业的营销软实力，从而发挥我国企业在国内、国际市场上的竞争优势。

2. 市场营销道德的含义

市场营销道德的含义及来源如表 6-13 所示。

现代的营销概念有着丰富的道德内涵。一方面，市场并不是一个简单的商品交换或买卖的场所，还蕴含着深刻的道德内容，在市场中进行交易的主体需具备一定的道德品格，如自由、平等、公平、责任和服务精神等。如果不具备这些品格，则不具备进入市场的资格。另一方面，营销观念的演变代表了一场经济道德关系的革命。在现代营销理论出现之前，传统营销观念（生产观念、产品观念和推销观念）指导着企业的生产经营活动。这些营销观念的共性在于营销的目标就是把企业生产的产品销售出去，企业经营的起点是生产产品。现代营销观念要求企业首先要了解目标市场的需求，然后从满足目标市场的需求出发,设计产品、生产产品、销售产品,根据目标市场的意见,不断改进自己的产品设计、生产流程和销售活动,从而更好地满足目标市场的需求。

表 6-13 市场营销道德的含义及来源

来源	市场营销道德的含义
罗伯特·萨格登 (Robert Sugden)	在市场营销研究的发展中,通过不断的市场实践和探讨后,市场上形成的企业、消费者以及社会共同遵守的营销道德准则和规范
美国市场 营销协会	(1)基于"什么是对的"和"什么是错的"以及基于"宗教遗产、社会自由和经济自由的"营销决策标准 (2)使用一些道德规范、价值观和标准(这些标准常常基于行业的或协会的道德规范)来决定营销行为是否正确、是否有利
现代营销理论	在市场中进行交易的主体须具备一定的道德品格,如自由、平等、公平、责任和服务精神等 企业首先要了解目标市场的需求,然后从满足目标市场的需求出发,设计产品、生产产品、销售产品,根据目标市场的意见,不断改进自己的产品设计、生产流程和销售活动,从而更好地满足目标市场的需求

1)营销道德是企业的责任

营销道德是企业的责任,是由企业在社会中的使命决定的。托马斯·莫里根(Thomas Mulligan)认为:"企业的道德使命就是运用所能获得的想象力和创造力,为人类世界更加美好而创造产品、提供服务。这一使命比企业可能行使的其他任何职责都重要,这里包含两个观点:①企业人员应该有足够的道德判断力来评价他们能够提供的产品和服务,并具体地确定哪些是具有道德价值的,即哪些能对建设更美好的世界作出显著的贡献;②企业人员应该努力创造和销售那些具有道德价值的产品和服务,而避免那些缺乏道德价值的产品和服务,即使法律没有要求这样做,即使这样做不能带来利润。"

2)营销道德是社会道德的重要表现形式和重要组成部分

营销道德产生于营销活动中,营销活动是一种涵盖经济、政治、文化等多个层面的社会活动,营销道德是社会道德的重要表现形式和重要组成部分。

营销道德主要有两个层面的含义:①是一种道德原则和道德规范,调节各种营销道德关系和利益冲突;②是一种双向的道德要求,由于营销道德的主体是处于营销活动中的人(自然人和法人),所以营销道德既包含营销者的职业道德,也包括营销活动中其他利益相关者的道德。

3)营销道德是权利与义务的统一

只有主体自身首先履行了责任,才有权利要求客体承担营销责任。维持营销道德关系的和谐是营销道德关系双方之间一项相互的、伴随始终的任务,营销道德是权利与义务的统一。传统意义上,只对企业提出道德责任要求而忽视其获得相应的道德权利的思想是片面的,不利于在全社会营造良好的营销道德环境,也不利于实现营销道德的社会价值。在强调主体必须履行营销道德责任的同时,也要最大限度地使道德主体在履行社会责任之后获得社会尊重等相应的道德权利,道德主体获得道德权利也必须以承担相应的道德义务为前提。

综上所述，我们可以把营销道德理解为在市场营销研究的发展中，通过不断的市场实践和探讨后，形成的企业、消费者以及社会共同遵守的营销道德准则和规范。

3. 市场营销中的不道德行为表现

现象观察	市场营销中常见的一些不道德行为
	◇ 市场调研方面。不尊重被调研者；泄密；通过欺骗、贿赂、监视等不正当手段窃取竞争者的商业秘密；误导公众，包括不完整的和误导性的报告、不客观的调研等。
	◇ 产品方面。假冒伪劣商品；不安全的产品；对环境有害的产品和包装；强制性产品淘汰等。
	◇ 价格方面。串谋定价；价格歧视；掠夺性定价；价格欺诈与误导性定价；暴利价格等。
	◇ 渠道方面。排他性及其他形式的歧视；渠道控制；灰色市场等。
	◇ 促销方面。欺骗性或误导性广告；有不良社会影响的广告；不当的销售行为；行贿等。

营销中的不道德行为按照 4P 理论的分析框架可以归纳为以下几个方面。

1）产品策略中的不道德行为

产品是企业市场营销最重要的可控因素。产品策略中的不道德行为主要体现在以下几个方面。

（1）产品设计中的不道德行为。产品设计是产品价值链的源头，良好的产品设计是企业成功的基石。因此，产品设计人员应该严格秉持科学诚信的态度和客观的伦理准则去设计质量可靠、美观大方、方便易用的产品，遵守道德准则。产品设计中的不道德行为主要表现在以下三个方面：产品设计存在安全隐患；产品设计缺乏人性化；产品设计缺乏生态环境保护。

企业观察	德国大众的"尾气门"丑闻

2015 年 9 月 18 日，大众汽车面临美国环境保护署的调查和诉讼，美环保署称其利用专门应对尾气排放检测软件，逃避因大量排放环境污染物的处罚。将软件安装至部分柴油汽车上则能够识别汽车是否处于被检测状态，并在车检时隐藏启动程序，使尾气处理达到高水平标准，然而在非车检状态下，其排放的污染物最多超过美国法定标准的 40 倍。违规排放涉及的车款包括 2008 年之后销售的捷达、甲壳虫、高尔夫、奥迪 A3，以及 2014 款、2015 款帕萨特。

资料来源：搜狗百科. 大众排放门[EB/OL].（2017-06-04）[2022-07-30]. https://baike.sogou.com/v138670869.htm?fromTitle=大众排放门事件.

（2）产品生产中的不道德问题。主要表现在以仿制手段生产的假冒产品和偷工减料、粗制滥造而导致的伪劣产品。据世界贸易组织统计，全球受假冒伪劣产品影响的市场已达到 3000 亿美元，假冒伪劣产品年营业额占世界贸易总额的 10%。

（3）产品包装中的不道德行为。产品包装是市场经济中不可或缺的环节，正是由于包装具有重要作用，商家受到高额利润的驱使，过分依赖产品包装的促销功能，过度提高产品的附加值，使产品包装的发展走向了误区。具体表现为包装材料使用过度、虚假包装、包装图案和色彩粗俗以及包装文字含混不清这四个方面。其中，虚假包装中有以下三种情形：第一，虚空包装；第二，模仿其他商品的包装；第三，包装上印有欺骗性文字的说明。这些行为给消费者和社会都带来了巨大的危害。

> **现象观察　　快递过度包装和随意包装都不行了**
>
> 2020 年 7 月，国家市场监督管理总局等八部门联合印发的《关于加强快递绿色包装标准化工作的指导意见》指出，中国快递业每年消耗的纸类废弃物超过 900 万吨、塑料废弃物约 180 万吨，并呈现快速增长态势，对环境造成的影响不容忽视。
>
> 资料来源：国家市场监督管理总局等八部门联合印发《关于加强快递绿色包装标准化工作的指导意见》[EB/OL]. 中华人民共和国住房和城乡建设部，2020-08-10.

（4）服务中的不道德行为。服务可以从服务企业提供的"纯服务"和生产企业提供的产品售后服务两个方面分类阐述。纯服务是一种无形的产品，服务的品质是企业收入的重要影响因素，而售后服务是提高消费者满意度或改进产品品质的重要保证。服务中出现的不道德行为主要表现为以下三个方面："霸王条款"、售后服务收费不合理、服务歧视。

"霸王条款"是服务行业常出现的问题，指的是一些经营者单方面制定的逃避法定义务、减免自身责任的不平等合同、通知、声明和店堂告示或者行业惯例等，限制消费者权利，严重侵害消费者利益。电信、餐饮、旅游、保险、衣物清洗等行业是"霸王条款"最多的服务行业，历来受到广大消费者的诟病。售后服务是指生产商、经销商把产品（或服务）销售给消费者之后，为消费者提供的一系列服务，如送货安装、上门服务等。很多售后服务利用消费者对技术知识的缺乏，蒙骗消费者，各种收费名目让人应接不暇。服务歧视是指跨国公司同样的产品在不同国家的服务实施双重标准。这些行为都严重侵害了消费者权益。

> **现象观察　　中国消费者遭遇跨国公司服务歧视**
>
> 2013 年 3 月 15 日，央视"3·15"晚会曝光苹果在华维修服务政策与国外不一致，涉嫌歧视中国消费者。其不合理行为包括三大问题：①中国售后时间与其他国家（美国、澳大利亚、英国、韩国等）售后时间长短不一。②为消费者更换手机时，不更换手机后盖，而在美国、英国、澳大利亚、韩国等国只要在一年的保修期内出现非人为损坏，苹果都会给客户提供免费更换手机的服务，也就是包括后盖整机更换。③手机在一年保修

期内换修后，新的保修期不是按一年计算（中国三包售后维修期为 1 年，而欧盟为 2 年）。

2014 年，央视"3·15"晚会曝光了尼康 D600 相机"黑斑门"。该相机号称高画质、全画幅，但很多消费者发现，拍出的照片出现很多黑色斑点，多次返修仍然出现且拒绝退换。然而，远在大洋彼岸的美国消费者购买的尼康 D600 相机拍出的照片出现黑斑后，尼康能为他们免费将 D600 更换为 D610。中国消费者再次遭遇跨国公司服务歧视。

2）价格策略中的不道德行为

从道德角度看，根据公平、合法和诚实信用的原则，企业在研究产品定价决策时，需将社会责任纳入考量范畴之中，保证价格信息的真实性和准确性，以供消费者获取可靠信息，积极谋划消费者及企业正当权益保障工作。对标该标准，如果企业产品定价行为不符合上述原则的视为非道德表现，主要有价格欺诈、暴利价格、掠夺性定价、价格垄断。

（1）价格欺诈。价格欺诈是指经营者利用虚假或者使人误解的标价形式或者价格手段，欺骗、诱导消费者或者其他经营者与其进行交易的行为。价格欺诈种类繁多，隐蔽性相当强。我国《价格法》具体规定了 13 种价格欺诈行为：虚假标价；两套价格；误导性标价；虚夸标价；虚假折扣；混淆处理；模糊赠售；隐蔽价格附加条件；虚假价格；不履行价格承诺；谎称价格；质量或数量与价格不符；假冒政府定价。

（2）暴利价格。1995 年，国家计划委员会发布的《制止牟取暴利的暂行规定》指出，暴利价格是企业某一产品的价格水平或差价率或利润率超过同一地区、同一期间、同一档次、同种产品的市场平均价格或平均差价率或平均利润率的合理幅度。判断暴利是否存在道德问题的主要依据是收取暴利的行为是否侵犯了消费者的选择权和知情权。在某些情况下，高利润不一定就是暴利，如高风险行业中，只有高利润才能弥补前期的研发投入，才能激励企业不断推动科技进步。

（3）掠夺性定价。掠夺性定价是指企业采取降低产品价格的手段将竞争对手驱逐出市场并吓退潜在进入者，具体表现为暂时故意压低价格，甚至压至生产成本以下，等竞争对手退出市场之后再进行提价。掠夺性定价实质上是一种非公平的低价定价行为，由于实施该行为的企业往往占据举足轻重的市场支配地位，一般的中小企业无力承担这种行为带来的损失。同时，该行为是以排挤竞争对手为目的的故意行为，扰乱市场秩序。

（4）价格垄断。价格垄断是指经营者利用串谋或滥用市场支配地位的手段，操纵市场调节价格，扰乱正常的生产经营秩序，损害其他经营者及消费者的合法权益，或者危害社会公共利益，从而谋求自身利益最大化的行为。

价格垄断主要有如下表现形式：

第一，欺行霸市，主要表现为经营者凭借市场支配地位，以违法手段牟取暴利；借助市场垄断地位，实施低于成本的价格倾销手段，或者通过回扣、补贴、赠送等手段变相降价，使得商品或服务的价格实际低于其生产、经营成本，从而达到排挤竞争对手的目的。

第二，串谋定价，通常也称串通定价，是指经营者通过互相串通，制定价格协议或者形成价格共识，操纵市场价格，从而达到联合占领市场份额，赚取高额利润目的的行为。

串谋定价一般没有正式的协议，极为隐蔽，以逃避法律的监控，无视公平竞争原则，意在通过价格联盟坐享超额利润，造成了价格信号失真，破坏了正常的经济秩序。

第三，歧视定价，是指经营者根据各个消费者的支付能力，在向不同的消费者提供相同等级、相同质量的商品或服务时，实行不同的销售价格或收费标准，以获取超额利润的行为。

价格歧视较早出现在发达国家，有的国家已经具有相对完善的法律法规对其进行调整，如美国的《反托拉斯法》要求经营者以公平而相等的价格出售同类商品，禁止对不同消费者实行差异定价，但因卖方销售成本的差别而形成的价格差异是允许的。

> **现象观察**
>
> 2020年12月22日，市场监管总局联合商务部召开规范社区团购秩序行政指导会，阿里、腾讯、京东、美团、拼多多、滴滴6家互联网平台企业参加。会议强调，互联网平台企业需严格规范社区团购的经营行为，严格遵守"九不得"。
>
> 2021年4月8日，广州市市场监管局联合市商务局召开平台"大数据杀熟"专项调研和规范公平竞争市场秩序行政指导会。唯品会、京东、美团等10家互联网平台企业代表签署《平台企业维护公平竞争市场秩序承诺书》，向社会作出不利用大数据"杀熟"的承诺。
>
> 2021年4月13日，国家市场监督管理总局会同中央网络安全和信息化委员会办公室、国家税务总局召开互联网平台企业行政指导会。会议指出，实施"大数据杀熟"问题必须严肃整治。
>
> 资料来源：搜狗百科. 大数据杀熟[EB/OL]. （2022-03-11）[2022-07-30]. https://baike.sogou.com/v167704907.htm?fromTitle=大数据杀熟.

3）渠道策略中的不道德行为

分销渠道通常是指产品从制造商流向最终消费者的途径，主要涉及生产者、中间商、消费者之间的购销关系。因此，渠道中的道德问题主要源于企业与中间商之间的关系。

（1）零售中的不道德行为。零售是渠道中的重要环节。零售商在渠道中直面消费者，直接影响着消费者的购物体验。对于企业而言，商品或服务的销售是至关重要的，这直接关系到企业的存亡，这也就导致采购部门和采购人员的选择权衍生出"寻租"的可能。供应商对采购量巨大的企业实行特殊待遇及优惠，而对小企业并不重视。另外，供应商可能为了寻求长期的合作而对采购人员实施某种形式的贿赂，而采购人员也可能利用自己的权力来寻求某些不符合要求的利益。

> **名词解释　　　　　　　　　　　　　　寻租**
>
> 经营者在没有从事生产的情况下，为垄断社会资源或维持垄断地位，从而得到垄断利润（亦即经济租）所从事的一种非生产性寻利活动。

（2）批发中的不道德行为。批发商在销售渠道中由于没有和消费者直接接触，经常被视为销售中的隐形环节。批发商需要与制造商、与其他批发商在渠道上进行竞争，且是多个下游零售商的供应者连接着制造商和零售商。因此，批发商为了争取自己的利益会对上下游进行压榨。

（3）特许经营模式是指拥有某种独特产品或服务、某种经营方式或某个商标专用权的特许人和特许经营者根据契约关系而联合组成的渠道网络。在这种契约关系的特许经营渠道模式中，存在以下不道德的行为：特许人对特许经营者的不公平对待；特许经营者的"搭便车"行为；特许经营者的窜货行为。

（4）直销中的不道德行为。世界直销联盟定义的直销，是指厂家直接销售商品和服务，直销者直接从顾客处接收订单，由直销员在固定营业场所之外直接向最终消费者推销产品的经销方式。在直销中，直销者和顾客面对面接触、互惠互利。正是这些独特之处，导致直销这种方式存在许多道德问题。主要表现为：侵犯消费者的隐私权；骚扰和激怒消费者；推销人员缺乏诚信，欺诈消费者；对消费者不公平对待。

4）促销策略中的不道德行为

促销是营销过程中的一个非常重要的组成部分，主要是指营销者通过宣传、广告等营销方式向消费者传递有关本企业及产品的各种信息，吸引消费者购买其产品以达到扩大销售量的目的。企业的促销组合包括广告、促销、人员推销、公共关系等，经常产生道德问题的是广告和人员推销。

（1）广告中的不道德行为。具体表现为：第一，虚假广告，是指广告内容是虚假的或者是容易引起误解的。主要包括主体虚假、内容虚假、模特虚假以及形式虚假。第二，比较广告，也称竞争广告，其基本含义是企业通过将自己的企业、产品或服务与同业竞争者进行全面或者某一方面比较，以凸显其产品或服务优于或异于竞争对手的广告。第三，针对儿童的不道德广告。儿童广告是指面向0～14岁儿童投放的商品宣传广告，目的是影响、指导儿童的消费，并通过影响儿童从而影响其父母的购买行为。第四，互联网广告营销中的不道德行为。电子商务网站通过消费者的购买记录、支付记录、浏览记录，分析出用户性别、年龄和爱好，然后对消费者进行广告推送，造成了互联网广告营销中的信息垃圾现象。

（2）人员推销中的不道德行为。人员推销是指企业派出推销人员与潜在消费者交谈，进行口头陈述，以推销商品，促进和扩大销售。当销售人员为达到销售目的，对顾客纠缠不休或刻意隐瞒有关产品的实际情况时，推销人员就实施了非道德推销，具体表现为：第一，高压销售，即销售人员说服顾客购买他们并不真正想要的商品。第二，顾客歧视，包括对不同人的服务差异和顾客购买前后的服务差异。第三，虚假抽奖方式，即企业使用附赠劣质产品、进行虚假抽奖等方式进行产品促销，吸引消费者关注该企业的产品，对消费者进行潜在蒙骗。

现象观察　　"魏则西事件"终尘埃落定百度认错将积极整改

国家互联网信息办公室5月2日会同原国家工商行政管理总局、原国家卫生和计划生育委员会以及北京市有关部门成立联合调查组进驻百度公司，集中围绕百度搜索在

"魏则西事件"中存在的问题、搜索竞价排名机制存在的缺陷进行了调查取证。调查组认为,百度搜索相关关键词竞价排名结果客观上对魏则西选择就医产生了影响,百度竞价排名机制存在付费竞价权重过高、商业推广标识不清等问题,影响了搜索结果的公正性和客观性,容易误导网民,必须立即整改。

资料来源:国家网信办联合调查组公布进驻百度调查结果[EB/OL]. 中国网信网,2016-05-09.

6.4.2 社会责任营销

企业承担社会责任对企业营销活动的影响是广泛而深刻的,这种影响主要体现在企业社会市场营销观念的树立、绿色营销的实施及企业营销道德的构建等方面。企业的社会责任营销,是指企业考虑更广泛的利益相关者基础上,更有效地满足目标市场的需求,同时,平衡企业利润、消费者需要与公众利益三者之间的关系。企业的社会责任营销可概括为三大类:保护消费者权益;保护社会利益实施绿色营销;加强社会公益。

1. 保护消费者权益

消费者与企业的关系十分密切,没有企业生产的产品或提供的服务,消费者的需要就得不到满足,消费者的生活质量就无法提高。消费者是企业的"上帝",没有消费者的需求,就没有产品和服务市场,企业也没有必要存在。

国际消费者协会(Consumers International,CI)是一个国际性的独立非政府组织,宗旨是致力于维护消费者的权益,由美国、英国、澳大利亚、比利时和荷兰五个国家的消费者联合组织发起成立,在荷兰登记,总部原设在荷兰海牙,现迁到英国伦敦,亚太地区分部设在马来西亚的槟榔屿。其前身是 1960 年成立的国际消费者联盟组织(International Organization of Consumers Unions,IOCU),1995 年改为现称,会员机构超过 220 个,分布于 115 个国家及地区。1987 年,中国消费者协会被接纳为该组织的正式成员。CI 的愿景是致力于维护消费者的核心权益,让世界上的每一个人都能享受到安全的、可持续的产品和服务,用集体的力量维护世界各地消费者的权益。为了扩大保护消费者权益运动的宣传,使之在全球范围内得到重视,促进各个国家、地区消费者组织之间的合作和交流,1983 年,CI 确定每年的 3 月 15 日为"国际消费者权益日"。

国际消费者协会所确立并维护的消费者权益共有八项,分别为:①产品及服务能满足消费的基本需求的权利;②产品及服务符合安全标准的权利;③消费前有获得足够且正确的资讯的权利;④消费时有选择的权利;⑤对产品及服务表达意见的权利;⑥对产品或服务不满时获得公正的赔偿的权利;⑦接受消费者教育的权利;⑧享有可持续发展及健康的环境的权利。

1993 年,第八届全国人大常委会第 4 次会议通过《中华人民共和国消费者权益保护法》,该法确立了消费者的知情权、平等交易权、依法求偿权等,自 1994 年 1 月 1 日起施行。2013 年,第十二届全国人大常委会第五次会议通过了关于修改《中华人民共和国消费者权益保护法》的决定，此次修法从强化经营者义务、规范网络购物等新的消费方式、建立消费公益诉讼制度、加大惩罚性赔偿力度等四个方面完善消费者权益保障制度。2014年3月15日，新版《消费者权益保护法》（简称《新消法》）开始施行。

《消费者权益保护法》（以下简称《保护法》）的颁布与施行，是我国第一次以立法的形式全面确认消费者的权利，是消费者维权的有力武器，标志着我国以消费者为主体的市场经济实现了向法治化、民主化建设的跨越式发展。《保护法》第二章明确规定了消费者享有以下权利，分别是：安全保障权、知情权、选择权、公平交易权、获得赔偿权、成立维权组织权、知识获得权、受尊重权及信息得到保护权、监督权。《保护法》的颁布和实施有利于保护消费者合法权益，规范经营者市场行为、维持正常经济社会秩序、促进社会主义市场经济健康发展。

2. 保护社会利益，实施绿色营销

伴随着现代社会大工业的快速发展，环境和生态问题日益突出，如臭氧层耗损、温室效应、土壤侵蚀、沙漠化、空气和水污染、资源枯竭、动物灭绝、癌症发病率上升等，给人类的生存和发展造成严重的威胁，从而唤起了社会公众的绿色消费意识。

肯·毕提（Ken Peattie）在其著作《绿色营销——化危机为商机的经营趋势》一书中指出，绿色营销是一种能辨识、预期及符合消费者与社会需求，并且可带来利润及永续经营的管理过程。这里需强调两个主要观念：①企业所服务的对象不仅是顾客，还包括整个社会；②市场营销过程的永续性一方面需仰赖环境不断地提供市场营销所需资源的能力，另一方面还要求能持续吸收营销所带来的产物。

绿色营销强调既要开展企业营销活动，又要兼顾生态环境保护，努力减少和消除企业在生产经营过程中对环境产生的负面影响。其本质上是要求企业在开展经营活动的过程中，坚持环境保护理念，保持经济效益和环境效益有机融合，促进二者之间的协调发展，实现人与环境和谐共生。

1）绿色营销的道德原则

（1）以人为本的原则。绿色营销始终秉持着对消费者当前与未来利益的人文关怀理念，是满足消费者绿色消费，保证消费者身心健康，提高消费者生活质量的根本途径。

（2）人与自然协调发展的原则。绿色营销观念不仅要考虑到企业的利益、消费者的诉求，还需考虑到对生态环境的影响，将经济效益和环境效益有机融合，贯彻落实生态价值观，确定人与自然和谐共生的实践路径。

（3）可持续发展原则。绿色营销观念强调经营活动的可持续性。可持续性包括生态持续性、经济持续性和社会持续性。

（4）诚实不欺准则。企业依托绿色营销，在制定自身发展目标时，充分考虑消费者和社会的利益，严格遵守诚实不欺的伦理准则，避免企业为了获取短期利益而损害消费者和社会利益，从而树立良好的信誉和企业形象，赢得社会的广泛认同。

2）绿色营销的实施步骤

绿色营销的实施步骤包括以下八项（图6-12）：①树立绿色营销观念；②收集绿色信息，分析绿色需求；③制订绿色营销战略计划，树立良好的绿色企业形象；④开发绿色资源和绿色产品；⑤制定绿色价格；⑥选择绿色渠道；⑦开展绿色产品的促销活动；⑧实施绿色管理。

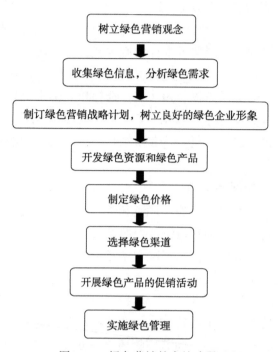

图 6-12　绿色营销的实施步骤

3. 加强社会公益营销

公益营销是将企业和产品与相关事件或公益事业结合在一起而进行的营销活动，目的是在为相关公益事业发展做出贡献的同时，提高产品销售额和改善企业的形象。企业与相关公益事业联系起来，目的是与消费者建立一种长期关系，同时树立企业品牌形象，最终提高企业的销售额。

> **现象观察**
>
> 　　过去十年，消费者对公益营销的期待、接受和反馈增长迅速，相关研究也表明，许多消费者愿意花费更多时间和精力去寻找那些支持公益活动的商店和产品，并且他们愿意为这些产品支付更高的价格。此外，71%的人购买过与公益相关的品牌或产品。88%的人认为企业在完成销售目标的同时，应致力于社会改善。74%的人声称当向朋友推荐产品和服务时，企业对社会公益事业的投入是考虑的重要因素。在价格和质量相同的情况下，86%的人更可能转向基于客户关系管理（CRM）的品牌。

公益营销对社会、顾客、企业都是有利的。对社会来说，公益事业能够促进社会发展和进步；对顾客来说，既能以合理的价格买到想要的产品或服务，同时也感到为公益事业尽了一份力量，有一种心理满足感；对企业来说，通过从事公益活动，企业运用自身资源、技术、管理等方面的优势为社会作出了贡献，赢得了公众和顾客的好感，树立了良好的企业形象。

目前，许多企业意识到从事公益事业对企业经营具有战略意义，公益营销已成为一种整合公益事业、品牌形象和企业形象的长期策略，它不仅为企业的竞争提供了品牌差别化的机会，也成为增强员工自豪感和满意度的有效手段。

然而，消费者对公益营销的怀疑，对企业来说是一个非常大的挑战。当消费者感觉企业从事公益营销是出于内在价值观，如企业管理者认为公益营销是其道德义务时，消费者对企业的信任会提升，也会带来正面口碑，并促进消费者的购买。反之，如果消费者感到企业从事公益营销仅仅是为了提升自身形象，或是出于被迫，这类公益营销有可能降低消费者对企业的信任，导致负面口碑和销售减少。

4. 影响企业营销道德性决策的因素

（1）从内部看，影响企业道德营销的因素包括个人道德观、企业价值观、企业营销文化、管理者的经营哲学以及企业的组织结构。

①个人道德观。即用来指导个人行为的原则或规则。企业的主体是人，企业人员的道德素质是企业营销道德的决定性因素。企业的社会形象实质上也就是社会对企业个人行为与素质的综合评价。因此，企业个人的道德观直接关系到企业营销道德水平的高低和道德形象的好坏。

企业在营销过程中最容易在营销人员群体中出现道德问题：首先，营销人员对接多方利益相关者，如顾客、批发商、媒体、政府部门、公众等，由于各方利益相关者的期望和诉求不尽相同，营销人员在与其沟通过程中难免导致企业营销道德失范。其次，营销人员面临比其他员工更大、更直接的市场竞争压力。最后，强烈的成就动机会弱化个体道德行为标准。营销人员的工作存在大量的成就动机，如高额业绩能够带来高薪收入和升职机会，在面临巨大的市场压力和丰富的报酬时，会合理化某些不道德行为。

②企业价值观。企业价值观，即企业员工一致认同的价值取向。作为企业文化的基础和核心，能够决定企业的经营目标、企业的管理风格及企业的行为规范。因此，企业价值观是决定营销策略是否合乎道德规范的关键性因素。例如，当企业以"利润最大化"作为价值观时，在制定营销策略时往往将自身利益放在首位，忽略甚至无视消费者和社会的利益；反之，若企业将"为用户提供最优质的产品和服务"作为价值观，在制定营销策略时，会将消费者的利益放在首位，以消费者的利益作经营活动的出发点和落脚点。

③企业营销文化。企业营销文化是企业营销行为的升华，主要研究营销观念，即"企业生产是为什么"的问题，是企业文化中经营哲学所研究的内容，也是企业文化的一个重要组成部分。企业营销文化对营销道德的影响体现在以下几个方面。

首先，营销文化能够约束营销决策的动机。营销价值观作为营销文化的核心，在企业的营销行为和营销决策动机方面发挥着重要的引导作用。其次，营销文化能够规范企业营销决策的内容。营销目标（或目标文化）发挥着指引企业的发展目标和营销方向的作用；营销文化中的规章制度强制要求企业全体成员严格遵守规定，并据此作为经济活动管理的行为准则。最后，营销文化具有凝聚功能，能够推动道德性营销决策的实施。作为营销文化的核心，企业价值观与企业精神是增强企业凝聚力和向心力的不竭动力。大量的企业发展经验表明，企业的经营决策很难单纯通过发号施令推行，还需利用企业价值观和精神充分发挥员工的主动创造性。

④管理者的经营哲学。管理者对企业行为具有最终决定权，其行为代表着企业文化和道德选择。管理者的道德观念能够在一定程度上影响员工的道德选择。

企业最高领导者的个人哲学对营销决策的道德水准起决定作用。最高领导者是企业的人格化、企业的头脑和心灵，企业经营决策的制定和实施过程中蕴含着最高领导者的个人哲学。最高领导者对营销道德决策的作用形式有以下几点。首先，最高领导者的经营理念直接影响着营销决策的制定和实施。其次，最高领导者的权威和感召力能够向企业全体员工传递其经营理念，从而推动营销决策的制定与实施。最后，最高领导能够统筹引领企业文化的形成、变革，进而推动营销决策的制定和实施。

⑤企业的组织结构。组织结构简单分为两类：集权式和分权式（表 6-14）。

表 6-14　集权式组织和分权式组织的特点

	集权式组织	分权式组织
决策权	主要掌握在少数高层经理手中，而初级经理和一般营销人员只享有极少的决策权	被分配到命令链的下端，具有非正式的协调和控制，缺乏规范性的规划和政策
优点	适合于经常制定高风险决策的组织以及生产过程惯例化和以效率为主导的组织 强调正式的行为规则和政策，保证决策制定和实施的道德性	适应性强，反应快，能快速地识别外部环境的变化，下层管理者能够迅速作出应对决策
缺点	决策权高度集中，无法及时适应复杂多变的外部环境、灵活调整决策	缺乏严格的工作程序、科学的控制系统、明确的劳动分工以及易于推广的新技术及新管理方法
主要道德决策问题	决策信息沟通不畅导致不道德决策	令行禁不止，个人决策可能偏离整个企业的目标

对比两种组织结构对营销道德决策的影响，可以看出，集权式组织制定和实行的营销决策更具有道德倾向性，原因在于该组织拥有更为严密的控制管理体系，针对道德行为和奖惩机制等方面的规定更为完善，容易形成体系化的道德决策。而分权式组织因为缺乏严格、系统的管理与控制系统，容易忽视决策道德标准的建设。然而，倘若分权式组织决策者能够在法律法规、社会道德价值观体系的框架下，体系化开展决策的制定和实施工作，即可有效避免不道德决策行为。综合来看，上述两种组织结构都有可能出现道德或者不道德的营销决策，需要将组织结构与企业文化、规章制度有机融合，使得营销决策更加符合道德范畴。

（2）从外部看，影响企业营销、影响企业道德营销的因素包括以下方面。

①社会舆论。社会舆论根据其内容和性质可划分为政治舆论、文艺舆论、宗教舆论和道德舆论等类型。道德舆论作为企业全体成员职业道德最重要、最基本的方式，与其他类型的社会舆论相辅相成。企业应该合理运用各种舆论工具，自觉接受社会大众的舆论监督，营造自由、开放、浓厚的道德舆论氛围，让秉持道德理念、切实落实营销道德工作的员工获得社会舆论的大力肯定和表扬，让摒弃营销道德的行为面临社会舆论的批评和谴责，努

力形成"守信光荣、失信可耻、无信堪忧"的社会舆论环境。

②社会文化。社会文化是全体社会成员在长期社会实践中形成的共同的基本核心文化以及包含有差异的价值观、风俗习惯的亚文化的总称。任何企业均处于社会文化环境之中，其生存和发展均受到社会文化的制约和影响。

③法律与政府管理。法律调控体系的健全与否以及国内外政府对企业违法违德行为的态度，直接影响着企业营销道德水平高低。完善的政府立法，健全的执法机构，严格的执法程序能够规范企业营销行为，企业在生产经营的过程中必须严格遵守法律法规、市场规则以及道德规范，否则将会面临严厉制裁。

④市场因素。市场因素是指在一定的社会经济发展水平下，市场体系和市场机制发育的程度以及市场供求状况的趋势。优化市场因素有利于为企业营销道德建设营造良好的市场环境。完善、成熟市场体系和激烈的市场竞争环境更能驱动企业进行营销道德决策。

⑤消费者。消费者的力量是企业营销道德决策的直接影响因素。如果广大消费者普遍具备较高的素质、成熟的消费观念，在面对企业不道德行为时能够拿起法律武器维护自身的正当权益，勇于向社会大众揭示企业的劣行，并积极与之做斗争，则会直接有效地约束企业的生产经营行为。

6.4.3 责任营销与企业发展

越来越多的企业在开展市场营销实践的过程中发现，企业秉持社会责任之心，开展生产经营活动获得的长期利益更能够支撑其求生存、谋发展、创效益，有助于获得持续的竞争优势。根据调查表明，企业社会形象的好坏一定程度上影响着企业的资产、销售、投资回报率的高低。然而，企业践行社会责任也面临诸多困难和挑战，如企业无法全面识别出各类社会群体的需求，在履行社会责任的过程中难以满足所有群体的期望和诉求。综合来看，企业在制定社会责任时需要站在全局的角度，权衡各方利益，实现社会效益最大化。

1. 社会责任营销影响的双面性

社会责任营销对企业发展的影响具有双面性，从短期来看，关注责任可能会增加企业生产的经营成本，导致产品销售价格的上升。但从长期来看，社会责任营销能够提升产品的知名度和美誉度，塑造企业社会责任形象，增强消费者对企业和产品的信任，最终提高产品的销售，有利于企业的可持续发展。当然，这些都是以企业产品和服务符合甚至是超越国家、行业标准，满足消费者需求为前提条件的。

（1）社会责任营销的积极影响。一方面，社会责任营销通过向消费者传递真实、有效的信息，避免其受到广告干扰，减少了广告费用；消费者对企业履行社会责任行为的认可和赞赏能够形成"光环"效应，如消费者愿意增加产品或服务的购买数量、提高该企业的品牌忠诚度、增强自身的支付意愿；另一方面，社会责任营销能够树立和提高企业的形象、赢得消费者的认同和青睐、提高员工的自豪感和忠诚度，进而持续提升企业的竞争优势，实现社会效益和经济效益的双赢。

（2）社会责任营销潜在的负面影响。社会责任营销最主要的负面影响体现在开展企业社会责任活动需要投入较大的资金成本和劳动力成本，导致企业日常生产经营资源不足，进而出现影响企业经济效益的可能性。此外，传统的社会责任营销通常采取短期促销的方式，使得开展慈善事业和造成环境污染同时发生的现象层出不穷，从而降低社会公众对企业慈善事业的信任度。

2. 社会责任对品牌及购买意愿的影响

1）社会责任对品牌的影响

企业品牌并不仅仅是一个名称或者一种象征，也是企业与顾客关系中的一个关键的要素。品牌表达了消费者对某种产品及其性能的认知和感受——该产品或服务在消费者心中的意义。归根结底，品牌存在于消费者的头脑中。正如一位备受尊敬的营销者曾经说过的：在工厂里创造产品，在头脑中创造品牌。"顾客"一词的拉丁语含义是"建立在长期形成的信任基础上的关系"，品牌则体现生产者、经营者、消费者之间的一种互信。在消费者的购买决策中，并非单纯由商品价格、质量等因素起决定性作用，品牌的力量不容忽视，消费者对于品牌的信任决定一切。

品牌名称包含高可信性，企业依托品牌效应，能够更容易地推出新产品线或者进行品牌延伸，为企业抵御激烈的价格竞争提供了一定的保证，是企业与顾客建立可获利的牢固关系的基础。而诚实、公正、责任心，无论是过去、现在还是将来，都是赢得信任的核心所在。随着通信技术的发展、舆论监督力度的增强、竞争的加剧和公民道德意识的提高，不道德营销的生存空间越来越小。甚至可以说，道德营销是赢得顾客、公众信任的唯一途径。

2）社会责任对消费者购买意愿的影响

品牌对消费者的作用主要体现在以下四个方面：①为消费者提供产品来源和制造信息，提高商品筛选和购买效率；②消费者能够获得品牌提供的服务便利；③品牌在保护消费者合法权益方面发挥着重要作用，能够减少消费者购买假冒伪劣产品的风险；④品牌的形象和口碑越好，则越受消费者青睐，从而形成消费者品牌偏好，提高品牌的消费者忠诚度。

企业营销道德与消费者的行为意向之间有着密切的联系。在营销活动中遵循道德规范的企业更容易获得消费者认同并提高企业形象与企业声誉，有助于企业与消费者建立起牢固的信任关系，增加消费黏性，进而产生一系列对企业有益的行为。例如，顾客对该品牌进行重复购买、以积极的口碑向他人宣传该产品品牌或者对价格不敏感、愿意进行溢价购买等行为。而企业营销中的不道德行为一旦被消费者感知，就会产生负面影响，导致消费者丧失对品牌的信任。

3. 社会责任对企业长期发展的影响

社会责任营销可以降低交易成本，促进市场经济的完善，促进与利益相关者建立信任关系，树立良好的企业形象，有助于形成企业竞争优势。具体见表6-15。

表 6-15 社会责任对企业长期发展的影响

◇ 有助于产品的销售和占领市场。
◇ 有助于稳定产品的价格。
◇ 有助于市场细分，进而进行市场定位。
◇ 有助于新产品开发，节约新产品市场投入成本。
◇ 有助于企业抵御竞争者的攻击，保持竞争优势。

从某种程度上说，企业由于社会责任营销而在消费者心中形成的品牌意识和品牌忠诚，可以看成企业保持竞争优势的一种强有力工具。随着市场营销理论和实践的不断创新发展，社会责任营销日益成为现代市场营销思想发展的主流。率先走向可持续发展的企业，既能够吸引有环保意识的消费者，又能吸引有相同价值观的员工，使员工为在该企业工作而感到自豪和满意，员工通过在该企业工作实现自我价值最大化的同时，企业也能吸引有远见的投资者。

企业社会责任营销作为现代市场营销中更为完善、健康的手段，能够同时兼顾企业、消费者、社会等其他利益相关者的利益，对企业实现可持续发展发挥着至关重要的作用。

▶ 6.4.4 改善企业社会责任营销的对策

1. 内部环境建设

1）构建以营销道德为核心的企业文化

任何企业的生存和发展都离不开特定的文化环境，都要受到文化的制约和影响。企业文化直接影响着营销道德，规定、制约着企业的营销行为。企业要不断提高营销人员的营销道德水平，使营销道德文化成为全体营销人员的行为准则。

（1）强化营销道德意识，奉行"君子爱财，取之有道"。成功的企业通常把其道德观念推广到整个企业，要求全体员工遵守，并用这些道德原则去判断是非，以形成团队的是非观和荣辱观。

（2）提高营销人员道德素养。一要爱岗敬业，只有热爱本职工作，才能在营销工作中忠于职守、勤奋努力、精益求精、专心致志；二要诚实守信、不弄虚作假、诚实运作、遵纪守法、合理合法获取利润与报酬；三要树立"奉献社会、为民服务"的理念，这是企业发展的源泉。

2）企业道德规范与督导

企业通过建立完备且可行的道德规范，并将其作为生产经营活动的参考标准，能够有效实现企业自我约束。美国《财富》杂志"世界 50 强"的企业中，有 90%以上的企业，通过成文的道德守则来规范员工的行为。美国 80%以上的大型企业制定和实施了正规的道德规则，44%的企业为员工提供道德培训。在美国，规模越大的企业越重视道德规范建设，拥有 500 名员工以上的企业，有 50%制定了道德规范，而拥有 5 万名员工以上的企业，有 80%制定了道德规范。成功的企业通常制定商业道德督导制度，达到自动管理的效果，如在企业内成立督查小组,开展定期和不定期督查工作。实施道德规则需要在正向、负向两方面同时强化。因此,在企业内还需制定一套完备的奖惩制度,实现加强事后强化、激励员工的作用。

3）设置企业道德委员会

设置企业道德委员会是一种可供选择的组织结构。企业可以通过设置企业道德委员会来制定、发布、修改企业道德守则;解释、宣传企业道德守则;审核重大的、可能违背企业道德守则的事件并作出处理。企业道德委员会应包含最高层管理者,还可包含少数几名企业核心人物。由于选择遵守什么样的道德规范直接影响企业目的、企业文化、企业战略等大政方针,所以必须有最高管理者的直接参与。

4）塑造营销人员个体的道德水平

个体道德是指个人通过后天的教育、修养与实践而形成的内心道德准则与道德行为倾向的总和。其本质上是社会道德的内化,体现了从他律到自律的过程,反映了道德在社会层面和个体层面的和谐发展。塑造个体道德需要依靠外部道德调控和内部道德修养有机融合。

外部道德教育准则作为他律机制的主要形式,是社会道德向个体道德转化的前提和必要条件。通过依托社会舆论和利益机制等外在手段,推动道德制度化、法规化,引导和促进道德主体遵守和践行社会道德规范,如对遵守社会道德规范的公众或企业进行鼓励、表彰,对非道德的行为进行谴责和处罚,从而发挥强化公众对道德规范的认同和履行程度的作用。

道德本质上是人内心对自我的自觉要求,属于自律的范畴。道德的外部调控存在一定的局限性,难以完全稳固个体的道德观念、难以规范个体的道德行为。因此,实现个体道德自律,需要将外部道德教育和个体道德塑造机制有机结合,通过多种途径、多种方式和手段,从内部和外部两个方面完善个体的内部道德机制,进一步提高个体的道德修养。

5）培养道德型管理者

研究表明,在影响员工道德选择的因素中,上司的行为是主要因素。因此,管理者除了对自身的行为负责外,还应采取道德管理措施、营造道德氛围、促使下属从事合乎道德的行为。

企业管理者的道德品质是管理者在一系列道德行为中表现出来的比较稳定的特征和倾向,是其内在的价值特性和外在价值的有机统一。对企业管理者加强培训,帮助管理者树立正确的经营理念和市场营销道德观,并通过企业管理者的权威、感召力和模范行为来改善营销道德行为,相当于从源头控制企业的市场营销行为,可以有效避免企业的非道德营销行为。

众多学者对管理者的道德品质进行了分析和归纳。其中,最受重视和最具广泛性的品质有以下四种:①勇于开拓、甘于奉献;②诚实正直、公正无私;③平等待人、知人善任;④清正廉洁、克己爱人。

2. 改善企业社会责任营销的外部环境建设

1）政策及法律环境的建设

政府、法律因素对企业营销道德决策具有重要的影响。借助完善法规体系、严格执法和政府政策导向对企业经营决策加以约束和指导，可以有效地推动企业营销决策符合道德规范。

（1）健全法律、法规体系。尽管法律不能解决所有的营销道德问题，但法律是道德的基本保证和最低要求。法律体系的健全程度和政府对企业违法行为的处罚力度，深刻影响企业营销道德水平的高低。法律、法规是企业制定道德营销决策的标准和依据，企业产生失德行为将会触碰法律的底线，受到法律的处罚。

改革开放以来，我国陆续出台了很多规范市场交易行为的法律、法规、管理条例，对维护市场竞争秩序、规范企业营销行为发挥了重要作用。随着市场经济的不断发展，各种新的营销领域、营销方式、营销手段层出不穷，使得很多领域在法律上还存在一些空白或模糊之处，因此，政府应尽快完善法律体系。同时必须加大执法力度，切实做到有法必依、违法必究，依靠法律的威慑力，制约企业非道德行为的泛滥。

（2）加大监管执法力度。对违规营销行为，要加重处罚力度，对当事人依法追究刑事责任，让违法者承受法律制裁所带来的损失远超失德营销所获得的盈利，从而最大限度地遏制企业失德行为，端正企业在经营过程中的道德营销决策态度。加强执法力度是治理违法营销行为和违反道德的营销行为的有效手段。当前，形成统一的执法标准、提高执法人员素质、明确执法机构权责、落实有法可依、执法必严，能够制裁企业非道德营销行为和约束其违法行为。

（3）建设社会信用体系。建设社会信用体系能够对企业行为进行影响和干预，逐步引导和建立经济领域的道德观，通过外部环境约束企业营销道德。当前，中国社会信用体系初步建成，需进一步采取具体措施（表 6-16），发挥政府在构建社会信用体系中的重要作用。

表 6-16　建设社会信用体系的具体措施

- 要推进各类市场主体信用制度的建立和完善。
- 要加强组织协调，实现对各类市场主体信用监督管理的社会化。
- 要制定措施，支持社会信用服务中介机构收集和汇总各类市场主体的信用信息，充分运用计算机网络等先进技术和现代化工具，在法律允许的范围内，逐步建立信息发布、信息共享和网络化的信用体系，实现市场主体信用资料的查询、交流及共享的社会化。
- 要尽快制定各类企业信用评价标准，为建立企业信用担保体系等工作提供基础资料。
- 要规范中介组织的行为。

大量实践经验表明，依托现代信息技术，由政府部门主导建设企业信用信息披露平台，能够有效规范企业营销道德行为。

2）建立行业道德规范

行业主管部门和行业协会对企业道德营销决策具有积极正向的引导作用，制定和颁布行业标准、行业道德准则，能够规范约束企业的生产经营活动，有助于促进企业实施合乎道德规范的营销决策。

（1）制定本行业的营销道德规范和奖惩机制。个别企业的失德行为不仅会侵犯消费者的合法权益，还会给所属行业造成信任危机和利益损失。因此，应该在行业内成立行业协会，结合本行业的发展状况和自身特点，制定适合本行业的营销道德准则，促进行业内营销行为的规范化、道德化。行业协会在监管该行业的企业营销活动的过程中，收集和调查消费者的反馈意见，表彰优秀企业，劝诫、警告甚至曝光失德企业，责令其进行整改。

我国各行业应当遵循社会主义市场经济规律，结合行业特点制定行为规范。对本行业企业的营销道德决策起着约束作用的奖惩机制是伦理建设的又一重要制度保障，奖惩制度就是要有一套完整的制度来保证遵守伦理的企业得利，不遵守伦理的企业失利或受到惩罚，以引导广大企业进行伦理经营，终止不道德经营行为。当博弈者选择不道德策略时，将会受到严厉的惩罚。在这种制度的约束下，博弈者会考虑其机会成本而终止不道德行为。

（2）加强行业对企业营销活动的指导、服务和监督。行业内的组织机构能够利用鼓励、劝说、说服等多种方式，规范企业营销活动，给予企业正确的指引，使其严格遵守法律法规和市场道德准则，实现生产经营活动合法合规；采取调查、收集社会公众对企业道德形象的意见，及时反馈给企业，利用多向沟通方式，指导企业调整营销行为，树立良好的企业形象。大力表彰遵循市场道德规范和表现突出的企业，责令整改、约谈掉队企业，进一步维护公平、健康的市场环境。

3）充分发挥消费者在道德营销建设中的作用

消费者的力量能够直接影响企业营销道德决策。如果广大消费者普遍具备较高的素质、成熟的消费观念，在面对企业不道德行为时能够拿起法律武器维护自身的正当权益，勇于向社会大众揭示企业的劣行，并积极与之做斗争，就会直接有效地约束企业的生产经营行为。消费者在市场中往往属于弱势交易方，由于缺乏全面、真实、可靠的交易信息，消费者容易遭受企业的不道德营销行为的损害。然而，消费者作为评价企业营销道德行为的重要群体，能够通过反馈消费者意见，对坚持道德营销的企业提供良好口碑评价，对于失德营销的企业给予抵制。因此，应该充分发挥消费者在道德营销建设中的正向作用。

团体压力原则指在团体中的成员往往具有顺从团体压力的倾向。团体压力对道德营销能够产生积极的指引作用，通过向团队内部成员传递社会道德原则，摒弃非道德原则的团队压力，发挥弘扬优秀的道德行为，监督和约束非道德行为的效果。在市场中，利用或组建相应的社会团体形成压力集团，一方面能够促进政府出台规范企业营销活动的法律法规；另一方面能够推动企业经营理念向好发展，要求企业在经营过程中，严格遵守法律法规和社会道德标准，实现企业长期利益最大化、社会利益最大化、利益相关者利益最大化的有机结合。

现象观察

消费者协会是一种压力集团，它由各国的各有关团体、部门、新闻单位、专家和各方面消费者代表组成。消费者协会的任务分为对商品和服务进行社会监督和保护消费者权益两项。二十多年来的发展经验表明，全球各地的消费者协会积极开展消费者权益保障和企业商品、服务的监督工作，并取得良好进展，充分发挥了法律法规、道德规范的约束作用。

总之，良好的社会责任营销模式的构建不是一朝一夕的事，需要企业持续的战略规划和长久坚持，是各方合力推动的结果。企业内部从企业价值观到营销战略，再到营销策略，直至日常营销活动的社会责任的履行，形成的由内部战略和企业文化驱动的内驱力是一种重要的推动力量。此外，外部利益相关方的政策和行为形成的推力、引力和压力等也是必不可少的推动力量。各种力量的方向、力度和持续性，将决定推动社会责任营销构建的合力的方向、力度和持续性，只有方向一致、张弛有度和长久坚持，才能构建企业良好的社会责任营销模式。

【本章小结】

本章主要从责任战略、组织及人员保障、社会责任在企业内的落地以及企业社会责任营销实践四个方面讨论了企业社会责任管理的基本方法。

（1）责任战略是企业履行社会责任的起点，责任型企业在战略管理的各个环节中都会融入可持续发展的观念和举措，责任战略的目标是可持续发展。

（2）战略目标的实现还需要在组织层面和人员层面给予保障。组织结构是企业运行的重要承载，其设计的有效性对企业的运行效率以及可持续发展能力的获取至关重要。责任型组织结构的设计中，要关注的方面包括：组织结构的现状、建设责任型组织结构的原则及要素、责任型企业中的权力及文化特征。责任型人力资源管理工作的涵盖内容众多，在完成传统人力资源职能工作的基础上，责任型人力资源管理首先要理解责任型人力资源管理的内容及目标，在此基础上，可以按照一般人力资源的管理模块开展工作，每个模块中需重点关注影响责任型企业目标达成的各方面要素，给予人力资源新的关注点和工作内容。

（3）责任管理在企业内落地的具体管理手段非常多，本章选取两种具有代表性的管理方法进行了讨论，包括涵盖外部利益相关方最为全面的供应链管理以及责任企业应对关键事件的危机管理。

（4）企业的社会责任营销是指企业营销者考虑到更广泛的角色及其活动的道德、环境和社会背景，要求企业比竞争者更有效地满足目标市场的需求和利益，同时，平衡企业利润、消费者需要与公众利益之间的关系。企业的社会责任营销可概括为三大类：保护消费者权益，保护社会利益实施绿色营销和加强社会公益。社会责任营销可以降低交易成本，促进市场经济的完善并与利益相关者建立信任关系，树立良好的企业形象，有助于形成企业的竞争优势和可持续发展。

影响企业营销道德性决策因素的内部因素有：个人道德观、企业价值观、企业文化、管理者的经营哲学、企业的组织结构等。影响企业营销道德性决策的外部因素有：社会舆论、社会文化、国内外法律与政府管理、市场因素和消费者等。

改善企业社会责任营销的对策为：改善内部环境，加强外部环境建设。

------【关键术语】------

责任战略　责任战略的管理过程　责任竞争力　产业环境责任要素
责任管理价值链　责任管理平衡计分卡　认识组织的不同维度
责任型组织构建的原则　责任型企业文化　责任型人力资源管理
企业社会责任的供应链管理　企业社会责任的危机管理　市场营销道德
社会责任营销　绿色营销　社会公益营销

------【复习思考题】------

1. 责任战略中，愿景、使命和目标的侧重点是什么？
2. 责任管理价值链分析同传统价值链的分析有什么差别？
3. 责任型企业中，资源特点同竞争优势之间有什么关系？
4. 构建责任型组织结构时，可以从哪几个方面判断组织的初始状态？
5. 责任型组织结构的建构需要考虑哪些原则？
6. 不同类型的组织结构在构建责任型组织结构时应注意哪些方面？
7. 打造责任型企业文化需要关注哪些方面？
8. 责任型人力资源管理的主要工作内容有哪些？
9. 责任型企业中，人力资源管理需要哪些新的能力？
10. 责任型人力资源管理中，培训与发展的责任管理要点有哪些？
11. 责任管理同供应链管理融合的路径有哪些？
12. 简述四阶段的危机管理措施。
13. 什么是市场营销道德？市场营销道德研究的意义是什么？
14. 市场营销中的道德问题有哪些？
15. 什么是企业的社会责任营销？保护消费者权益、绿色营销、公益营销与企业社会责任营销的关系是什么？
16. 社会责任营销对企业发展的影响有哪些？
17. 营销企业营销道德决策的内外部因素有哪些？
18. 改善企业社会责任营销的对策有哪些？

------【推荐阅读】------

[1] 迈克尔·波特，马克·克雷默，石志华，翻译. 战略与社会：竞争优势与企业社会责任的联系[J]. 商业评论，2007，(11).
[2] Heugens P P, Scherer A G. When organization theory met business ethics: Toward further symbioses[J]. *Business ethics quarterly*, 2010, 20(4): 643-672.

[3] Jayawardena D, Seneviratne P. Human resource management: A postmodern reading[C]//Conference proceeding of the 9th International Conference on Sri Lankan Studies, Matara, Sri Lanka. 2003(28): 30.
[4] 陈余磊，李建升. 企业社会责任视角下的企业危机管理研究[J]. 重庆交通大学学报（社会科学版），2014，14(2)：58-61.
[5] 常见的企业危机管理模式有伊恩·米特罗夫（Ian Mitroff）的五阶段危机管理模式、诺曼·奥古斯丁（Norman Augustine）的六阶段危机管理模式和罗伯特·希斯（Robrt Heath）的4R模型（表6-12）. 综合比较这些文献，本书得出危机管理四个阶段模式，分别是预防和准备阶段、反映阶段、恢复阶段、学习和强化阶段.
[6] [美]罗伯特·希斯. 危机管理[M]. 北京：中信出版社，2001.

------------------------------【扩展阅读】------------------------------

第 7 章
中国企业社会责任实践

> **学习目标**

◇ 了解中国企业在社会责任方面的实际履责模式
◇ 结合所学理论，分析总结中国企业履行企业社会责任的特色

社会责任是企业发展到一定历史阶段的产物，也是经济全球化和可持续发展对企业提出的更高要求。进入 21 世纪，中国企业开始探索根植于中国文化传统、有益于社会主义经济建设的、具有中国特色的企业社会责任履责模式。实践证明，中国企业社会责任，在培育企业可持续发展能力的同时，有效地推进了社会进步和资源环境保护，值得我们思考和总结。

在坚持和完善中国特色社会主义制度过程中，中央企业发挥着至关重要作用。自改革开放以来，中央企业作为国民经济的"稳定器"和"压舱石"，坚持社会责任与企业改革发展相结合，持续推进社会责任与企业运营相融合，逐渐形成成熟定型的社会责任管理体系，竞争能力和可持续发展能力显著增强，作出了无愧于时代的社会贡献。站在新的历史起点上，中央企业以高度的政治责任感和历史使命感，承担起更多更重的社会责任，不断为经济发展、社会进步和人民群众美好生活作出新贡献。在扶贫攻坚过程中，中央企业牢记习近平总书记嘱托，全身心投入脱贫攻坚战，帮助贫困地区人民走上共同富裕道路。面对突如其来的新冠肺炎疫情，中央企业充分发挥"主力军""国家队"作用，为打赢疫情防控阻击战作出了突出贡献。

社会各界高度认可中央企业的地位作用，也高度关心中央企业履行社会责任情况。履行社会责任是中央企业与生俱来的使命，中央企业也一直是履行社会责任的先锋和典范。因此，研究关注中央企业履行社会责任的典型案例，对于把握我国企业社会责任的制度安排，领悟我国企业履行社会责任的重点领域和任务，探索我国企业履行社会责任的有效方式，具有极大帮助。我们希望能够借助中央企业履行社会责任的生动实践案例，使学生在深刻体会企业社会责任内涵的同时，能将责任意识内化于心、外化于行，有效提升企业社

会责任的理论与实践水平。

7.1 打造可持续发展能力——中国宝武

作为我国近现代钢铁工业的历史传承者、当代钢铁工业的引领者，中国宝武钢铁集团有限公司（以下简称中国宝武）一直秉持着优化行业秩序、引导市场发展的使命担当，以联合重组、整合融合为发展契机，初步构建了具有宝武特色的现代公司治理体系和能力，助力打造良好的行业环境；同时，集团加速创新驱动、转型升级，倾力打造"国之重器"和"镇国之宝"。2020年12月23日，中国宝武钢铁年产量突破1亿吨大关，正式迈进"亿吨宝武"的新时代，问鼎全球钢企之冠，用实际行动彰显了宝武服务国家战略的能力。

▶ 7.1.1 企业背景

钢铁工业是国民经济的重要基础，是衡量国家经济水平和综合国力的重要标志。我国钢铁产能占全球总产能的一半以上，但是企业"小散低乱差"的状况在相当长的时间内普遍存在。钢铁行业集中度低、布局散乱以及企业间的无序竞争，使企业在供应链竞争中处于劣势，难以发挥相互之间的协同效应。

钢铁是制造业的脊梁，而制造业的材料被"卡脖子"现象常有发生。中国宝武承担"国之重器"和"镇国之宝"的使命，通过市场化整合发展来扩大规模、提升效益，确保国有资本保值增资；实施产业重构，提升头部企业的市场占有率；承担起优化行业秩序、引导行业发展的历史责任，有效推进行业供给侧结构性改革；通过集成与创新，突破瓶颈，助力国家加快构建以国内大循环为主体、国内国际双循环相互促进的新发展格局。

▶ 7.1.2 责任行动

2020年8月19日，习近平总书记考察调研中国宝武马钢集团，提出中国宝武在变成全球"老大"的同时要变"强大"，并提倡要加快科技创新，为整个制造业，特别是实体经济的发展作出贡献。中国宝武以习近平总书记考察调研中国宝武重要讲话精神为指引，积极推进行业整合进程，初步构建符合中国钢铁产业国际竞争地位的企业空间规模体系，打造整体规范化的联合重组发展模式，可供其他钢铁企业进行参考和复制。

中国宝武成功联合重组太钢集团，实际控制重庆钢铁，受托管理中钢集团，实现了企业空间布局的优化。集团持续优化钢铁产业结构，通过深入贯彻"全面对标找差，创建世界一流"管理主题，以新发展理念推动高质量发展，积极发挥技术、效益、规模的引领作用，扎实推进发展战略，全面深化中央企业改革，出色地完成了各项经营目标任务。

1. 太钢集团坚持自主创新，锻造大国重器

太钢集团聚焦"新材料、新工艺、新领域"，着眼"首创、首发、首位"，以"增品种、提品质、创品牌"为战略指引，科学配置创新资源，完善创新激励机制，实现重大技术、关键共性技术及应用技术的新突破，为中国经济发展注入更为强劲的动力。

2020年，太钢集团新产品开发量比上年增长63%，持续打造钢铁产业竞争新优势；实施"宽幅超薄精密不锈带钢工艺技术及系列产品开发"项目，成功实现"手撕钢"技术自主研发，其生产出来的厚度仅达0.02毫米，宽度有600毫米，成为全球范围内唯一能够实现生产宽幅软态不锈钢箔材的企业；自主开发TG40MJ、TG46MJ、TG50MJ、TG55MJ等高强高模类碳纤维产品，具备批量稳定生产能力，初步实现高强标模、高强中模和高强高模三大类高性能碳纤维产品品种规格的多元化、系列化。

2. 重庆钢铁稳健迈向"千万吨级"目标

重庆钢铁，由中国近代最早的官办钢铁企业汉阳铁厂发展而成，享有"中国钢铁工业的摇篮"美誉。然而，由于产品结构与市场需求错配、钢铁市场持续低迷等因素叠加，重庆钢铁从2011年起便面临连年亏损的经营危机，于2017年4月被上交所实施"退市风险警示"。

为帮助重庆钢铁解除退市危机、债务危机，中国宝武联合多家中外企业共同组建四源合基金，参与重庆钢铁司法重整。在两年的"止血"和"造血"后，2020年，正式融入中国宝武的重庆钢铁，开始迅速扭亏为盈、浴火重生，呈现积极的进取姿态，并提出"致力打造千万吨级钢铁企业"的目标。2021年第一季度，钢铁市场开始呈现复苏趋势，重庆钢铁牢牢把握发展机遇，全方位对标找差，狠抓降本增效，取得产销规模持续扩大、盈利水平显著增长的佳绩，实现归母净利润同比大幅度增长。

▶ 7.1.3 履责成效

2020年，中国宝武实现钢产量11 529万吨，营业总收入6 737.39亿元，利润总额455.43亿元，经营规模和经营业绩位居全球第一，被国务院国资委纳入中央企业创建世界一流示范企业名单。在2020年《财富》杂志发布的"世界500强"排名中，中国宝武位列第111位，较上一年度上升38位。

▶ 7.1.4 展望

随着我国进入经济发展的新时代，经济发展方式已从外延扩张转向内涵提升的高质量发展阶段。以新理念为引领的高质量发展，对中国宝武在生态文明建设、材料需求升级、产业服务化转型等行业发展方面提出了更新更高的要求。

"十四五"时期，中国宝武将贯彻新发展理念，以绿色为统领，以低碳、精品、智慧为路径，加强技术创新，加快转型升级，坚持高科技做强，实现技术引领；坚持高效率做优，实现效益引领；坚持高市场占有率，实现规模引领，进一步加快创建世界一流示范企业步伐，成为后劲十足的中流砥柱和钢铁脊梁。全体宝武人站在新的起点上，怀揣着130年中国"钢铁人"钢铁强国的远大抱负，努力谱写中国宝武集团高质量发展的新篇章，发挥先行者示范作用，推动中国钢铁工业由大变强，为实现"两个一百年"奋斗目标和中华民族伟大复兴的中国梦而贡献坚实力量。

7.2 关注利益相关方——中国核电

随着公众参与社会公共事务管理的意识日渐增强，核电发展面临着公众考验的"新常态"。中国政府在涉核项目决策过程中逐渐把社会公众的态度置于更高层次，公众态度成为影响政府和企业决策的重要因素。中国核能电力股份有限公司（以下简称中国核电）将公众沟通作为企业推进社会责任管理的指南针，明确方向、找准重点。通过公众沟通找准企业社会责任管理的着力点，积极回应、综合吸纳来自社会各方的多元利益诉求，提升公众对核电发展的信心，取得公众的理解和认同，营造良好的舆论氛围和社会环境，保障中国核电的持续快速发展。

▶ 7.2.1 企业背景

中国核电作为服务于国家战略的重要板块，主要业务涉及核电项目及配套设施以及清洁能源项目等领域。作为中国民族核电事业的开拓者和引领者，企业亲历了中国核电从小到大稳步发展的30余年。在发展过程中，中国核电针对行业面临的公众、意见领袖及舆论环境的质疑与困惑，自始至终以公众沟通全方位贯穿企业社会责任管理与实践，驱动企业社会责任管理落地，并促进核电企业健康发展。截至2020年年底，中国核电实现超过200堆年的安全运行业绩。作为中国核事业的国家队和主力军，中国核电在推动能源低碳转型、保障能源安全、建立现代能源体系等方面作出了卓越的成绩。

中国核电以公众沟通所形成的共识为起点，以多利益相关方的共同诉求和参与为中心，以创造中国核电的健康、稳定、可持续的发展为目标，创新管理模式。企业通过梳理公众沟通的现状及问题，极力构建"总部统筹、上下联动、专业支持"的公众沟通一体化工作机制，聚焦机制统一化、传播广泛化、受众精细化的"三化一体"目标，努力打造一支高素质的队伍、一套灵活的工作机制、一批科普宣传示范基地，稳步推进核电科普宣传工作统筹运作，提高社会公众对核电的认同感和接受度，为核电安全、高效发展提供良好的舆论氛围和社会环境。

▶ 7.2.2 责任行动

中国核电在保持与政府、监管机构及合作伙伴之间的沟通同时，高度重视与广泛利益相关方群体的"B2C"沟通模式，秉持"你对核电的疑问，就是我们的责任"的发展宗旨，采用透明、公开、平等、广泛、便利为原则的"3C",即信心(Confidence)、联结(Connection)、协同(Coordination)沟通理念。在理念方面,公众沟通由向政府、监管机构负责,转变为向包含政府和监管机构在内的股东、伙伴、用户、员工、社会等更多利益相关方负责;在行为方面,企业战略由局部的、被动的企业行为,发展成全局的、主动的行为;在操作形式方面,不再采用单纯的信息公示,而是选择包括公众沟通、公众参与、信息透明等多维度的沟通矩阵;在行为上,从局部的、被动的企业行为,转变为全局的、主动的企业战略;在操作形式上,从单纯的信息公示,转变为包括公众沟通、公众参与、信息透明等多维度的沟通矩阵,基于公众沟通不断提升企业运营管理效率。

1. 科学识别公众诉求,明确社会责任核心议题和管理目标

在多年的企业实践中,中国核电深刻地认识到公众的认知和态度极大程度地影响着核电事业的顺利发展。因此,企业不断从行业、产业等多个层面着力搭建信息透明、公开的平台,改善整个产业链在公众沟通方面的责任意识与履责能力,识别以公众为核心的利益相关方的期望和诉求,并依此确立社会责任核心议题和管理目标。具体做法包括以下内容。

(1)明确公众沟通对象。中国核电的公众沟通主要涉及厂址范围内可能受项目建设、运行直接或间接影响的公众,特别是关注规划限制区范围内利益相关方的公众,包括政府部门、意见领袖、厂址周边的普通居民、媒体等。除此之外,核电企业的发展和影响还与公司股东、监管机制、合作伙伴及员工密切相关。同时,按照受众和利益诉求程度对相关方进行了分类(表7-1),便于采用针对性的沟通模式。

表 7-1 中国核电利益相关方分类

类别	利益相关方	利益关注点
影响力大、利益诉求强的核心利益相关方	党政机关,尤其是项目所在地的政府部门;市人大代表、政协委员及省人大代表;市委宣传部、网监部门、发改委、环保局、国土局、林业局、海洋局、交通局、教育局、城建局、核电办等相关监管部门;公司的股东与投资者	项目的安全性、经济性和社会效益
影响力大、利益诉求弱的重点利益相关方	意见领袖,如媒体记者、医生、教师、知识分子、企业家等	强调企业发展的业绩回报、经济效益
影响力弱、利益诉求强的次重点利益相关方	厂址30千米内(尤其是5千米内)的普通居民及学生等;合作伙伴;员工	合作伙伴:公开、公正采购,并加强利益合作;员工:基本权益得到保障的前提下,获得职业成长与发展
影响力弱、利益诉求弱的非重点利益相关方	厂址30千米外的普通社会公众	诉求和期望较弱

(2)畅通公众沟通渠道。中国核电高度重视并积极响应项目所在地人民政府的号召,畅通社会公众沟通渠道,发挥企业的技术优势,全力支持项目所在地人民政府在选址阶段开展公众问卷调查、公众沟通座谈会等活动。同时,保证公众参与贯穿核电厂选址、建造、调试、运行和退役等主要阶段。

| 企业经验 | 中国核电的沟通渠道搭建——问卷调查、座谈会 |

根据建设项目的具体情况，中国核电会设置调查问卷，充分征求社会各界的意见，并重点关注可能受核电项目建设、运行直接或间接影响的公民、团体和其他组织，了解公众对建设项目所在地现状的看法、公众对建设项目的预期、态度，以及公众对减缓不利影响措施的意见和建议。必要时，还针对特定的问题进行补充调查。同时，允许公众就其感兴趣的个别问题发表看法。调研问卷由地方政府主办、项目企业协办。对于新项目，在正式启动公众沟通工作之前，在当地进行一次问卷调查，结合实际采取集中调查或一对一调查的方式；对于所有项目，在确定环评单位公示后、报告书报送行政主管部门审批或者重新审核前完成问卷调查。

同时，企业还会及时邀请地方政府代表、项目所在企业代表、专家及公众开展座谈会，参会公众不少于30人，受建设项目直接或间接影响的公众个人代表比例不少于公众代表人数的50%，由所在地市政府主办、项目企业协办。根据影响的范围和程度、因素和评价因子等相关情况，合理确定座谈会或者论证会的主要议题，介绍核电项目情况，进行问卷调查情况汇报，回应公众代表的疑虑问题，并对公众疑虑问题进行现场解答。

在此基础上，设置信息公开交流渠道。畅通微博、微信、官网等信息公开交流渠道，公众可直接反馈对企业发展、运营管理、社会责任管理等方面的意见和建议，企业做到回应率100%。

（3）规范公众沟通管理。经过多年的公众沟通实践，中国核电确立了"总部统筹、整合资源，项目牵引、突出重点，政企合作、协同互动"的公众沟通原则，将开展公众沟通管理的总体目标设定为通过统筹运作、有效沟通，提高公众对核电的认知度和接受度，为核电发展营造良好的舆论氛围和社会环境。

第一，总部统筹、整合资源。中国核电打破不同成员单位、多利益相关方之间的信息和资源壁垒，协调相关资源，建立统一的人才库、产品库，推进信息、经验的共享与推广，增强合作交流，避免因资源不匹配而导致前期沟通错失良机，并促进经验传承。

第二，项目牵引、突出重点。企业以重大项目为牵引和支撑，与项目建设同谋划、同部署公众沟通相关工作。精准分析利益相关方的差异化需求，把握重点人群、重点内容，以重点需求为导向，根据重点宣传人群制定差异化宣传战略，采取因人而异的特色宣传方式，有指向性地解答公众关注的安全性、经济性、拆迁补偿和环境利益等重点问题。

第三，政企合作、协同互动。中国核电加强与国家有关部门、项目所在地各级地方政府的合作，建立信息沟通渠道和工作协调机制，按照"中央督导、地方主导、企业配合、公众参与"的总体原则，推动地方政府重视、加强核电项目前期公众沟通工作，注重满足公众需求，注重与项目周边群众互动。

此外，对于新时期的公众沟通，中国核电不仅注重与主流媒体的恳谈互动、引导认同，及时传播中核好声音，同时也积极探索与网络"大V"、项目所在地意见领袖、新媒体运营者等的互动，采取"请进来""走出去"等方式引导认同。2015年，中国核电制定了《中

图 7-1 《中国核电公众沟通通用指南》

国核电公众沟通通用指南》(以下简称《指南》,图 7-1),是核电行业第一本公众沟通通用指南,为各核电厂开展公众宣传、公众参与、信息公开和舆情管理等工作提供指导依据。在内容上,《指南》借用成熟的传播学模式,梳理了公众沟通的主要内容,编制了开展工作的标准流程,对"为什么沟通""沟通什么""怎么沟通"提供了切实指导。在形式上,《指南》将核电公众沟通工作资源化、高效化、标准化、品牌化。在效果上,《指南》不仅有效提高了公众沟通的质量和效率,还实现了资源共享,通过统筹协调板块资源,集众家智,形成公众沟通专业人才库和产品库,打破企业间的壁垒,增强横向合作。作为核电项目 30 多年的经验传承和积累,中国核电的公众沟通工作被总部的同行评为强项。《指南》成为中国核电业界首部为"公众沟通"量身定做的工作指南,是一本精工细作的指南、一本为保障核电行业更好开展公众沟通工作的操作手册。

(4)确定重点履责议题。基于对国家宏观政策研究及自身发展战略规划,以及通过公众沟通了解到的利益相关方关注点,中国核电从"对企业可持续发展的重要性"和"对利益相关方的重要性"两个维度识别企业推进社会责任管理的实质性议题,并依此确定社会责任管理的工作目标(表 7-2 和表 7-3)。

表 7-2 中国核电实质性议题分析流程

议题识别	议题排序	议题审核	持续改进
• 社会责任及行业发展趋势 • 企业发展战略规划 • 利益相关方反馈 • 政府要求	• 议题的战略重要性及对企业业务的影响 • 议题的社会趋势及对利益相关方的重要程度	• 企业领导层审核 • 各业务部门审核 • 成员单位审核 • 外部专家协作 • 员工意见征集	• 持续与利益相关方沟通 • 梳理社会责任议题 • 更新社会责任计划

表 7-3 中国核电重点履责议题及履责目标

履责主题	重点履责议题	履责目标
安全发展	核安全管理	确保核电机组安全、稳定运行
	核安全文化	提升全员核安全意识和能力
	安全监督与检查	持续提升安全管理水平
绿色发展	发展清洁能源	不断提升核电安全运行效能 助力中国能源转型
	环境影响监测	公开接受社会公众监督
	放射性物质管理	不发生放射性物质超标排放事件
	生物多样性保护	减少项目建设运营对生态环境的影响

续表

履责主题	重点履责议题	履责目标
产业链协同发展	设备自主化攻关	推动核电行业发展
	产业链发展	与伙伴合作，实现信息、资源共享共建
	国际合作	推动核电"走出去"
贡献社区发展	员工成长与发展	在基本权益得到保障的基础上为员工提供成长舞台
	精准扶贫	帮助贫困村摘帽脱贫
	支持社区发展	支持带动地方核电相关产业发展

2. 改进沟通理念和体系，对每一个利益相关方负责

对核电企业来说，公众的期望和诉求是企业推进社会责任管理的前提和基础。只有真正了解公众对核电发展的期望，将对每一个利益相关方负责的管理思想纳入企业运营管理策略，才能最终实现企业与社会的共同可持续发展。为此，中国核电与时俱进，从"零"开始，实现了"B2B（Business-to-Business）"到"B2C（Bussiness-to-Customer）"的沟通理念的转化，并在此基础上，创造性地提出了"3C"公众沟通体系。

在过去很长一段时间，由于时代发展特征，中国的核电业公众沟通处于"零"沟通和"半推半就"的公众沟通时代。21世纪以来，中国持续推进能源结构调整进程为以核电为代表的清洁能源提供了重大发展机遇。但在日本福岛核事故发生后，由于缺乏公众沟通，部分与核相关的项目面临"不要建在我家附近"的"邻避效应"引发的群体事件，多个项目被迫搁置。群众反对意见主要集中在该项目的安全性和环保影响上。这从侧面反映出公众在核电发展中的影响力正逐渐增强，也展现出公众对重大项目知情权、参与权和监督权的强烈诉求。在现阶段，核电或涉核企业仍需持续推进社会管理和公众沟通方面的工作。

如何将核电可能遭遇的"邻避效应"转化成合作共赢的"迎臂效应"，是摆在中国核电面前的难题。中国核电越来越深刻地认识到，在目前核电管理体制下，除去相关部委的支持，更加需要公众的支持和信任。因此，必须顺应时代发展趋势，坚持更透明、更开放的原则，全方位畅通包括普通公众在内的所有利益相关方的沟通渠道，促进公众沟通实现从B2B沟通到B2C沟通的转变。

B2B的沟通模式强调企业同政府、监管机构及合作伙伴之间的沟通，而B2C沟通模式将重心转向更广泛的利益相关方群体，保障以公众为核心的更多利益相关方的知情权、监督权、参与权，并最终达成共识，实现共赢。B2C沟通模式是以社会责任管理思路来开展沟通，在核电项目全生命周期中，充分考虑政府、社会、用户、员工、伙伴、股东等利益相关方的诉求和期望，以更透明、更开放的方式，加强与利益相关方的全方位交流互动，为核电健康、持续发展共创良好的环境。该模式中的"C"，一般意义上指的是客户，泛指政府、社会、用户、员工、伙伴、股东等不同的公众群体。

B2C的公众沟通模式要求中国核电主动识别业务运营可能影响或受其影响的利益相关方，深入了解利益相关方的期望和诉求，不断创新利益相关方沟通方式，回应利益相关方关切。这种沟通不再是单向的，而是多向的、互动的、平等的。它的意义在于，通过对沟通的语言、形式、内容不断变革，不仅让公众对中国核电的事业实现与时俱进的、更科学的认知、监督和参与,进而产生高度共鸣,形成积极的舆论氛围,有助于企业及行业的发展环境,而且最终这种来自各方的监督和督促也能够给企业自身带来有效的反馈,提升企业的管理和实践绩效。

中国核电认为,B2C 沟通模式并不是简单地将信息单向地传递给公众,而是需要一整套与之相适应的、能将其支撑起来的沟通体系,提高包括管理层、员工在内的责任意识和责任沟通能力,提高以安全为核心的企业可持续经营管理实力,让公众在沟通中增进对核电的知情权,形成全面、科学的认知,了解中国核电以安全为核心的企业文化发展历程,实现对核电的监督权。利益相关方能够了解核电在环境保护、安全健康等各方面的信息透明渠道,有效地督促核电的建设落地及运营,拥有对核电的参与权,从自身的诉求出发,为核电发展在沟通、管理、品牌建设等各个领域建言献策,积极地、理性地、有序地参与到核电发展事业当中。

企业实践   **中国核电的 3C 沟通体系**

在确定了 B2C 沟通理念体系之后,中国核电从企业的理念、战略和实践上作出相应的改变,以一整套全新的沟通体系来推动企业的发展,创造性地提出了 3C 沟通体系:信心(Confidence)、联结(Connection)、协同(Coordination)。

信心,即用企业的硬实力保障核电卓越的安全业绩,通过安全可靠的运行、公开透明的运营,筑牢公众的信任之桥。这是保障利益相关方知情、监督、参与核电事业的前提和基础。扎实的责任实践带来坚定的信心和透明经营的底气,更带来大步迈进中国核电事业的决心和毅力。这方面的实践包括对安全、环保及其他相关技术的极致追求,对安全环保管理的有效监管,以及引领整个核电工业开拓创新、缓解能源危机、助力美丽中国梦的实现。

联结,即秉持开放、透明的态度,完善信息沟通渠道,选择深入浅出的形式向公众传递深奥的核电知识,邀请公众走进核电基地,切身领略核电的魅力,积极提高公众对核电的支持和认可。这种实现利益相关方知情权和监督权的手段,有助于利益相关方参与到企业经营之中。沟通理念的转变、沟通工作本身的专业化与多元化、从公众出发的沟通服务意识与服务能力的提升,是真正让安全、安心核电联结公众、抵达公众的要义所在。

协同,即积极与政府部门、核电企业、行业协会、媒体等多方力量建立联合机制,持续探索工作的新理念、新方法、新流程,携手共筑核电的持续健康发展。核电的公众沟通本身事关公共利益,事关国家能源发展大计,也事关地方经济发展大计,协同之策不仅能集结更多有效的力量,形成责任同盟、利益同盟,也能够更大程度发挥各自的优势。在沟通模式上展开创新探索,为企业自身的公众沟通开辟新的局面,更为整个核电产业的发展带来助力。在实践中,这种来自利益相关方的协同,本身就是一种利益相关方参与企业管理运营的方式,有助于企业识别、满足不同利益相关方群体或者公众群体的需求,也有助于提高沟通本身的权威性、专业性与整体质量。

在 3C 理念的基础上，中国核电进一步明确了 3C 的宗旨、目标，这是 3C 得以达成的指导思路。3C 沟通以"你对核电的疑问，就是我们的责任"为宗旨，为整个沟通工作奠定了思想基调，以服务公众的角度明确指出企业责任在于释疑、消疑，而这种看得见的释疑、消疑责任之前提是需要持续化、系统化、规范化的责任实践，其内容则是要把公众以往理解不了、看不见、摸不着的负责任核电变得可理解、可触及、可接受。

3C 沟通以"真诚沟通交流、相知相伴永远"为目标，明确企业的沟通态度——真诚、相知、相伴，即企业将致力于用创新的方式无限接近公众的内心，并且这种沟通不是一时之策，而是企业日常运营的一部分。这意味着企业将公众作为永久的利益相关方，而利益相关方对企业的认可度、响应度与品牌声誉紧密相连，这种反馈与随之而来的积极效应将成为塑造品牌形象的一部分。

7.2.3　履责成效

中国核电探索的公众沟通驱动型社会责任管理路径，显著提升了公众对核电的接受度，为核电的快速发展营造了良好的社会环境和舆论氛围。

1. 公众认知程度有效提高

为了更好地改善公众对核电的态度，增强社会公众对核电的认识、理解和信任，中国核电不断丰富核电科普的内容和方式，在普及核电科学知识、引导公众了解核电方面不断创新、奋进，努力使公众感受到中国核电正在为建设可靠、可信赖的企业持续付出努力，从而支持中国核电乃至核电行业的建设发展。

中国核电把核电科普的受众目标瞄准中国的广大青少年，积极引导他们了解核电、走近核电、体验核电的魅力。2013 年，中国核电举办第一届"魅力之光"杯全国中学生核电科普知识竞赛，并不断创新适合青少年的核电科普知识形式，以核电科普知识竞赛为基础，从核电知识讲解到核电知识互动，逐步升级为核电"知识竞赛、核电夏令营、核电科普游"一体化全国性核电科普品牌活动，为核电科普知识的传播和核电事业的发展营造了良好的氛围。2020 年，中国核电创新"魅力之光"，采用网络直播和短视频的形式，邀请中国工程院院士罗琦、歌手胡夏等四位不同领域的知名人士，为全国网友奉上四堂生动有趣的核科普讲座，有效打破核科普宣传的圈层壁垒，吸引不同年龄、行业的人群，产生广泛的社会影响和积极的科普效益。连续八年开展的"魅力之光"杯核电科普知识竞赛在业界形成了较好的规模效应和品牌效应，吸引了超过 240 万名广大中学生的积极参与，得到了国防科工局、国家能源局、国家核安全局等高度评价。

2. "谈核色变"局面有效改观

在中国核电看来，提升公众对核电的信心，不仅依靠有效地向公众传播核电的相关知识，而且需要公众参与其中，真切感受到核电企业对公众的重视程度，了解核电企业在努力回应利益相关方诉求的过程。

以中国核电辽宁省徐大堡项目为例，徐大堡核电以项目所在地葫芦岛市市政府为公众沟通的实施主体，分工合作，共同制定和实施公众沟通的方案和措施，有计划、有步骤地开展各环节沟通工作。通过开展科普"十进"（进政府机关、进农村、进妇联、进团委、进科协、进教育系统、进媒体、进行业、进社区、进公益爱心）等活动，使葫芦岛市民认识和了解核电。公众接受率从全面开展沟通工作前 2010 年的 60.9%上升到 2013 年的 96.4%，地方人大高票一次性通过项目的建设提案，社会稳定风险评价报告一次性通过了专家评审，徐大堡项目被原环境保护部称赞为核电公众沟通的样板，为新建核电项目公众沟通与社会稳定工作作出了良好的示范，生态环境部也以徐大堡项目为蓝本形成了核电公众沟通的指南。

7.2.4 展望

核能作为清洁能源的重要组成，在保证能源供应安全、调整能源结构、应对气候变化等方面具有重要的战略意义。公众沟通驱动型社会责任管理为核电企业更好地推进社会责任管理探索了一条可行的、适用的路径，也为核工业可持续发展、打造具有国际竞争力的国家名片贡献了力量。未来，中国核电将继续沿着这一路径，持续弘扬"强核报国，创新奉献"的新时代核工业精神，深入践行"责任、安全、创新、协同"核心价值观，更有效地提升清洁、低碳、高效发展的效益，为筑牢国家安全重要基石、建设美丽中国、擦亮"国家名片"贡献核电力量。

7.3　强化战略引领——华润集团

自 2008 年发布《企业公民建设白皮书》起，华润（集团）有限公司（以下简称华润）有意识地将社会责任作为企业发展战略的重要组成部分，不仅关注企业经营目标的实现和提升，同时也高度关注企业的可持续发展。2012 年，国务院国资委将社会责任管理列为中央企业提升管理水平的 13 项重点措施之一，推动中国企业开始思考如何将社会责任理念进一步落地，探索推进社会责任管理服务企业可持续发展的新路径。华润的社会责任工作从建立社会责任理念到逐步开展社会责任实践，再到针对不同议题开展规范性社会责任管理，经历了不断探索、日渐成熟的发展过程。

7.3.1 企业背景

华润创始于 1938 年，前身是中国共产党为抗日战争在中国香港建立的地下交通站，1948 年改组更名为华润公司，主营业务包括消费品制造与分销、地产及相关行业、基础设施及公用事业等领域。《财富》杂志全球发布 2019 年"世界 500 强"排行榜，华润位居第 80 位。

在承担历史使命、履行社会责任的历程中，华润积极探索，在长期的社会责任管理和实践中，有意识地将社会责任融入企业战略，逐步走出了一条以使命为引领的履责之路。基于"引领商业进步，共创美好生活"的企业使命，华润进一步明确了开展社会责任管理的目标、实现方式和工作路径，并在此基础上形成有效推进社会责任工作的总体思路和行动路线，实现了承担历史使命、履行社会责任和推动企业可持续发展的有机统一。

7.3.2 履责行动

1. 华润的使命、愿景和价值观

华润是由中国共产党亲手创办的企业，作为拥有八十多年光荣历史的红色企业，从诞生之日起就以党的宗旨为奋斗目标，肩负政治担当，厚植为民情怀。华润从一个寂寂无闻的小商号发展为今天的多元化企业集团，并且位列"世界 500 强"。其中，华润文化的滋润和传承起到了至关重要的作用。

华润诞生于中国香港，发展壮大于市场竞争环境中，在八十多年的发展历程中，无论时代如何变化，都很好地继承了中国传统文化中抱诚守信、务实进取、以天下兴亡为己任的思想以及红色革命文化中坚守信念、执着理想、敢于牺牲、勇于奉献的精神。在不同的历史时期，华润人紧贴时代脉搏，抓住机遇，不断自我调整和转型，推动企业成长壮大，为振兴国家经济贡献力量。

（1）华润使命：引领商业进步，共创美好生活。

党的十九大报告明确指出："中国特色社会主义进入新时代，我国社会主要矛盾已经转化为人民日益增长的美好生活需要和不平衡不充分的发展之间的矛盾"。

商业进步能够驱动国家富强、社会发展、满足美好生活愿望。华润作为具有光荣历史和红色基因的中央企业，在各个发展阶段都肩负起了历史使命和责任担当，为民族振兴和社会发展作出了独特贡献。为此，华润将"引领商业进步，共创美好生活"作为企业使命。新时期的使命与不同历史时期承担的使命一脉相承，彰显华润恪守商业伦理，开展商业模式创新，通过持续的商业成功，积极发挥中央企业表率作用，不断推动国有经济发展壮大，夯实国家政权的经济基础，为促进共同富裕和满足人民对美好生活的需要作出的贡献。

企业观察	华润的企业使命

华润的企业使命为："引领商业进步，共创美好生活"。"引领商业进步"，要求企业：
- ◇ 恪守商业伦理，维护市场规则，构建良好的商业生态；
- ◇ 贡献商业智慧，分享创新实践，为社会提供思想源泉；
- ◇ 全面深化改革，做强做优做大，为经济发展贡献力量；
- ◇ 创新履责实践，推动全面发展，为共同富裕探索路径。

"共创美好生活"则体现了企业：

> ◆ 携手股东与员工，创新发展模式，创造优异业绩，实现共建共享，持续提升获得感。
> ◆ 携手客户与伙伴，升级产品服务，挖掘行业价值，实现共生共融，持续提升幸福感。
> ◆ 携手社会与环境，坚持绿色发展，促进安定和谐，实现共管共治，持续提升安全感。

（2）华润愿景：成为大众信赖和喜爱的世界一流企业。

在新时代使命的引领下，华润以"成为大众信赖和喜爱的世界一流企业"作为其发展愿景。"大众信赖和喜爱"便是企业社会责任领域所强调的企业应充分考虑其决策和活动对各利益相关方的影响，开展满足利益相关方期望的实践，争取社会公众的喜爱、认可和赞赏。"世界一流企业"则是华润进取求新的战略举措。新时代，中国日益走向世界舞台中央，展现大国风范，为人类进步事业而持续奋斗，尤其是随着中国提出的"一带一路"倡议进程的推进，面向世界的华润将迎来"走出去"，打造世界一流企业的重要战略机遇期。为此，华润将进一步明晰海外战略规划，紧紧围绕国家需要和企业发展战略，充分发挥根植于中国香港的优势，充分利用国际和国内两个市场、两种资源，制定清晰的海外投资战略，指导海外业务发展。

从时代主题看，全球化发展是华润作为中央企业履行国家战略的使命和价值所在，华润作为具有光荣历史的中央企业，承担着政治责任、经济责任、社会责任以及企业发展责任。从经济学理论来看，全球化是华润寻求价值最大化的必然选择。同时，全球化发展是华润实现基业长青的必由之路。华润制定了"十三五""双擎两翼"的战略发展构想，在"双擎两翼"中，全球化是非常重要的一翼，推动"走出去"，利用好"两个市场""两种资源"既是华润突破发展瓶颈、抢占新兴业务制高点、快速培育创新能力、持续发展壮大的内在要求，也是华润适应经济全球化趋势、实现在全球布局重点产业价值链和竞争要素、提升竞争力的现实选择。

华润针对与其经营发展密切相关的六大利益相关方提出社会责任理念，并将其视为企业使命在六大责任领域中的延伸。这六大责任为：

第一，为股东负责：履行经济责任，价值华润再出发，迈向世界一流企业。
第二，为员工负责：履行员工责任，人本华润再出发，成就持续卓越成长。
第三，为客户负责：履行客户责任，满意华润再出发，用心赢得满意信赖。
第四，为环境负责：履行环境责任，绿色华润再出发，建设绿色生态文明。
第五，为伙伴负责：履行伙伴责任，共赢华润再出发，开创共赢发展新局。
第六，为公众负责：履行公共责任，和谐华润再出发，助力社会和谐发展。

企业观察　　　　　　　　　华润的企业愿景

愿景体现了华润在全面深化国企改革的过程中，坚持新发展理念，切实转变发展方式,牢牢把握时代发展的机遇,超前布局企业发展战略,以更高远的历史站位、更宽广的国际视野、更深邃的战略眼光为引领,主动投身建设以国内大循环为主体、国内国际双循环相互促进的新发展格局,致力于在管控方式、治理水平、产业布局、业务组合、产品服务、技术创新、文化和品牌管理等方面达到世界优秀企业水平,建立良好口碑和卓越商誉,持续提升公众认知度和好感度,成为中国企业在国际舞台上展现实力和形象的典范。

愿景中,"信赖"即信任并依靠,"喜爱"即喜欢并崇敬。华润要获取大众信赖和喜爱,需积极构建与各方互敬互爱、互利互助的关系,靠实力征服人,靠品质打动人,靠细节吸引人,靠关怀凝聚人,努力做到令股东满意放心,令客户青睐舒心,令员工依赖倾心,令公众信任安心,成为社会大众不可或缺的好助手、好伙伴、好朋友。

"世界一流企业"的含义在于:建设世界一流企业是国家赋予国企新的责任与使命,在新的发展阶段,华润将以建成世界一流企业的目标激励自身发展,回应时代召唤,不负重托和期许。华润将在以下三个方面体现一流企业的实力:

第一,"三个领军":成为在国际资源配置中占主导地位、引领全球行业技术发展、在全球产业发展中具有话语权和影响力的领军企业。

第二,"三个领先":成为效率领先、效益领先、品质领先的企业。

第三,"三个典范":成为践行绿色发展理念、履行社会责任、全球知名品牌形象的典范。

(3)华润价值观:诚实守信、业绩导向、以人为本、创新发展。

价值观是对一个组织推崇什么、倡导什么旗帜鲜明的昭示,特别是当企业在经营管理实践中出现模糊地带、出现问题纠葛时,企业如何遵从内心的力量作出正确的抉择,需要价值观的指引。华润的价值观可以概括为16个字:诚实守信、业绩导向、以人为本、创新发展。

诚实守信是华润的核心价值观,是华润建基立业的根本;业绩导向是华润发展壮大的支撑;以人为本是华润价值创造的宗旨;创新发展是华润迎接挑战的动力。价值观指引着华润未来的发展方式,是全体华润人必须共同信奉并始终坚守的价值标准和基本信念。

企业观察　　　　　　　　　华润价值观

"诚实守信"是华润建基立业的根本,具体内容包括:
- ◇ 忠诚爱国,公平正义,敬畏法纪,尊重制度,坚守法律和道德底线。
- ◇ 遵守契约,信守承诺,知行合一,光明磊落,维护相关方合法权益。
- ◇ 实事求是,脚踏实地,不唯上、不唯书,构建简单透明的人际关系。

"业绩导向"是华润发展壮大的支撑,具体内容包括:
- ◇ 抢占行业高地,扩张市场规模,追求优质高效,实现均好发展。
- ◇ 培养行业精英,倡导优胜劣汰,优化用人环境,推动职业成长。
- ◇ 健全组织机能,激发组织活力,提升组织效能,打造卓越队伍。

- ✧ 挖掘品牌价值，构建文化实力，深化社会参与，提升企业形象。
- ✧ "以人为本"是华润创造价值的动力，具体内容包括：
- ✧ 以员工为本，关爱善待员工，尊重人的价值，开发人的潜能，升华人的心灵，与员工共享发展成果。
- ✧ 以客户为本，关注理解客户，把握客户需求，维护客户利益，体现客户价值，与客户共享发展成果。
- ✧ 以群众为本，关心重视民生，维持市场稳定，坚持绿色发展，构建和谐环境，与群众共享发展成果。

"合作共赢"是华润永续发展的基础，具体内容包括：
- ✧ 破除本位主义，打破组织壁垒，倡导协同配合，推动资源共享。
- ✧ 培养大局意识，维护集体荣誉，提升团队合力，赢得竞争优势。
- ✧ 着眼长远发展，凝聚合作伙伴，互惠互利共赢，携手持续发展。

2. 使命引领下的责任管理模式

华润使命引领型社会责任管理模式由主体模块和功能模块构成。其中，主体模块包括责任文化、责任管理和责任践行三个子模块；功能模块包括组织动力和实施路径两个子模块（图7-2）。

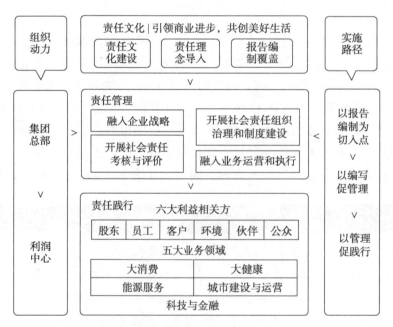

图7-2　华润使命引领型社会责任模型

在主体模块的构成中，使命引领型社会责任管理模式是核心，具体包括责任文化、责任管理和责任践行三个子模块。其中，责任文化子模块是华润开展社会责任管理的理念基础；责任管理子模块是华润开展社会责任各项工作的体系化支撑；责任践行子模块明确了华润开展社会责任实践的主要对象和领域。

华润全面分析股东、员工、客户、环境、伙伴、公众等核心利益相关方的主要期望，并作为开展社会责任实践的重点关注方向。从主要业务板块入手，结合对集团可持续发展产生重大影响的议题，明确社会责任实践的主要领域。华润具体分析不同业务板块、不同利益相关方的期望和诉求，构建起全面覆盖业务板块—利益相关方的责任矩阵，精准推动各项社会责任实践的开展。

功能模块中，组织动力子模块是指企业推进社会责任工作的组织架构，即从集团层面到利润中心层面，构建企业上下联动的社会责任推进体系。依托华润现有管控体系形成的社会责任管理模式，以组织化的方式推动社会责任各项工作从集团总部到基层单位逐层落地。实施路径则是华润在长期实践中总结提炼出"报告—管理—实践"逐步深入的社会责任管理推进路径。

主体模块和功能模块共同构成华润使命引领型社会责任管理模式。主体模块体现的是华润推进社会责任的基本逻辑、核心内容、覆盖范围和影响对象；功能模块体现的是华润推进社会责任工作的组织体系和具体步骤。在具体实践中，主体模块和功能模块随着实践的深入，不断丰富、完善和升级。

华润使命引领型社会责任管理模式具有丰富的内涵，该模式明确了华润开展社会责任管理的目标、实现方式、工作路径和核心领域。综合来看，该模式是华润推进社会责任的总体思路和行动路线图，也构成了华润在社会责任管理工作中的操作指南。

（1）核心目标是服务企业发展战略，致力于实现"成为大众信赖和喜爱的全球化企业"的愿景。

（2）将使命作为社会责任工作的试金石，有效降低华润开展责任管理与实践工作的盲目性和随意性，助力相关工作更有针对性、更加高效。

（3）通过上下联动的社会责任组织体系，在集团统一部署的基础上，充分发挥各下属单位的能动性来共同实现。

（4）通过编制《社会责任报告》来促进企业提升社会责任管理能力，进而推动和指导社会责任实践，在实践过程中将社会责任的理念和要求融入企业职能管理和运营流程。

（5）在具体实践中始终聚焦于影响可持续发展的实质性议题。对于识别出的实质性议题，针对性地开展议题管理，以成果产出为导向，在实施社会责任议题的过程中做到有始有终、目标清晰、统筹管控、规范考核，助力社会责任工作的闭环推进。

▶ 7.3.3 履责成效

在使命引领型社会责任管理模式下，华润的社会责任管理取得了显著成效。根据金蜜蜂企业社会责任实践"四有"评估模型，华润的社会责任管理绩效主要体现为以下三个方面：

（1）履行社会责任更加有"有心"。华润履行社会责任的意识和能力持续提升，形成了比较系统的社会责任文化并深植基层，让员工履责更为主动自觉、企业稳健经营更有保障。

（2）履行社会责任眼中"有人"、手中"有行"，社会责任管理水平持续优化。华润构建了面向利益相关方的社会责任管理体系，企业的管理决策水平有效提升，对各下属单位的管理更加高效，企业创造经济、社会和环境综合价值的能力持续增强。

（3）华润对外呈现更加"有言"。华润社会责任管理更加注重对外沟通展示和形象塑造，有效提升了华润的品牌知名度和美誉度，增强了品牌差异化竞争优势。

7.3.4 展望

当前，新技术和新经济业态层出不穷，社会主要矛盾、时代发展主题都发生着复杂而深刻的变化，这些都为华润的发展带来了全新的时代命题。责任使命一脉相承，站在新的历史起点，华润将继续以国家民族的需要、市场价值的体现以及企业的稳健发展作为制定战略和采取行动的坐标，在党中央的领导下，继续坚持以"引领商业进步，共创美好生活"的使命为引领，紧扣新时代脉搏，围绕国家战略，积极站位，进一步升级使命引领型社会责任管理模式，深化社会责任理念，完善社会责任管理，努力打造投资者满意、员工自豪和大众信赖的优秀企业，为促进社会进步、实现民族复兴贡献坚实力量。

7.4 品牌为引领的责任营销系统——中国建筑

中国建筑集团有限公司（以下简称中国建筑）以打造"世界一流示范企业"为目标，以社会主义核心价值观为引领，依托深厚的责任积淀，积极推进"品牌引领型社会责任管理模式"；紧抓责任理念、塑造责任文化、落实责任管理、推动责任实践、做好责任传播，致力成为"履行社会责任典范"，以责任品牌助力打造全球投资建设领域的第一品牌，对外展现"中国建造"最高水平，让"中国建造"品牌在世界范围内获得认可与尊重，驱动高质量发展，创建世界一流示范企业。

7.4.1 企业背景

中国建筑正式成立于1982年，是我国专业化经营历史最久、市场化经营最早、一体化程度最高的投资建设集团之一，在房屋建筑工程、基础设施建设与投资、房地产开发与投资、勘察设计等领域居领先地位。中国建筑自成立以来，坚持改革开放不动摇，紧抓发展的主题不放松，坚守使命和责任，目前已经成长为全球最大的投资建设集团。

2022年，中华人民共和国国家发展和改革委员会联合多部门发布了《关于新时代推进品牌建设的指导意见》，提出开展中国品牌创建行动，推动中国制造向中国创造转变、中国速度向中国质量转变、中国产品向中国品牌转变。为贯彻落实这一重要指示，中国建筑以创建具有全球竞争力的世界一流企业为牵引，全面提升品牌影响力，致力成为市场占有率高、客户满意度和忠诚度高、企业知名度和美誉度高的世界一流企业集团。中国建筑坚持新发展理念，坚持高质量发展，社会责任担当积极有为，形成了独特的责任品牌口号"建证幸福"，追求回报股东、满意客户、保护环境、成就员工、携手伙伴、引领行业和造福社会，与各利益相关方携手共建。中国建筑用长期的探索与实践证明：全球品牌正在迈向更加负责任的、能够推动可持续发展的责任品牌新时代。"建证"美好生活，拓展幸福空间，中国建筑品牌形象不仅在中国赢得青睐，还享誉海外，在全球范围内广受好评，逐渐成为"中国建造"的国家名片。

▶ 7.4.2 履责行动

以"建证幸福"为责任品牌口号，中国建筑本着对国家、行业、公众以及世界的责任承诺，以品牌引领社会责任、社会责任驱动品牌建设，从宏观理念引导，到实际执行，建立了全面推进、层层渗透、全员参与的社会责任管理体系，探索出具有自身特色的品牌引领型社会责任管理路径，成为服务国家战略的重要力量。

1. 构建责任品牌模型

中国建筑按照社会责任管理思路，结合自身的行业特点，建立品牌引领型社会责任管理系统（图7-3）。整体管理模式包括三方面的工作内容：①开展社会责任管理，明确新的企业使命：拓展幸福空间。②落实到实现的目标以及方针路径，与不同的利益相关方形成拓展幸福空间的共识。③为这些具体的空间制定相应的指标，并为每个空间目标实现规定相关的职能部门。

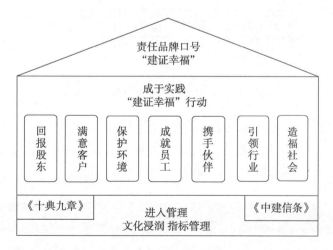

图 7-3 中国建筑品牌引领型社会责任管理模式

在形成管理模式的基础上，中国建筑将发展理念贯彻融入所有利益相关方一致认同的目标和指标当中，并由相关职能部门（事业部）负责，进一步落实到生产运营的各个环节，从而构建社会责任闭环管理与现有管理模式有机融合的特色体系（图7-4）。

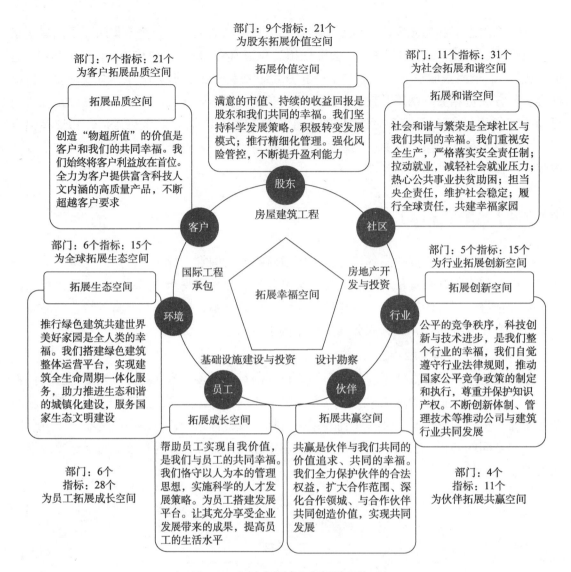

图 7-4 中国建筑社会责任管理体系

依托于品牌引领的理念，中国建筑构建了源于使命、成于实践、进入管理、融入运营的社会责任管理模型，并以品质是品牌之基、责任是品牌之核、文化是品牌之魂、创新是品牌之路为指引，形成了独具特色的企业社会责任管理系统。

企业实践　　　　　中国建筑社会责任体系解读

（1）源于使命：让每一个员工都认同。2018年1月15日，为全面深入学习宣传党的十九大精神，中国建筑正式推出企业文化手册《中建信条》（修订版），具体内容包括：第一，企业使命：拓展幸福空间；第二，企业愿景：成为最具国际竞争力的投资建设集团；第三，核心价值观：品质保障、价值创造；第四，企业精神：诚信、创新、超越、共赢。《中建信条》进一步明确了为客户、员工、股东以及社会创造价值。"满意客户、成就员工、回报股东、造福社会"共同构成了中国建筑的发展主旋律。

（2）成于实践：兼顾每一个利益相关方。中国建筑希望自己是一家值得每位员工愿意加入、愿意为之奋斗的企业，每一个股东都为之骄傲的企业。当然，这不仅因为这是一家大企业，而且是因为这是一家好企业。而一家好企业，应兼顾所有的利益相关方。为此，中国建筑围绕着"拓展幸福空间"的企业使命，细化并确定了七大利益相关方：回报股东——拓展价值空间，满意客户——拓展品质空间，保护环境——拓展生态空间，成就员工——拓展成长空间，携手伙伴——拓展共赢空间，引领行业——拓展创新空间，造福社会——拓展和谐空间。

（3）进入管理：让每一项工作有人管。为了让社会责任的思维融入每一项管理中，让每一项工作都与责任形成对接，中国建筑多管齐下，内外互促，主要开展了以下几方面工作：第一，建立管理体系，制定规划，统筹工作；第二，确定管理工具，细化指标，推广应用；第三，构建企业文化，统一认识，规范言行。

（4）融入运营：让每一个部门有事干。社会责任不只是停留在企业管理中，还需要融入业务运营，这样才能让企业从内到外、从上而下整体的运行都处于可持续、负责任的状态中。为了让社会责任真正融入日常运营的每一个环节，中国建筑为每个空间目标实现规定了相关的职能部门，以负责任的可持续发展理念来做好自身各项业务，将社会责任融入企业职能管理各板块，确保了企业实现责任的管理、运营，不断提升自身的可持续发展能力。

2. 确立责任品牌口号

中国建筑积极贯彻落实党的十九大精神，以"为利益相关方拓展充满幸福感的发展空间"为己任，通过总结、延续、升级与提炼七十年来在履行社会责任方面的理念、绩效，形成独特的责任品牌口号"建证幸福"，以"建证幸福"行动，追求与利益相关方创造共享价值，推动新时期高质量发展。"建证幸福"的品牌口号所表达的含义包括以下几个方面：

（1）中国建筑以"拓展幸福空间"作为企业使命，将通过发挥投资、建设、运营、发展等全产业链业务优势，为顾客提供高品质、超值的产品和服务；在物质和精神方面，为顾客、员工、股东、合作伙伴等利益相关者创造价值，建设和拓展幸福空间，提升其幸福指数。

（2）"建证"—改革先锋。中国建筑是中国改革开放的重要历史见证者，为改革"试水"，始终做国有企业深化改革的先锋，引领投资建设领域企业乃至国有企业转型升级、实现高质量发展，"建证"改革开放的成功，为新时代改革开放续写新篇章。

（3）"建证"—国之重器。中国建筑坚持国有企业"六种力量"定位，代表"中国建造"的最高水平，发挥投资、建设、运营、发展全产业链业务优势，贯彻城镇化建设、供给侧结构性改革、"一带一路"倡议等，投资建造大量关系国计民生的重点工程，为中华民族伟大复兴贡献中坚力量，"建证"大国崛起、人民幸福。

（4）"建证"—天下大器。中国建筑致力成为"世界一流示范企业"，在全球建造经济体系中占据主导地位，成为"全球建造"的代表，为构建人类命运共同体贡献中建智慧、中建方案和中建模式，"建证"全人类的幸福。

3. 拓展品牌影响力

品牌传播既是品牌建设中不可缺失的重要一环，也是拓展品牌影响力的重要手段。近年来，中国建筑在传播方面重点发力，在创新中突破，取得了显著成效，为打造"中国建筑"品牌作出了突出贡献。中国建筑主动适应国家战略发展的新变化、"一带一路"的新形势、转型发展的新要求，结合自身定位，紧扣时代主题，积极探索，多管齐下，以创新的形式讲好在服务国家战略、经济社会发展、国计民生、精准扶贫等方面的中建故事，传播好中建声音，强化传播力、提升引导力、拓展影响力、彰显公信力，让"中国建筑"品牌享誉国内外。具体做法包括以下几点。

（1）讲好中国故事。中国建筑努力讲好与新中国共进步共发展的故事，讲好高质量党建引领高质量发展的故事，讲好践行"一带一路"倡议的故事，讲好履行中央企业社会责任的故事，讲好中建人爱国奉献奋斗圆梦的故事。

（2）"建证40年·中国建筑奇迹之旅"。2018年，中国建筑以"建证40年·中国建筑奇迹之旅"拉开责任品牌宣传沟通活动。活动以纪念改革开放40周年，建设世界一流示范企业为重点，以"从深圳速度到雄安质量，见证中国建筑改革发展成就"为沟通主题，围绕利益相关方关注的践行国家战略、助力主场外交、推进重大项目等热点，采用多种沟通和互动模式，使广大利益相关方了解中建、理解中建、支持中建，共同"建证"中华民族伟大复兴中国梦的实现。

（3）"建证70年·迈向世界一流"。中国建筑以大型品牌沟通活动"建证70年·迈向世界一流"主题宣传宣讲暨"中建开放日"活动为主要平台，广泛开展"我和我的祖国"群众性主题宣传教育活动。活动讲述了中国建筑投身祖国建设、推进改革发展的故事，弘扬爱国奋斗精神，建功立业新时代，庆祝新中国成立70周年。

4. 海外品牌传播

作为中国最早的"走出去"的企业之一，中国建筑承担着"中国建造名片"的重要角色。中国建筑以"一带一路"国际合作高峰论坛为宣传契机，提前策划，统筹资源，利用各类媒体平台进行宣传，全面展示了中国建筑落实"一带一路"倡议的成就，为企业树立了良好的国内国际形象，为企业国际化发展营造了良好的外部发展环境。中国建筑的海外品牌宣传工作包括以下几个方面。

（1）服务长远发展。中国建筑通过多年的海外运营探索，认识到海外传播工作不应仅服务于具体的项目运维，而应从长远、全局考虑。中国建筑以"坚持国家站位、全局考量，坚持一国一策、分步推进，坚持目标引领、问题导向，坚持渐进稳妥、务求实效"为原则，构建中国建筑"大海外传播平台"，开创了中国建筑海外传播工作的新格局。多年来，中国建筑无论是随国家领导人出访，还是参加重大国际会议，都注重结合企业自身海外实践阐释中国主张，谋求海外公众对中国企业的好感，形成积极、正面的战略共识。如为配合"金砖国家"领导人第十次会晤，中国建筑参与了2018年"金砖国家"治国理政研讨会，讲述从"独善其身"到"兼济天下"的角色转换、以合作思维和合作精神推进全球化的故事，为各国企业开展国际化经营贡献中国方案。中国建筑的行业引领与社会责任担当，推动了海外政要与海外公众对中国形成正面积极的感知与共识,以有责任、有担当、有引领的世界一流企业品牌形象推动中国国家形象的树立。

(2)发展多元关系。谋求与海外公众战略共识的达成,海外传播是重要的工具,但同时必须有健康、良性的海外公共关系作为支撑。中国建筑多年来积极与多元海外重要利益相关者达成公共关系战略契约,推动全方位、多领域的海外公共关系建构。主要举措包括:坚持合规运营,维护企业利益;坚持品质保障,维护政府关系;坚持公益善为,赢得社区支持;坚持属地经营,优化员工关系。

(3)多维立体传播。企业品牌化推进了"建证幸福全球行动"系列活动,建设融媒体传播平台、跨文化融合平台等内外部品牌传播平台,有效增强了海外传播的竞争力和影响力。

7.4.3 履责成效

得益于几十年的品牌经营,中国建筑品牌形象赢得了中国市场和国际社会的广泛好评,逐步成为"中国建造"的一张亮丽名片,品牌价值大为提升。

2018年,中国建筑新签合同额 2.63 万亿元,连续 3 年获得世界三大著名信用评级机构标普、穆迪和惠誉一致授予的行业内全球最高信用评级;在美国《工程新闻记录》2018年度"全球工程承包商 250 强"榜单上继续位居首位。中国建筑品牌多年入选世界品牌实验室(World Brand Lab)编制的"世界品牌 500 强"榜单;在国际五大品牌价值评估权威机构英国品牌金融咨询公司(Brand Finance)"2018 年全球品牌价值 500 强"中列第 44 位;荣获国务院国资委首届"品牌建设优秀企业"称号;在原国家质量监督检验检疫总局指导下的中国品牌价值评价中,以品牌强度 953.00、品牌价值 875.32 亿元蝉联行业首位。

7.4.4 展望

中国建造的意义不仅是优秀的品质和响亮的品牌,还在于始终要有创造美好生活与美好未来的初心与梦想。未来,中国建筑将持续深化和完善品牌引领型社会责任管理模式,以品牌为引领,从品牌战略、品牌形象、品牌管理、品牌传播四个方面继续推进,驱动品牌工作向"加速提升""全面引领"阶段迈进,努力开创品牌引领型社会责任管理新格局,以强大的品牌软实力为企业打造世界一流示范企业提供硬支撑,推动企业在全球范围内更好地承担社会责任。

7.5 赋能型社会责任管控模式——中国铜业

中国铜业有限公司(以下简称中国铜业)深入贯彻落实新发展理念,以 ISO26000、GB/T36000 标准及国务院国资委部署要求为指引,将企业社会责任的理念和可持续发展的要求融入企业战略、治理结构、日常运营的各个流程,使社会责任工作成为全面改进工作的抓手、提升企业核心竞争力的途径、保障企业可持续发展的指南，逐步形成了具有中国铜业特色的企业社会责任"6+6+6"赋能型管控模式。

7.5.1 企业背景

2008年以来，国务院国资委积极倡导和推动中央企业履行社会责任。2013年，党的十八届三中全会第一次把企业社会责任写入党的文件。中国铜业作为铜铅锌行业的重点骨干企业，必须主动适应国内国际新期待、新要求，不仅要在服务国家战略中发挥主导作用，还要在行业和国际竞争中不断提高话语权和影响力，成为贯彻新发展理念、履行社会责任、塑造享誉全球品牌形象的典范企业。这些都为新时期企业社会责任工作提出了新的挑战。

7.5.2 责任行动

中国铜业聚焦经营发展、责任治理、绿色低碳、诚信合规、合作共赢、人企和谐六个维度，从理念层、目标层、实践层、保障层四个层面系统推进社会责任工作，提炼形成企业社会责任"6+6+6"赋能型管控模式。

1. 理念层：责任文化引领履职实践

企业将社会责任工作与企业战略、日常运营深度融合，提出符合中国铜业履责实践需求的"铜锌筑梦、与您同行"的社会责任理念，引领责任竞争力提升。"铜锌"意通"同心"，"铜锌筑梦"体现了全体员工心意相通、携手同行，共创美好新未来；"与您同行"则表明中国铜业与社会各界、利益相关方、全体员工风雨同舟、携手同行、奋进明天。

同时，中国铜业确立"建设具有竞争力的世界一流铜铅锌企业"的战略目标，形成了以"励精图治、创新求强"为企业精神、"责任、诚信、开放、卓越"为核心价值观、"回报股东、成就员工、惠泽客户、造福社会、珍爱环境"为企业使命的社会责任文化体系。充分运用各类宣传载体，加大宣传力度，让社会责任的理念深入人心。编制企业文化手册，创作《中铜之歌》，开展"中铜文化月"等系列活动，为履责实践提供文化支撑。

2. 目标层："六个建设"定位履责航向

围绕"对标一流、建设一流"目标，从卓越、责任、绿色、诚信、和谐、幸福六方面入手，打造中国铜业高标准履责新名片。

（1）卓越中铜。把创造价值作为履责实践的第一要务，加快推进以"建成一批创新平台、突破一批关键核心技术、推动一批项目运用推广、获得一批科研成果、培养一批科研人才"为重点的"五个一"建设，打造自主创新竞争新优势。加快西南、西北、东北、东南、中部、海外六大基地建设，全面提升行业影响力和话语权。

（2）绿色中铜。坚守绿色底色，从理念、生产、管理、科技和生活五个维度深植降碳之道，在保护生物多样性、资源综合利用、节能减排、土地复垦等方面主动作为，全面构建涵盖铜铅锌产业全流程的绿色价值链，引领行业发展。

（3）平安中铜。聚焦安全环保、市场、国际化经营、资源获取、金融、管控等风险，深化法治中铜建设,加大投资和日常监管,构建"大监督"风险防控体系,严守不发生重大风险。

(4)诚信中铜。坚守诚实守信之道,畅通与供应链上下游企业、科研院所等利益相关方的沟通合作,妥善处置合作风险和问题,构建良好的企地和谐、互利共荣、多赢共赢的开发合作机制。

(5)责任中铜。支持产业所在地政府防灾救灾、应急救援、基础设施建设。脱贫攻坚中,派出驻村干部81名,投入扶贫资金1.6亿元,开展精准扶贫项目140多项,助力云南、四川等省(区)18个县42个贫困村脱贫摘帽。在新冠肺炎疫情阻击战中,向湖北、云南捐赠防疫资金1500万元,向秘鲁、智利等10余个国家30余个战略合作伙伴捐赠560余万元的防疫物资,助力国内外防疫抗疫。

(6)幸福中铜。实施人力资源对标三年行动、矿山人才培养三年行动,推进"五级工程师""五级技师"技能等级认定等工作,畅通干部员工职业发展通道。不断丰富员工业余文化生活。关爱困难职工、女职工、特殊岗位职工,在维护员工权益、保障员工安全等方面形成特色。

3. 实践层:"六个一"工程夯实履责之基

实践是社会责任工作落地的重要抓手。中国铜业全面推进"六个一"工程,实现社会责任工作与运营管理全对接、全覆盖。

(1)建立一个体系:企业社会责任工作体系。加快社会责任7个议题全覆盖,社会责任模块和负面清单管理实现突破,实现社会责任工作规范化、制度化、标准化。

(2)编好一份报告:每年编发《社会责任报告》《降碳报告》,适时编制海外履职等专项报告,多维度、全方位展示中国铜业履责发展的新形象。指导云南铜业、驰宏锌锗两家上市公司编制发布《社会责任报告》。

(3)选树一批典型:每年评选表彰社会责任先进集体、先进个人及"十佳优秀案例"。27个案例获中铝集团"十大优秀案例""降碳十佳案例"奖,连续三届获中铝集团社会责任先进集体、19人获先进个人称号。

(4)开创一种模式:打造透明、合规、担当、共赢的供应链战略联盟。建立以质量、供应、经济、服务等指标为依据的供应商评价模型,形成供应商分级管控数据库,对纳入"黑名单"供应商动态清除。

(5)打造一张名片:打造绿色低碳发展名片。与《可持续发展导刊》联合发起"金蜜蜂2030全球倡议降碳联合行动倡议"。连续6年发布《降碳报告》,在建设资源节约型、环境友好型企业、"碳达峰碳中和"行动中担当有为,所属迪庆有色、秘鲁矿业、驰宏综合利用、凉山矿业等企业示范性较好。

(6)树好一个品牌:即脱贫攻坚和公益形象品牌。持续开展救灾扶危、援藏援青、乡村振兴等工作,不断提升责任影响力,塑好优秀企业公民形象。

4. 保障层:"六个保障"助力履责实践落地

企业社会工作需要全方位的要素保障来支撑。中国铜业结合实际,充分运用党建、信息、制度、组织、资金、协同等优势,全力保障社会责任工作抓实落地。

（1）党建保障。深入学习贯彻新时代中国特色社会主义思想，落实"两个一以贯之"，开展"不忘初心、牢记使命"主题教育、"两带两创"等活动，全面加强党的领导和党的建设，坚定做到"两个维护"，筑牢责任管理之"魂"。

（2）人才保障。设立社会责任工作委员会，各部门设置联络人，各企业成立社会责任工作领导小组，形成了"领导层—组织层—执行层"三级联动、责权明确、高效运转的长效机制。

（3）制度保障。深化社会责任管理模块及负面清单管理，探索和起草涵盖矿山、冶炼、加工等 7 个类别的《社会责任工作指引》，建立社会责任管理制度和考核评分细则，将社会责任工作纳入部门、企业年度考核。编制社会责任工作五年规划，每年下发工作要点，形成定期分析评估机制。

（4）沟通保障。每年编制发布《社会责任报告》《降碳报告》，以及精准扶贫、海外履责等专项报告，积极回应利益相关方关切。拍摄《铜锌点亮扶贫路》《一份绿色的承诺》等 10 余部微视频，展示企业履责成效。

（5）资金保障。中国铜业本部每年投入社会责任专项资金 70 余万元，为报告编制、评先评优、教育培训等提供资金保障。所属企业配套社会责任专项资金，支持各项工作开展。

（6）协同保障。积极参加圆桌会议、国内外论坛，展示履责成效及思考。每年识别各利益相关方关注的重点议题，并将相关实质性议题贯穿于企业发展的全价值链当中，多方互动、内外协同，实现企业自身和各利益相关方的互惠共赢。

7.5.3 履责成效

赋能型企业社会责任管理有效地改进了企业的履责能力，主要体现在以下几个方面。

1. 企业综合竞争力明显增强

截至 2021 年，中国铜业资产总额超 2000 亿元，营业收入超 1300 亿元，具备铜精矿产量 33 万吨/年、铜冶炼产能 130 万吨/年，铅锌精矿产量 60 万吨/年、铅锌冶炼产能约 80 万吨/年的产能规模，铜综合实力位居全国前列，铅锌综合实力中国第一。

2. 绿色低碳发展成效显著

中国铜业冶炼综合能耗均超过行业能耗先进指标值，部分指标处于中国领先水平；主要污染物排放量逐年下降。"十三五"累计矿山复垦 4608.9 亩，公益绿化面积 6000 余亩，减排二氧化硫 1 203.27 吨，工业废水废气 100%达标排放，工业用水重复利用率 96.98%。11 座矿山获国家级绿色矿山试点单位，3 户企业获国家级"绿色工厂"称号。秘鲁矿业成为海外绿色矿业开发典范，迪庆有色、青海鸿鑫保护生物多样性、凉山矿业尾矿生态修复示范等成为行业样板。西南铜业、赤峰云铜冶炼综合能耗中国领先。会泽矿业首创铅锌矿山膏体充填技术，云铜锌业冶炼浸出渣制粒技术行业先进。

3. 扶贫成果丰硕

中国铜业挂包的德钦县、西畴县提前 1 年出列，助力 5 259 户 20 447 人脱贫致富，连续 5 年获云南省定点扶贫考核"好"等次,"1+N"精准扶贫模式荣获联合国契约中国网络"实现可持续发展目标 2020 契约最佳实践"奖。扶贫微电影《第二个家》入选国务院国资委 2020 年度国有企业品牌建设优秀品牌故事,《希望的种子》获第三届中央企业优秀故事一等奖。此外,中国铜业投入资金 2400 万元,援建云南省抗旱救灾"爱心水窖"6000 个。投入大量人、财、物,支持救灾行动。

在不懈努力下,中国铜业先后荣获金蜜蜂"生态文明奖""环境责任信息披露奖""长青奖一星级""中国环境公益事业勋章奖""中国有色金属工业境外资源开发战略功勋企业""责任金牛·责任新秀奖""铅锌行业绿色发展杰出贡献奖"等奖项。

▶ 7.5.4 展望

"十四五"期间,中国铜业将继续以高质量发展为主题,以改革创新为根本动力,以建设具有全球竞争力的世界一流铜铅锌企业为目标,进一步强化系统性思维、生态圈思维、利益相关方思维,在融入战略、融入中心、融入管理、融入文化上做文章,全面推行企业社会责任"6+6+6"赋能型管控模式,持续提升责任竞争力,争当践行新发展理念、履行社会责任、拥有较高品牌形象的标杆示范企业。

7.6 "1+3+3"碳达峰碳中和战略部署——中国节能

中国节能作为以节能环保为主业的中央企业,面对我国碳达峰碳中和的远景目标,积极构建"1+3+3"碳达峰碳中和战略部署并发布《中国节能碳达峰碳中和行动方案》,围绕自身"双碳"愿景及目标,开展"三步走"规划,从服务国家"双碳"战略的四大业务布局出发,依托涉碳技术产品服务方案的持续迭代创新,以自身减排引领中低排放型企业"双碳"行动,力争成为世界一流的碳达峰碳中和解决方案服务商。

▶ 7.6.1 企业背景

中国节能环保集团有限公司是经国务院批准,由国务院国有资产监督管理委员会直接监督管理的中央企业,是中国节能环保领域最大的科技型服务型产业集团。目前,中国节能已拥有下属企业近 700 家,上市公司 6 家,业务分布在国内各省市及境外约 110 个国家和地区。中国节能已经形成了包括节能与清洁供能、生态环保、生命健康三大主业,绿色建筑、绿色新材料、绿色工程服务三大业务以及强大战略支持能力在内的"3+3+1"产业格局,构建起了包括规划咨询、研发设计、投资开发、装备制造、工程建设、运营管理、投融资服务等在内的节能环保全产业链独特优势,具备为一个区域、流域的绿色发展提供节能环保综合解决方案的能力。

肩负着"让天更蓝、山更绿、水更清,让生活更美好"的使命,中国节能深入学习贯彻新时代中国特色社会主义生态文明思想,坚决扛起生态环境保护"主力军"责任,持续发挥生态文明建设"国家队"作用,立足于自身全产业链优势,在"成为世界一流的节能环保健康产业集团"的愿景下不懈奋斗。作为以节能环保为主业的中央企业,中国节能坚决担负起引领"双碳"行动的新使命,力争成为国家实现碳达峰碳中和的重要参与者、突出贡献者和积极引领者。

7.6.2 责任行动

在中国节能碳达峰碳中和工作领导小组的统筹指挥下,碳达峰碳中和事业部、中节能碳达峰碳中和研究院先后有序组建,在"双碳"战略制定的关键节点,中国节能有效发挥党委把方向、管大局、促落实的领导作用,组织相关专家学者、外部董事、民主党派人士、职工群众等各层级、各类型人员进行调研、座谈和研讨,广泛征集和听取各界意见建议以完善战略方案。经过了近400个日日夜夜的反复论证,经历了内外部各类专业观点的交锋,2021年10月20日,《中国节能环保集团有限公司碳达峰碳中和行动方案》(以下简称《行动方案》)终于出台了。

1. "1+3+3"中的"1"

随着《行动方案》的发布,中国节能"1+3+3"碳达峰碳中和战略部署也浮现在公众眼前。在这一战略部署中,最引人注目的当属"1",也就是中国节能"以成为世界一流的碳达峰碳中和解决方案服务商为宗旨"的双碳愿景。这个"1"不仅昭示了在实现"双碳"目标的背景下,中国节能举集团之力,坚决响应国家战略部署,主动履行社会责任的勇气和承诺,更彰显了中国节能将碳达峰碳中和目标转化为企业行动,充分发挥中央企业引领作用的决心和信心。

2. "1+3+3"中的第一个"3"

不积跬步,无以至千里,打造世界一流的碳达峰碳中和解决方案服务商不是朝夕之间可以完成的任务,捋清发展脉络、一步一脚印方能达成目标。正是基于这一思路,中国节能在《行动方案》中毅然写下了"1+3+3"碳达峰碳中和战略部署中的第一个"3",我们把它叫做分"三步走"实现"双碳"目标。

在国家"双碳"目标提出后,中国节能启动了针对全系统各级子公司的碳盘查。在盘查期间,中国节能协调、调动百余人至碳盘查工作一线,对全系统碳资产情况进行全面梳理的同时,还针对重点企业进行实地调研,力求每份数据的真实性。前期精细的内部碳盘查工作为中国节能找到合适的全生命周期碳管理模式打下了基础,也为进一步细化实现"双碳"目标的时间轴提供了依据。结合翔实的碳盘查数据,基于充分的论证和反复的考量,中国节能"1+3+3"碳达峰碳中和战略部署的"三步走"路线全景概览终于落成。

"三步走"遵循由易到难的原则，环环相扣、层层推进。在"第一步"近景规划中，中国节能紧跟国家脚步，主动达峰，对力争在2030年前实现自身碳达峰的近景路线图做了清晰的刻画，计划在基本实现成为世界一流的碳达峰碳中和解决方案服务商目标的同时，还要将服务对象从传统领域扩展到新基建等新兴领域，以彻底将"第一步"走深走实。在"第二步"中景规划中，中国节能将低碳零碳负碳技术创新的抓手提到了更加突出的位置。在"第三步"远景规划则是力争2060年前实现运营碳中和、供应链碳中和以及消除历史化石燃料碳排放，而这也是"三步走"中最具挑战性的一步，需要节能环保产业链上下游企业的通力合作和群策群力。

中国节能碳达峰碳中和目标"三步走"方案的出炉为其愿景的实现制定了一张详细的时间规划表。"一企一策"式的行动方案路径规划既为中国节能"双碳"目标的落地提供了阶段性指南，也为中国节能争做碳达峰碳中和解决方案服务商明确了重要时间节点。

3．"1+3+3"中的第二个"3"

在深入研究碳减排具体路径的基础上，提出切实可行的工作举措，关于这一点，中国节能进行了通盘思考，"1+3+3"碳达峰碳中和战略部署的第二个"3"就映照了中国节能对"双碳"战略业务布局的深思熟虑——中国节能将从产业发展、技术创新和自身减排三大角度做出具体工作部署。

以产业发展为切入点，中国节能首先对服务国家"双碳"战略的业务布局进行了细致构建。中国节能的"双碳"战略业务布局共涉及四个板块，分别是探索新型零碳能源替代解决方案、打造新型环境治理解决方案、推进涉碳标准研究制定和形成示范先行的中国节能碳中和综合解决方案，每一项产业的前瞻都与中国节能自身早已形成的"3+3+1"的产业格局一脉相承。

但构建起服务国家"双碳"战略的业务布局仅仅是中国节能三大"双碳"战略举措的第一环，"1+3+3"碳达峰碳中和战略部署的第二个"3"仍需要技术创新支撑。中国节能聚焦节能、低碳化环境治理、绿色建筑、零碳能源、零碳储能、碳捕获、利用与封存及碳汇七大技术领域全方位开展攻关。中国节能下属的中节能实业发展有限公司所打造的诸暨零碳示范建筑1.0项目，正是中国节能持续迭代创新涉碳技术产品服务方案的生动缩影。历时两年，在光伏事业部、绿建事业部、智慧事业部三大部门的分工配合下，中节能实业在零碳示范建筑1.0项目中不断进行零碳技术提升，重点对太阳能光伏、部分设备能效以及智慧化运维系统进行改造升级，最终实现了包括碳排放监测管理、BIM建筑智慧管理、雨水回用系统、洁净新风过滤系统、新风热回收系统等10余项绿建技术的集成应用。打造中国节能特色零碳建筑综合解决方案的脚步已越发轻快。

在中国节能"1+3+3"碳达峰碳中和战略部署的最后一个"3"中，积极引领中低排放型企业"双碳"行动构成了中国节能三大"双碳"举措的最终一环。中国节能进一步明确了四个方面的具体举措，建设数字化智慧化碳管理体系、推进运营低碳改造与零碳负碳示范、加强绿色低碳供应链管理以及引导员工积极践行绿色低碳。在成为世界一流的碳达峰碳中和解决方案服务商的赛道上，中国节能全员已经全力加速。

▶ 7.6.3　履责成效

近年来，中国节能深耕主责主业，以一项又一项示范标杆的"中国节能样本"为碳达峰碳中和的绿色答卷提供新的解题思路，以先行者的姿态立足节能环保全产业链引领行业发展。当前，中国节能正积极为国家有关部委开展"双碳"研究，协助10多个省、市、区级政府谋划"双碳"政策顶层设计、编制"双碳"方案，协助多家央企国企、金融机构等开展碳盘查工作，不断助力地方和企业"双碳"目标有效落地，努力前瞻"双碳"蓝图，为成为国家实现碳达峰碳中和的重要参与者、突出贡献者和积极引领者而不懈奋斗。

▶ 7.6.4　展望

未来，中国节能将继续做好"1+3+3"碳达峰碳中和战略部署的保障工作，为致力于成为绿色产业高质量发展领军者，努力打造低碳零碳负碳原创技术策源地，着力提升技术创新能力、智力供给能力以及示范带动能力而求索创新，为推进生态文明建设、建设美丽中国作出新的更大贡献。

-------------------------------【本章小结】-------------------------------

（1）目前，中国企业围绕企业社会责任管理的各个方面，从不同的角度入手，开展了卓有成效的实践工作。本章首先说明了中央企业的地位作用、总结了中央企业的履责实践情况、回答了为何要选择中央企业作为分析对象的问题。

（2）中央企业是履行社会责任的先锋和典范。本章围绕企业社会责任管理中的可持续发展能力打造、利益相关方管理、责任型企业战略以及企业社会责任融入日常管理等内容，选取了宝武集团、中国核能、华润等中央企业为案例，从企业的实践做法中，深入理解企业社会责任管理以及中国式企业社会责任的特点和内涵。

（3）中国企业不断探索更加适合中国特色社会主义建设和发展的管理模式，也正在形成中国特色的履责模式。在对中央企业的案例分析中，从企业背景出发，说明了企业的具体责任行动，总结了履责成效并进行了展望，相对清晰地描绘出了中央企业履责情况，有助于深刻理解中国特色的企业履责模式。

-------------------------------【复习思考题】-------------------------------

1. 宝武集团的可持续发展能力有哪些构成因素？怎样理解这样的可持续发展能力？
2. 中国核能对于利益相关方的管理采用了哪些方式？如何评价这些管理方式？
3. 华润的战略如何在企业社会责任管理中发挥作用？
4. 企业在实施社会责任管理落地方面可以采取哪些行之有效的方式？

参 考 文 献

[1] [美]阿奇·B. 卡罗尔, 安·K. 巴克霍尔茨. 企业与社会：伦理与利益相关者管理[M]. 黄煜平, 等译. 北京：机械工业出版社, 2004.

[2] 毕茜, 顾立盟, 张济建. 传统文化、环境制度与企业环境信息披露[J]. 会计研究, 2015(3): 12-19.

[3] [美]詹姆斯·E. 波斯特, 安妮·T. 劳伦斯, 詹姆斯·韦伯等. 企业与社会：公司战略, 公共政策与伦理[M]. 张志强, 译. 北京：中国人民大学出版社, 2005.

[4] [美]博特赖特. 金融伦理学[M]. 静也译. 北京：北京大学出版社, 2002.

[5] 常亚平, 阎俊, 方琪. 企业社会责任行为、产品价格对消费者购买意向的影响研究[J]. 管理学报, 2008(1): 110-117.

[6] 陈宏辉, 贾生华. 企业社会责任观的演进与发展：基于综合性社会契约的理解[J]. 中国工业经济, 2003(12): 85-92.

[7] 陈宏辉. 企业利益相关者的利益要求：理论与实证研究[M]. 北京：经济管理出版社, 2004.

[8] 陈煦江, 刘婷婷. 企业社会责任管理与实践能力对公司绩效的影响[J]. 技术经济, 2021, 40(6): 140-148.

[9] 褚志姣. 基于终极控制人性质视角的企业社会责任贡献率研究[J]. 商业时代, 2012(4): 73-75.

[10] 戴瑞, 杜红叶, 李莉. 我国企业社会责任信息披露现状研究[J]. 商业会计, 2021, 2: 1-4.

[11] 杜剑. ISO26000背景下企业社会责任与员工权益探析[J]. 财会研究, 2011(19): 57-59.

[12] 杜娟, 李思楚. 2020企业社会责任十大事件·国际[J]. 可持续发展经济导刊, 2021: 74-78.

[13] 杜莹, 刘珊珊. 中国民营企业对员工社会责任的缺失及对策[J]. 经济与管理, 2012, 26(3): 5-9.

[14] [美]乔治·恩德勒. 面向行动的经济伦理学[M]. 高国希, 吴新文, 等, 译. 上海：上海社会科学院出版社, 2002.

[15] 高勇强. 企业社会回应管理[J]. 当代经济管理, 2006(5): 27-31.

[16] 海闻. 兴业银行连续七年蝉联"年度最具社会责任金融机构奖"[EB/OL]. 中国新闻网, 2017-06-29.

[17] 韩琪. 利益相关者理论对中国企业治理结构设计的启示[J]. 管理现代化, 2004(1): 8-12.

[18] 侯东德. 公司契约理论与中国股东权制度的发展[J]. 学术论坛, 2009, 32(4): 133-140.

[19] 侯仕军. 企业社会责任管理的一个整合性框架[J]. 经济管理, 2009, 31(3): 153-158.

[20] 胡伟, 许家林. 社会责任指数的投资价值：理论与证据[J]. 经济与管理研究, 2009(12): 52-57.

[21] 黄光, 夏文静, 周延风. 消费者社会责任消费行为对企业社会责任行为响应的影响[J]. 广东财经大学学报, 2014(6): 43-52.

[22] 黄世英, 秦学志. 基于社会责任的企业绩效评价研究[J]. 现代管理科学, 2010(12): 28-30.

[23] 黄晓翔, 曹幸穗. 习近平生态文明思想的传承超越与实践路径[J]. 山东社会科学, 2021(5): 18-22.

[24] 金希恩. 全球 ESG 投资发展的经验及对中国的启示[J]. 现代管理科学，2018(9): 15-18.
[25] 孔翔. 中外独立董事制度比较研究[J]. 管理世界，2002(8): 88-96+104.
[26] 寇小萱，孙艳丽，赵畔. 企业社会责任对企业竞争力的影响研究——基于利益相关者的角度[J]. 湖南社会科学，2014(5): 142-145.
[27] 李健. "卡罗尔结构"与评价指标体系的构建[J]. 统计与决策，2010(12): 51-53.
[28] 李雷鸣，姚远. CSR 对竞争优势的作用机理研究——基于利益相关者视角[J]. 科技管理研究，2013(5): 223-226.
[29] 李世英. 对公司股东与利益相关者的比较研究——一个契约理论的扩展分析[J]. 当代经济科学，2004(6): 33-36+107.
[30] 李伟阳，肖红军. 基于管理视角的企业社会责任演进与发展[J]. 首都经济贸易大学学报，2010, 12(5): 61-69.
[31] 李旭. 浅谈企业员工关系管理[J]. 知识经济，2018(4): 73-74.
[32] 刘爱军，钟尉. 商业伦理学[M]. 北京：机械工业出版社，2016.
[33] 刘春雷. 产权的排他性与分解性解析[J]. 社会科学研究，1996(6): 56-59.
[34] 刘丽莉等. 消费领域中的环境伦理探讨[J]. 生态经济，2005(4): 51-54.
[35] 卢代富. 企业社会责任的经济学与法学分析[M]. 北京：法律出版社，2002.
[36] 麻彦春，童欣. 公司治理结构：模式阐释与制度构建[J]. 江汉论坛，2007(11): 55-58.
[37] 商道纵横. 全面认识企业社会责任报告[M]. 北京：社会科学文献出版社，2015.
[38] 兴业银行获得"2020 中国社会责任杰出企业奖"[EB/OL]. 大众网·荷译，2021-01-27.
[39] 司盛华，赵怡. ESG 指数投资策略在债券市场的应用[J]. 债券，2021(2): 35-39.
[40] 田虹. 从利益相关者视角看企业社会责任[J]. 管理现代化，2006(1): 23-25.
[41] 田田，李传峰. 论利益相关者理论在企业社会责任研究中的作用[J]. 江淮论坛，2005(1): 17-23.
[42] 田祖海. 社会责任投资理论评述[J]. 经济学动态，2007(12): 89-92.
[43] 王财玉，雷雳. 社会责任消费的结构、形成机制及企业响应[J]. 心理科学进展，2015(7): 1245-1257.
[44] 王成方，林慧，于富生. 政治关联、政府干预与社会责任信息披露[J]. 山西财经大学学报，2013, 35(2): 72-82.
[45] 王东光. 组织法视角下的公司合规：理论基础与制度阐释——德国法上的考察及对我国的启示[J]. 法治研究，2021(6): 18-32.
[46] 王辉. 从"企业依存"到"动态演化"——一个利益相关者理论文献的回顾与评述[J]. 经济管理，2003(2): 29-35.
[47] 王璐. 企业要做好环境公益[J]. 现代企业文化（上旬），2015(5): 78-80.
[48] 王清刚，徐欣宇. 企业社会责任的价值创造机理及实证检验——基于利益相关者理论和生命周期理论[J]. 中国软科学，2016(2): 179-192.
[49] 王庆高. 消费者视角下的企业社会责任反思[J]. 商业时代，2009(22): 52-53+43.
[50] 王天仁，李建锋. 倡导"责任消费"的意义与路径选择[J]. 人民论坛，2011(3): 116-117.
[51] 王文华，冯思琪，钟海连. 纵向一体化战略促进企业绿色转型研究——以中盐金坛为例[J]. 企业经济，2021, 40(12): 43-50.
[52] 吴芳，张岩. 基于工具性利益相关者视角的员工责任与企业创新绩效研究[J]. 管理学报，2021, 18(2): 203-212.
[53] 吴福顺等. 2007 年中国责任消费调查报告[J]. WTO 经济导刊，2008(4): 42-45.
[54] 吴潜涛，姜珂. 企业履行社会责任的新时代诉求[J]. 伦理学研究，2018(5): 124-129.
[55] 吴兴南，王健. 利益相关者视阈下物流企业社会责任的再思考[J]. 中国流通经济，2013, 27(1): 79-83.

[56] 吴宣恭. 正确认识利益相关论者的企业产权和社会责任观[J]. 经济学家, 2007(6): 22-29.
[57] 肖红军, 阳镇. 中国企业社会责任40年: 历史演进、逻辑演化与未来展望[J]. 经济学家, 2018(11): 22-31.
[58] 肖捷. 中国情境下社会责任消费行为量表研究[J]. 财经理论与实践, 2012(3): 90-93.
[59] 阎俊, 佘秋玲. 社会责任消费行为量表研究[J]. 管理科学, 2009(4): 73-82.
[60] 叶陈刚. 商业伦理与社会责任[M]. 北京: 高等教育出版社, 2016.
[61] 叶祥松, 黎友焕. 企业社会责任研究评述[J]. 经济学动态, 2007(5): 98-102.
[62] 尹倩. 基于约翰·埃尔金顿"三重底线理论"浅谈CSR对企业永续发展的影响[J]. 东方企业文化, 2012(7): 193-194.
[63] 于阳春. 消费者社会责任研究初探[J]. 商业时代, 2007(03): 14-15.
[64] 禹海慧. 基于战略性思维的企业社会责任思考[J]. 商场现代化, 2007(1): 153-154.
[65] 张计划. 道德营销的动力机制研究[J]. 生产力研究, 2007(11): 124-126+161.
[66] 张济建, 张为为. 浅析我国社会责任投资筛选体系的构建[J]. 商业会计, 2011(6): 13-14.
[67] 张维迎. 企业理论与中国企业改革[M]. 北京: 北京大学出版社, 1999.
[68] 张修林. 新时代我国企业社会责任的发展趋向与实践机制[J]. 中国党政干部论坛, 2019(11): 74-75.
[69] 张宇婷, 卢璐. 企业社会责任、消费者响应与企业财务绩效: 一个理论框架[J]. 南华大学学报(社会科学版) 2018(8): 78-83.
[70] 张兆国, 刘晓霞, 张庆. 企业社会责任与财务管理变革——基于利益相关者理论的研究[J]. 会计研究, 2009(03): 54-59+95.
[71] 张智远. 基于企业社会回应角度的企业社会责任分析[J]. 统计与决策, 2012(22): 186-188.
[72] 赵国龙, 林新奇. 战略人力资源协奏的概念框架与管理启示[J]. 中国物价, 2022(6): 77-80.
[73] 赵建梅. 利益相关者理论与企业社会责任研究——一种理论研究路径的分析与评价[J]. 科技进步与对策, 2010, 27(24): 12-15.
[74] 赵新元, 吴刚, 伍之昂, 黄宾, 王宇. 从跟跑到并跑——中国工商管理研究国际影响力的回顾与展望[J]. 管理评论, 2021, 33(11): 13-27.
[75] 郑若娟, 胡璐. 我国社会责任投资策略与绩效分析[J]. 经济管理, 2014(5): 163-174.
[76] 《中央企业社会责任蓝皮书(2021)》发布, 央企履责取得"五大进展"[EB/OL]. 中国新闻网, 2021-09-18.
[77] 周丽丽. 基于利益相关者理论的企业价值最大化绩效评价[J]. 科技管理研究, 2008(3): 275-277.
[78] 周绍朋, 任俊正. 企业社会责任管理理论及在中国的实践[J]. 国家行政学院学报, 2010(3): 38-41.
[79] Ackerman R W, Bauer R A. Corporate social responsiveness: The modern dilemna[M]. Reston publishing company, 1976.
[80] Anderson Jr W T, Cunningham W H. The socially conscious consumer[J]. *Journal of Marketing*, 1972, 36(3): 23-31.
[81] Anderson Jr W T, Henion K E, Cox E P. Socially versus ecologically responsible consumers[J]. *American Marketing Association*, Combined Conference Proceedings, 1974, 36: 304-311.
[82] Aßländer M S, Curbach J. Corporate or governmental duties? Corporate citizenship from a governmental perspective[J]. *Business & Society*, 2017, 56(4): 617-645.
[83] Augustine N R. Managing the crisis you tried to prevent[J]. *Harvard Business Review*, 1995, 73(6): 13-14.
[84] Bowen H R. Social responsibilities of the businessman[M]. University of Iowa Press, 2013.
[85] Carroll A B, Shabana K M. The business case for corporate social responsibility: A review of concepts, research and practice[J]. *International Journal of Management Reviews*, 2010, 12(1): 85-105.

[86] Carroll A B. A three-dimensional conceptual model of corporate performance[J]. *Academy of Management Review*, 1979, 4(4): 497-505.

[87] Carroll A B. Corporate social responsibility: Evolution of a definitional construct[J]. *Business & Society*, 1999, 38(3): 268-295.

[88] Carroll A B. The four faces of corporate citizenship[J]. *Business and Society Review*, 1998, 100(1): 1-7.

[89] Carroll A B. The pyramid of corporate social responsibility: Toward the moral management of organizational stakeholders[J]. *Business Horizons*, 1991, 34(4): 39-48.

[90] Carson R. Silent spring[M]//Thinking About the Environment. Routledge, 2015: 150-155.

[91] Clarkson M E. A stakeholder framework for analyzing and evaluating corporate social performance[J]. *Academy of Management Review*, 1995, 20(1): 92-117.

[92] CSR Europe. 1 in 5 Consumers would pay more for products that are socially and Environmentally Resposible [R]. http: //www. csreurope. org/press room/Press release 1/9 November. 2000.

[93] Dodd Jr E M. For whom are corporate managers trustees[J]. *Harvard Law Review*. , 1931, 45: 1145.

[94] Elkington J. Partnerships from cannibals with forks: The triple bottom line of 21st‐century business[J]. *Environmental Quality Management*, 1998, 8(1): 37-51.

[95] Enderle G. A worldwide survey of business ethics in the 1990s[J]. *Journal of Business Ethics*, 1997, 16(14): 1475-1483.

[96] Enderle G. Some perspectives of managerial ethical leadership[J]. *Journal of Business Ethics*, 1987, 6(8): 657-663.

[97] Epstein E M. The corporate social policy process: Beyond business ethics, corporate social responsibility, and corporate social responsiveness[J]. *California Management Review*, 1987, 29(3): 99-114.

[98] Fayol H. General principles of management[J]. *Classics of Organization Theory*, 1916, 2(15): 57-69.

[99] Frederick W C. Corporate social responsibility[M]//The Oxford Handbook of Corporate Social Responsibility, 2008.

[100] Frederick W C. From CSR1 to CSR2: The maturing of business-and-society thought[J]. *Business & Society*, 1994, 33(2): 150-164.

[101] Frederick W C. Toward CSR3: Why ethical analysis is indispensable and unavoidable in corporate affairs[J]. *California management review*, 1986, 28(2): 126-141.

[102] Freeman R E. A stakeholder theory of the modern corporation[J]. *Perspectives in Business Ethics Sie*, 2001, 3(144): 38-48.

[103] Freeman R E. Strategic management: A stakeholder approach[M]. Cambridge University Press, 2010. Garrett T M. Business Ethics[M]. Inc, England Cliffs: Prentice Hall, 1966.

[104] Heath R. Dealing with the complete crisis—the crisis management shell structure[J]. *Safety Science*, 1998, 30(1-2): 139-150.

[105] Kinnear T C, Taylor J R. The effect of ecological concern on brand perceptions[J]. *Journal of Marketing Research*, 1973, 10(2): 191-197.

[106] Leigh J H, Murphy P E, Enis B M. A new approach to measuring socially responsible consumption tendencies[J]. *Journal of Macromarketing*, 1988, 8(1): 5-20.

[107] Lewis A, Mackenzie C. Support for investor activism among UK ethical investors[J]. *Journal of Business Ethics*, 2000, 24(3): 215-222.

[108] Lin C P. Modeling corporate citizenship and turnover intention: social identity and expectancy theories[J]. *Review of Managerial Science*, 2019, 13(4): 823-840.

[109] Lindgreen A, Swaen V, Johnston W J. Corporate social responsibility: An empirical investigation of US

organizations[J]. *Journal of Business Ethics*, 2009, 85(2): 303-323.

[110] Michelson G, Wailes N, Van Der Laan S, et al. Ethical investment processes and outcomes[J]. *Journal of Business Ethics*, 2004, 52(1): 1-10.

[111] Mitchell R K, Agle B R, Wood D J. Toward a theory of stakeholder identification and salience: Defining the principle of who and what really counts[J]. *Academy of Management Review*, 1997, 22(4): 853-886.

[112] Mitroff I I, Shrivastava P, Udwadia F E. Effective crisis management[J]. *Academy of Management Perspectives*, 1987, 1(4): 283-292.

[113] Mohr L A, Webb D J, Harris K E. Do consumers expect companies to be socially responsible? The impact of corporate social responsibility on buying behavior[J]. *Journal of Consumer Affairs*, 2001, 35(1): 45-72.

[114] Mulligan T. A critique of Milton Friedman's essay 'the social responsibility of business is to increase its profits'[J]. *Journal of Business Ethics*, 1986, 5(4): 265-269.

[115] Pearce D W, Turner R K, Turner R K. Economics of natural resources and the environment[M]. Baltimore: Johns Hopkins University Press, 1990.

[116] Peattie K, Crane A. Green marketing: legend, myth, farce or prophesy?[J]. *Qualitative Market Research: An International Journal*, 2005, 8(4): 357-370.

[117] Pinkston T S, Carroll A B. A retrospective examination of CSR orientations: have they changed?[J]. Journal of Business Ethics, 1996, 15(2): 199-206.

[118] Porter M E. Clusters and the new economics of competition[M]. Boston: Harvard Business Review, 1998.

[119] Porter M E. The five competitive forces that shape strategy[J]. *Harvard Business Review*, 2008, 86(1): 25-40.

[120] Preston L E, Post J E. Measuring corporate responsibility[J]. Journal of General Management, 1975, 2(3): 45-52.

[121] Roberts J A. Green consumers in the 1990s: profile and implications for advertising[J]. *Journal of Business Research*, 1996, 36(3): 217-231.

[122] Roberts J A. Profiling levels of socially responsible consumer behavior: a cluster analytic approach and its implications for marketing[J]. *Journal of Marketing Theory and Practice*, 1995, 3(4): 97-117.

[123] Roberts J A. Sex differences in socially responsible consumers' behavior[J]. *Psychological Reports*, 1993, 73(1): 139-148.

[124] Savage G T, Nix T W, Whitehead C J, et al. Strategies for assessing and managing organizational stakeholders[J]. Academy of *Management Perspectives*, 1991, 5(2): 61-75.

[125] Schwartz M S, Carroll A B. Corporate social responsibility: A three-domain approach[J]. *Business Ethics Quarterly*, 2003, 13(4): 503-530.

[126] Sethi S P. A Conceptual framework for environmental analysis of social issues and evaluation of business response patterns[J]. *Academy of Management Review*, 1979, 4(1): 63-74.

[127] Sethi S P. Dimensions of corporate social performance: An analytical framework[J]. *California Management Review,* 1975, 17(3): 58-64.

[128] Sison A J G. From CSR to corporate citizenship: Anglo-American and continental European perspectives[J]. Journal of business ethics, 2009, 89(3): 235-246.

[129] Sugden R. The community of advantage: A behavioural economist's defence of the market[M]. Oxford: Oxford University Press, 2018.

[130] Sullivan L H. The Sullivan Principles and Change in South Africa[J]. *Africa Report*, 1984, 29(3): 48.

[131] Taylor F W. Scientific management[M]. Routledge, 2004.

[132] Timothy M Devinney. Patrice auger, giana eckhardt, thomas birtchnell. the other CAR[J]. *Stanford social Innovationl Review*, 2006, 4(3): 30-35.

[133] Tippet, J. , Leung, P. . Defining Ethical Investment and Its Demography in Australia[J]. *Australian Accounting Review*, 2001, 11(3): 44-55.

[134] Vallentin S. Private management and public opinion: Corporate social responsiveness revisited[J]. *Business & Society*, 2009, 48(1): 60-87.

[135] Valor C. Corporate social responsibility and corporate citizenship: Towards corporate accountability[J]. Business and Society Review, 2005, 110(2): 191-212.

[136] Wartick S L, Cochran P L. The evolution of the corporate social performance model[J]. *Academy of Management Review*, 1985, 10(4): 758-769.

[137] Webb D J, Mohr L A, Harris K E. A re-examination of socially responsible consumption and its measurement[J]. *Journal of Business Research*, 2008, 61(2): 91-98.

[138] Webb D J, Mohr L A. A Typology of Concumer Resposes to Cause-related Marketing: From Skeptics to Socially Concerned[J]. *Journal of Public Policy and Marketing*, 1998, 17(2): 226-238.

[139] Webster Jr F E. Determining the characteristics of the socially conscious consumer[J]. *Journal of Consumer Research*, 1975, 2(3): 188-196.

[140] Wood D J. Corporate social performance revisited[J]. *Academy of Management Review*, 1991, 16(4): 691-718.

[141] Wood D J. Toward improving corporate social performance[J]. Business Horizons, 1991, 34(4): 66-74.

后 记

　　企业社会责任课程是学生掌握企业社会责任知识、提升企业社会责任意识的重要途径。企业社会责任教材作为最基本和最重要的课程资源，在教学过程中发挥着至关重要的作用。写作出版一本理论与实用兼顾的企业社会责任教材一直是编写组的心愿，希望能在充分吸收借鉴国际相关学科领域前沿成果基础上，立足中国特色企业发展实际，科学准确地阐述企业社会责任的相关知识体系。本教材的编写得到了"北京科技大学 2020 年度校级规划教材（讲义）建设项目"的资助。在编写过程中，编写组本着尊重教学规律和贴近学生生活学习实际的原则，也为了更好地符合并服务于人才培养目标，在强调基本理论的同时，重视企业社会责任管理实践，注重课程思政内容设计，突出中国企业管理特色，通过企业社会责任中的典型案例和事件，在帮助读者理解相关知识的同时，传递出积极向上的价值观。

　　本教材中的诸多案例来源于《中央企业社会责任蓝皮书（2021）》和《中央企业社会责任管理之道丛书》，在此向两书的编者表示感谢。还要特别感谢北京科技大学的戴淑芬教授、张满银教授、大连海事大学的匡海波教授和中国人民大学的郑超愚教授参与本书的审定工作。此外，在本教材的编写过程中还得到了其他诸多专家学者的关心以及清华大学出版社编辑们的协助，在此一并感谢。

　　由于编写组水平所限，书中错误和不妥之处在所难免，也敬请读者朋友批评指正。

《企业社会责任与伦理》编写组

2023 年春

教师服务

感谢您选用清华大学出版社的教材！为了更好地服务教学，我们为授课教师提供本书的教学辅助资源，以及本学科重点教材信息。请您扫码获取。

❯❯ 教辅获取

本书教辅资源，授课教师扫码获取

❯❯ 样书赠送

企业管理类重点教材，教师扫码获取样书

 清华大学出版社

E-mail: tupfuwu@163.com
电话：010-83470332 / 83470142
地址：北京市海淀区双清路学研大厦 B 座 509
网址：http://www.tup.com.cn/
传真：8610-83470107
邮编：100084